Baedeker

Allianz Reiseführer

Rhodos

www.baedeker.com

Verlag Karl Baedeker

TOP-REISEZIELE

Rhodos ist ein Urlaubsziel nicht nur für Sonnenanbeter und Familien, die sich an den zahlreichen schönen Stränden bei 260 Sonnentagen im Jahr erholen wollen. Rhodos hat auch malerische Altstädte, gute Shoppingmöglichkeiten, jahrtausendealte Ausgrabungsstätten und versteckte Bergdörfer zu bieten. Wir haben für Sie zusammengestellt, was Sie auf keinen Fall versäumen dürfen!

1 Sými
Ein Ausflugsziel: Die Nachbarinsel von Rhodos gilt als eine der malerischsten Inseln der Ägäis. ▸ **Seite 204**

2 Rhodos-Stadt
Mit seiner mittelalterlichen, von der UNESCO geschützten Altstadt ist die Hauptstadt das Highlight der Insel. ▸ **Seite 169**

3 Kámiros
Die Ausgrabungsstätte ist nicht nur die bedeutendste der Insel, sie liegt auch wunderschön an einem Hang. ▸ **Seite 146**

4 Líndos
Traumhaft gelegen und unter Denkmalschutz stehend, gehört Líndos zu den schönsten Städten ganz Griechenlands. ▸ **Seite 158**

Líndos
Akropolis und Strand

Filérimos
Ausgrabungsgelände hoch oben auf dem Berg

DIE BESTEN BAEDEKER-TIPPS

Von allen Baedeker-Tipps in diesem Buch haben wir hier die interessantesten für Sie zusammengestellt! Erleben und genießen Sie die Rhodos von seiner schönsten Seite.

! Tanz im Freien

Eine Alternative zum Tanzen in der Disko: Der Besuch einer Vorführung traditioneller griechischer Volkstänze in Rhodos-Stadt

▶ Seite 53

! Skulpturen für daheim

Eine Möglichkeit, Urlaubserinnerungen mit nach Hause zu nehmen, ist der Kauf einer nachgebildeten antiken Skulptur, die man in Rhodos-Stadt erwerben kann.

▶ Seite 84

Antiquitäten

Kopien bekommt man u. a. in Rhodos-Stadt – echte Antiquitäten darf man nicht ausführen.

! Der Akramítis ruft!

Herrliche Aussichten und eine schöne Landschaft genießt der Wanderer bei einem Aufstieg auf diesen Berg.

▶ Seite 127

! Rast in Ruhe

Ein typisch griechisches Essen ohne viel Schnickschnack in idyllischer Atmosphäre bekommt man am Dorfplatz von Lachaniá.

▶ Seite 129

! Keramik vom Feinsten

Eine alteingesessene Töpferei bietet in Archángelos schöne traditionelle Keramikerzeugnisse an.

▶ Seite 133

Wein

Im sonnenverwöhnten Rhodos gedeihen die Trauben gut. Bekannt sind die Kellereien von Emery und CAIR.

! Über Stock und Stein
Über die Küstenberge rund um Archángelos führen herrliche Wanderwege. ▸ Seite 134

! Schnell hoch, langsam hinunter
Besucht man die bekannte Ausgrabungsstätte auf dem Filérimos früh morgens und wandert danach den Weg wieder zurück, kann man dem großen Ansturm auf die Sehenswürdigkeiten entgehen.
▸ Seite 143

! Auf Eselspfaden
Ein Wandertipp auf den Profítis Ilías mit schönen Aussichten
▸ Seite 150

! Trockene und halbtrockene Genüsse
Die Weinkellerei Emery in Émbonas gilt als beste von ganz Rhodos.
▸ Seite 153

! Eine Bar im Kapitänshaus
In den alten Kapitänshäusern von Líndos haben sich teilweise hervorragende Lokale eingerichtet.
▸ Seite 165

! Sound and Light
Eine faszinierende Show im Freien erzählt von der Geschichte des Großmeisterpalastes von Rhodos-Stadt.
▸ Seite 191

! Eine Nacht im Kloster
Ein Kloster bietet einfache Übernachtungsmöglichkeiten auf der Insel Sými an.
▸ Seite 206

Kapitänshäuser von Líndos
Sie strahlen ein ganz besonderes Flair aus und dienen heute oft als Bars oder Tavernen.

Großmeisterpalast in Rhodos-Stadt
Wen seine Geschichte interessiert, dem sei die Sound-and-Light-Show empfohlen.

Rhodos besitzt herrliche Badebuchten, z.B. den Tsambika-Strand
▸ **Seite 66**

HINTERGRUND

PRAKTISCHE INFORMATIONEN

Mohnfelder am Filérimos-Berg
▸ **Seite 115**

TOUREN

Sie wurde zum Weltkulturerbe erklärt: die Altstadt von Rhodos
▸ **Seite 177**

REISEZIELE VON A bis Z

PREISKATEGORIEN

Hotels
Luxus: über 100 €
Komfortabel: 65 – 100 €
Günstig: bis 65 € Doppelzimmer pro Nacht

Restaurants
Fein & teuer: über 15 €
Erschwinglich: 10 – 15 €
Preiswert: bis 10 € für ein Hauptgericht

Hintergrund

KURZ UND KNAPP, VERSTÄNDLICH GESCHRIEBEN UND SCHNELL NACHZUSCHLAGEN: WISSENSWERTES ÜBER LAND UND LEUTE, WIRTSCHAFT UND GESELLSCHAFT, KULTUR, GESCHICHTE UND ALLTAGSLEBEN

INSEL DES SONNENGOTTES

In mythischer Zeit soll der Sonnengott Helios die aus dem Meer aufgestiegene Felseninsel mit seinen wärmenden Strahlen zum Leben erweckt haben. Duftende Rosen überzogen nun die Insel. Die Rosen wurden weniger, doch auch heute können Besucher noch an rund 260 Sonnentagen im Jahr die Schöpfung des Gottes genießen.

Aber nicht nur das warme Wetter lockt die Gäste auf die Insel, sondern auch die herrlichen Strände und Badebuchten. Das Meer lädt von Mai bis Oktober zum Baden ein. Für Sonnenanbeter und Familien dehnen sich die weiten Sandstrände an der Ostküste aus; Ruhe Suchende können sich in romantische Buchten zurückziehen, während Surfer an der rauen Westküste von Rhodos ihre Herausforderungen finden. Die Sonneninsel zieht schon seit Jahrtausenden Reisende aus allen Himmelsrichtungen an – aufgrund ihrer Schönheit und ihrer Lage.

Die Fischerei *gehört nach dem Tourismus und der Landwirtschaft immer noch zu den wichtigsten Einnahmequellen der Rhodier.*

Orient und Okzident

Wenn in der Ägäis die Händler und Heerscharen umherzogen, machten sie auf Rhodos Station, ein paar Tage oder ein paar Jahrhunderte, als Zerstörer oder als Baumeister. Und immer hinterließen sie Spuren, die bis heute zu entdecken sind. In Rhodos-Stadt, seit zweieinhalb Jahrtausenden Insel-Hauptstadt, sind die Epochen dieser Geschichte noch spürbar, leben Orient und Okzident so dicht beieinander wie die Häuser, die davon erzählen: In zahllosen Ausgrabungsstätten kommt das Altertum ans Licht, Kunstfreunde finden im Archäologischen Museum einige außergewöhnliche Meisterwerke antiker Künstler. Die Kreuzritter schufen die wuchtige Stadtbefestigung und die Ritterstraße, die einen authentischen Eindruck von der Welt der Johanniter geben. Die Türken hinterließen ihre Moscheen. Die Italiener sanierten viele Gebäude nach ihrem Bild und ließen den Großmeisterpalast in veränderter Form wieder auferstehen. Diese Mischung von Antikem, Byzantinischem, Mittelalterlichem und Türkischem gibt der mauerumwehrten Hafenstadt ihren besondern Reiz. Die Altstadt tritt dem Spaziergänger bunt und quirlig entgegen als ein Sammelsurium aus Shops, Pubs, Museen, Tavernen und Souvenirgeschäften.

←Lindos: Ágios-Pávlos-Bucht

Ausspannen
kann man an einer der vielen herrlichen Badebuchten von Rhodos, wie hier in der Anthony-Quinn-Bucht.

Ausgrabungen besuchen
Es gibt einige bedeutende Ausgrabungsstätten auf Rhodos mit Zeugnissen aus vier Jahrtausenden. Im Bild die Akropolis von Líndos.

Ausflüge unternehmen
Die Nachbarinseln Sými und Chálki locken mit ihren pittoresken Dörfern, ihrer Ursprünglichkeit und den Bademöglichkeiten.

Kontemplativ
Die reich ausgeschmückten griechisch-orthodoxen Kirchen strahlen viel Ruhe aus.

Urgriechisch
geht es noch in vielen Dörfern im Hinterland zu, die vom Tourismus weitgehend verschont geblieben sind.

Gesellig
kann man in warmen Sommernächten in den Tavernen und Kafenions der rhodischen Dörfer und Städte zusammensitzen.

Akropolis und Ausgehen

Historische Stätten sind jedoch nicht nur in Rhodos-Stadt zu bewundern. Ein weiterer Höhepunkt des Inselaufenthaltes ist ein Besuch im an der Küste gelegenen Dorf Líndos, über dem die berühmte Akropolis thront. Antike und Ritterzeit hinterließen hier ihre Schätze. Unablässig schiebt sich ein nicht abreißender Touristenstrom durch die verwinkelten Gassen des Dorfes hinauf zu den alten Steinen und den schönen Ausblicken. Es lohnt allerdings, den Aufstieg nicht nur als notwendiges Übel zum Besteigen der Akropolis zu sehen, sondern sich den Verführungen der Cafés in den Innenhöfen und der Lädchen am Wegesrand hinzugeben. Und nachts kann man sich beispielsweise in der gleichnamigen Disko »Akropolis« austoben.

Wer durch eine in ihren Grundmauern noch relativ gut erhaltene hellenistische Stadt spazieren möchte, sollte unbedingt die Ausgrabungsstätte Kámiros besuchen.

Wie ein reich illustriertes Geschichtsbuch lädt Rhodos zum Blättern ein. Für andere Touristen dient die Insel hauptsächlich als großes Klubschiff in den Wogen des Mittelmeeres. Jede Art von Fun ist möglich: Jet-Ski, Power-Ball, Parasailing, Bungee-Jumping ...

Allabendlich tanzen in Falirákis Strandviertel die aus dem Norden eingeflogenen Sonnenanbeterinnen in knapper Garderobe auf den Tresen, schwappt Musik aus den zahlreichen Kneipen, Bars und Diskos.

Líndos *mit seinen malerischen Häusern und der Akropolis zählt zu den schönsten Orten ganz Griechenlands.*

Ruhe und Romantik

Doch Rhodos ist voller Kontraste. Je weiter man nach Süden fährt, desto stiller gibt sich die Insel. Und je weiter man sich vom Küstenstreifen entfernt, desto bergiger und grüner wird die Landschaft. In schattigen Schluchten und an klaren Gebirgsbächen kann aufatmen, wen Strandtrubel und alte Gemäuer erschöpft haben. Im Schmetterlingstal (Petaloudes) oder im Tal der sieben Quellen (Eptá Pigés) zeigt Rhodos seine sattgrüne Seite. Schon im Frühling überzieht ein Blütenteppich das Land, und es gibt an den Stränden und auf den Bergen Plätzchen für Romantik. Oben auf dem Gipfel des Filérimos, was »Freund der Einsamkeit« bedeutet, beobachten Pärchen andächtig, wie die glutrote Sonne ins Meer taucht und die Berge sich in graue Schleier hüllen. Auch den Aufstieg auf den Atáviros, den höchsten Berg von Rhodos, belohnen sagenhafte Ausblicke, besonders wenn der Sonnenwagen des Helios am Himmel erscheint.

Fakten

Rhodos ist die viertgrößte Insel Griechenlands und ihre Menschen leben hauptsächlich vom Tourismus. Die Urlauber zieht es an die kilometerlangen herrlichen Sandstrände, doch auch das gebirgige Hinterland mit seinen kleinen, noch urgriechisch gebliebenen Dörfern lockt Besucher an.

Naturraum

Rhodos – der Mittelpunkt der Erde?

Gedanken aus der Antike

Bekanntlich hat man sich schon in der Antike – spätestens seit Pythagoras im 6. Jh. v. Chr. – Gedanken um die wahre Gestalt der Erde gemacht. Für den großen Gelehrten bildete eine kugelförmige Erde das Zentrum des Kosmos, um das die Gestirne kreisten. Eratosthenes von Kyrene stellte im 3. Jh. v. Chr. eine Erdumfangsberechnung an, die vom heute bekannten Wert nur um 320 km differiert! Für ihn war Rhodos der Mittelpunkt der bewohnten Erde. Auf seiner Karte liegt die Insel genau zwischen den »Säulen des Herakles« (Straße von Gibraltar) und den Quellen des Ganges' sowie zwischen dem sagenhaften Land Thule im Norden und den Quellen des Nils im Süden.

Entstehung der Insel und Landschaftsbild

Erdgeschichte

Rhodos gehört zur Inselgruppe des aus zwölf Eilanden bestehenden **Dodekanes**, des östlichen Teils eines Inselbogens, der sich von Südgriechenland bis Kleinasien erstreckt. Dieser »hockt« auf dem Schelfsockel der Ägäischen Platte. Vor 25 bis 20 Millionen Jahren war der Dodekanes Teil einer **festen Landbrücke**, die das heutige Griechenland mit der heutigen Türkei verband. Im Miozän (vor 20 bis 6 Mio. Jahren) wurde diese Landbrücke teilweise überflutet und im frühen Pliozän (vor 5 Mio. Jahren) wieder herausgehoben. Am Ende der Tertiärzeit (vor 1,5 Mio. Jahren) senkte sich das Gebiet der östlichen Ägäis ab, was eine umfangreiche Sedimentation in den entstandenen Becken zur Folge hatte. Doch wenig später ließen Hebungsvorgänge die Dodekanes-Inseln wieder auftauchen bzw. noch weiter in die Höhe ragen. Nunmehr sind die Ablagerungen der Tertiärzeit und des Erdmittelalters mehrere Hundert Meter hoch aufgetürmt. Man braucht sich also nicht wundern, wenn man an den bis zu 1215 m hohen Inselbergen Fossilien von Meerestieren findet.

Erdbeben

Der Dodekanes und mit ihm die Insel Rhodos liegt im »Kampfraum« zweier **Kontinentalplatten**, wo man auch heute noch das Werden einer Landschaft – gelegentlich sehr fühlbar – miterleben kann. Hier schiebt sich die von Süd nach Nord driftende Afrikanische Platte unter die Ägäische Platte. Dadurch kommt es zu Hebungs- und Senkungsvorgängen in der Erdkruste. Auch der Vulkanismus der Dodekanes-Inseln Kos, Níssiros und Pátmos, der bis in prähistorische Zeit herrschte, sowie die Mineralwasservorkommen auf Rhodos lassen sich so erklären. In dieser geologischen Spannungszone werden bis heute gelegentlich recht starke **Erdbeben** ausgelöst, so im Februar

← Hirsch und Hirschkuh: Die Wappentiere der Insel empfangen die Besucher am Mandráki-Hafen von Rhodos-Stadt.

2004, als die Erdstöße eine Stärke von 5,2 erreichten. Welche Spannung in der Erdkruste herrscht, verdeutlicht die Tatsache, dass der Höhenunterschied zwischen der höchsten Erhebung der Insel und der tiefsten Stelle – nur wenige Kilometer östlich vor der Insel im Meer gemessen – mehr als 5600 m beträgt.

Landschaftsbild: hügeliges Hinterland und lange Strände

Rhodos bietet sich als hügelige und stark von Tälern durchschnittene Insel dar, die sich 200 – 600 m aus dem Meer erhebt. Die Insel besitzt einige höhere Berge, deren markanteste der 1215 m hohe Atáviros und der knapp 800 m hohe Profítis Ilías sind.

Berge ►
Das Rückgrat der Insel Rhodos bildet ein Gebirgszug, der im Südwesten mit dem 563 m hohen Koukouliari beginnt und im Nordosten mit dem Psínthos (480 m) ausklingt. Das Schmetterlingstal am Fuß des **Psínthos** ist ein beliebter Ausgangspunkt für Wanderungen. Die Besteigung des höchsten Berges der Insel, des kahlen **Atáviros** (1215 m, bei Embonas), gehört zu den klassischen Wandertouren auf Rhodos. Weiter nördlich erhebt sich der 798 m hohe **Profítis Ilías**. Im Südwesten der Insel ist der **Monólithos** als burggekrönter Felsen ein viel besuchtes Ausflugsziel.

Ebenen ►
An den Küsten, vor allem an der Ostküste, dehnen sich weite und fruchtbare Ebenen aus, die bereits seit dem Altertum landwirtschaftlich genutzt werden. Getreidefelder, Obst- und Gemüseplantagen, besonders mit Zitrusfrüchten, sowie Weingärten, Oliven- und Pinienhaine an den Berghängen prägen das Landschaftsbild.

Küste, Strände ►
Auffallend auf Rhodos ist die vergleichsweise **wenig gegliederte Küstenlinie**. Zwar gibt es einzelne Abschnitte buchtenreicher Felsküste, doch überwiegen lange und nur von kleinen Landvorsprüngen unterbrochene Küstenabschnitte mit **schönen Sandstränden**. Diese Strände sind erst in geologisch sehr junger Zeit entstanden bzw. befinden sich noch in der Phase der Entstehung, einerseits durch die Wassererosion in den niederschlagsreichen Wintermonaten, andererseits durch marine Anlagerung (zu den Badestränden ► S. 64).

Wasserläufe, Seen ►
Die Insel Rhodos ist stark zertalt. Die meisten Bach- und Flussläufe führen besonders in den regenreichen Wintermonaten sehr viel Wasser, wodurch die Erosion der bereits seit dem Altertum großräumig entwaldeten Berghänge weiter voranschreitet. Verschiedenenorts sind kleine Stauseen für Bewässerungszwecke angelegt.

Vorgelagerte Inselchen

Der Hauptinsel Rhodos sind im Westen mehrere kleine Inselchen vorgelagert. Fischerboote bringen Interessierte hinüber nach **Makri**, **Strongili**, **Tragoussa** und **Alimiá**. Ein regelmäßiger Bootsverkehr besteht zwischen Rhodos-Stadt und der Insel **Chálki**.

Umweltprobleme

Holzeinschlag

Das natürliche Gleichgewicht auf Rhodos ist seit dem Altertum durch Menschenhand nachhaltig beeinträchtigt worden. Um Holz für den Haus- und Schiffbau bzw. für die Energiegewinnung zu er-

Zahlen und Fakten Rhodos

Fläche und Ausdehnung
- 78 km lang und bis zu 35 km breit
- 220 km Küstenlinie
- 1398 km²
- Größte Insel der Inselgruppe Dodekanes, die aus 19 Eilanden besteht
- Viertgrößte Insel Griechenlands (nach Kreta, Euböa und Lésbos)

Einwohnerzahl
- 115 000 Einwohner
- Davon nahezu die Hälfte (53 000) in Rhodos-Stadt

Im Vergleich
- Griechenland 10,5 Mio. Einwohner
- Kreta 601 000 Einwohner
- Berlin 3,4 Mio. Einwohner

Griechische Schreibweise
- Ρόδος

Lage
- In der südöstlichen Ägäis, 18 km südlich der türkischen Küste
- 28° östliche Länge, 36° nördliche Breite, und damit so weit im Süden wie die Nordwestküste Afrikas
- Rhodos ist Teil der Inselbrücke, die vom Peloponnes über Kreta und Kárpathos nach Kleinasien hinüberführt.

Religion
- Ca. 95 % griechisch-orthodoxe Christen
- Knapp 5 % Muslime
- Wenige Juden und Katholiken

Staat
- Griechenland besteht aus zehn Regierungsbezirken. Rhodos gehört zum Regierungsbezirk der Inselgruppe Dodekanes.
- Rhodos ist Sitz des Nomarchen (einer Art Regierungspräsident) des Bezirks.

halten und um Kulturland zu schaffen, holzte man die Pinienwälder und Zypressenbestände in beträchtlichem Maß ab. Auch die Sekundärvegetation (Frigana, Macchie) wurde stark zurückgedrängt. Dadurch wurde der **Erosion** Tür und Tor geöffnet. Nun versucht man, durch **Wiederaufforstung** eine Bodenverbesserung herbeizuführen. Inzwischen ist wieder ein Drittel der Inselfläche mit Wald bedeckt.

Waldbrände Teile von Wiederaufforstungen sind in den letzten Jahrzehnten ein Raub der Flammen geworden. Zum einen entstanden die Brände aus Unachtsamkeit, zum anderen wurden sie absichtlich – wohl aus Gründen der Bodenspekulation – gelegt.

Temporäre Wasserarmut Raubbau an der Naturlandschaft und übermäßige Entwicklungsbestrebungen haben zu einer Verschärfung der **Trinkwasserproblematik** geführt. Die natürlichen Süßwasservorkommen werden vor allem in den trockenen Sommermonaten übernutzt. In den dicht besiedelten und vom Fremdenverkehr besonders frequentierten Gebieten an der Nordküste hat man die Grund- und Quellwasservorkommen örtlich bereits bis zur Neige ausgeschöpft. Mit rigorosen Bau- und Nutzungsvorschriften versucht man seit einiger Zeit, das Problem in den Griff zu bekommen. So sind inzwischen für alle größeren Beherbergungsbetriebe eigene **Kläranlagen** mit biologischer Stufe zwingend vorgeschrieben. Das so aufbereitete Wasser wird zum Berieseln von Gärten und Feldern benutzt.

Schwamm- und Korallensterben Insbesondere anthropogene Einflüsse haben zu einem massiven Rückgang der Schwamm- und Korallenpopulation in den Gewässern um Rhodos geführt. Wie dramatisch die Lage ist, zeigt allein die Tatsache, dass Naturschwamm enorm teuer ist. Von örtlichen und

Echte griechische Schwämme sind rar und teuer geworden: Synthetikschwämme dominieren den Markt – die Umweltverschmutzung hat die echten Schwämme weiträumig zerstört.

fremden **Tauchern**, die immer noch nach wertvollen Schwämmen sowie roten und schwarzen Korallen suchen, wurde und wird noch ein unverantwortlicher Raubbau betrieben. Die zunehmende **Gewässerverschmutzung** auch im östlichen Mittelmeer begünstigt den Krankheitsbefall von Schwamm- und Korallenstöcken. Im Jahr 1986 wurden die Schwämme von einer rätselhaften Pilzkrankheit befallen, die die Tiere in weiten Gebieten vernichtete. Heute müssen die Schwammtaucher oft bis zur nordafrikanischen Küste fahren, um Ertrag zu machen. Die meisten Schwämme, die heute auf Rhodos und Sými zu kaufen sind, sind allerdings synthetisch hergestellt oder aus der Karibik importiert.

Pflanzenwelt

Die einstmals weithin von Eichen-, Platanen-, Zedern-, Kiefern- und Pinienwäldern sowie von Zypressenhainen bedeckte Insel Rhodos ist heute nur noch **zu einem Drittel bewaldet**. Der Rest des Baumbestandes fiel dem Holz- und Landbedarf zum Opfer. Doch begünstigt durch die milden Winter mit viel Regen, sind auf Rhodos **29 Pflanzenarten endemisch**, d. h. sie gedeihen nur hier.

Frigana

Als Frigana bezeichnete **Felsheiden und Macchiengestrüpp** prägen die verkarsteten Berglagen der Insel. Dabei handelt es sich um bis zu 2 m hohe Gebüschformationen, in denen Kermeseichen, Zwergeichen, Aleppokiefern, Granatäpfel, Myrte, Mastix- sowie diverse andere Hartlaubzwergsträucher, Erdbeerbäume und Wolfsmilchgewächse vergesellschaftet sind. Auch Feigenkakteen und Agaven trifft man an. Dazu gehören – sozusagen als besondere »Duftnoten« Diktamon (Oregano), Majoran, Lavendel, Rosmarin, Thymian und Salbei sowie verschiedene Orchideen- und Irisarten.

Zistrosen und andere Blütenpflanzen

Häufig sieht man auf der Insel Zistrosen, und zwar in verschiedenen Arten. Sie sind nicht mit den Rosen verwandt, sondern gehören zu einer eigenen Familie, den Zistrosengewächsen (Cistaceae). Im Frühling und auch noch später blühen auf Rhodos nicht nur Zistrosen, sondern auch zahlreiche andere Blütenpflanzen und Büsche. Stellvertretend für die vielen Arten seien Bougainvillea, Hibiskus, Oleander, Jasmin, Pfingstrose, Schachblume, Ragwurz, Mohn, Ginster und Heidekraut genannt.

Wirtschaftspflanzen

Der genügsame **Ölbaum** ist seit langem eine wichtige Wirtschaftspflanze auf der Insel. Neben der Olive spielt die **Weinrebe** eine große Rolle; es werden Wein- und Tafeltrauben, Rosinen und Sultaninen gewonnen. Ferner werden **Zitrusfrüchte** – besonders Orangen, Mandarinen und Zitronen –, Aprikosen, Pfirsiche, Äpfel, Birnen, Melonen, Esskastanien, Feigen, Mandeln und Pistazien kultiviert. Die klimatischen Bedingungen sind so günstig, dass man zweimal im Jahr Auberginen, Tomaten, Gurken und Kartoffeln ernten kann.

Sie leben halbwild: Zehntausende von Ziegen, die wichtigsten Nutztiere der Rhodier.

Tierwelt

Wild Vergleichsweise arm an Arten ist die Tierwelt der Insel Rhodos. Die meisten heimischen Wildtiere sind **in ihrem Bestand bedroht**. Dies gilt vor allem für Wildschweine, Hirsche, Rehe, Kaninchen, Fasane und Rebhühner, die sehr stark bejagt werden. Gelegentlich trifft man Hasen, Füchse, Dachse, Marder und Wiesel an.

Vögel Stark zurückgedrängt sind auch die Vögel. In den Bergen kann man noch einige **Wanderfalken** und **Habichte** beobachten. Vereinzelt sieht man auch **Lämmergeier** durch die Lüfte schweben. Im Winter suchen **Seeschwalben** und schwarz-weiße **Austernfischer** an den Küsten der Insel nach Nahrung. Zu den schönsten Vögeln auf Rhodos zählt der bunte **Bienenfresser**, der hier reichlich Nahrung findet. Auch **Blauracken** fühlen sich besonders an den felsigen Küstenabschnitten wohl. Häufiger sieht man **Ammern**, **Dohlen** und **Elstern**.

Schlangen, der »Rhodische Drache« und andere Reptilien Rhodos war seit alters her als Insel der **Schlangen** verrufen. Sprachwissenschaftler glauben, dass sich der Inselname vom phönikischen Ausdruck »erod« (Schlange) herleiten lässt. Heute kommen Schlangen allerdings nur noch selten vor. Auf der Insel gibt es etliche Reptilien, vor allem **Geckos** und diverse **Eidechsen**, darunter den gefährlich dreinschauenden »**Rhodischen Drachen**«, der fast einen halben Meter lang werden kann, aber völlig harmlos ist. Stark in ihrem Bestand bedroht sind die Sumpfschildkröten, die durch den zunehmenden Tourismus aus ihren letzten Refugien vertrieben werden.

Allgegenwärtig ist die **Honigbiene**, die bei entsprechender Wetterlage und unter besonderen Umständen recht angriffslustig werden kann. Typisch für den Mittelmeerraum – und somit auch auf Rhodos heimisch – ist die **Zikade**, deren Zirpen bei massenhaftem Auftreten geradezu ohrenbetäubend sein kann. **Insekten**

Eine Besonderheit von Rhodos sind die **Harlekin-Schmetterlinge** (Callimorpha quadipunctaria) mit ihren gepunkteten Flügeln, die teilweise noch im viel besuchten Tal der Schmetterlinge (Petaloudes) anzutreffen sind. ◂ Schmetterlinge

Auf Rhodos zählt man an Nutztieren zum einen mehrere zehntausend **Ziegen**. Daneben streifen zahlreiche **Schafe** durch das Gelände. Im weniger stark besiedelten Süden der Insel weiden einige **Rinderherden**. Allgegenwärtig sind **Esel** und **Maultier**, die auch heute noch als Arbeitstiere dienen. **Haus- und Nutztiere**

In den Gewässern um Rhodos leben mehrere Arten von **Trigliden-fischen**. Besonders begehrt ist das weiße und sehr schmackhafte Fleisch des Trigla lineata. Weitere in größerer Zahl vorkommende Meeresbewohner sind der **Thunfisch**, die **Meeräsche**, die **Makrele**, der **Stint**, diverse **Brassen** (u. a. Barsch und Zahnbrasse), die rötliche **Meerbarbe**, **Hechtdorsch** und **Sardelle**. **Unterwasserwelt**

Die einstmals sehr bunte Unterwasserwelt ist durch starke Gewässerverschmutzung und Übernutzung recht eintönig geworden. Sehr stark zugesetzt hat man den Schwämmen, die man heute in den Gewässern um Rhodos kaum mehr findet. Ebenso leiden auch die Korallen unter den problematischen Eingriffen des Menschen. ◂ Schwämme, Korallen

Politik · Bevölkerung · Wirtschaft

Seit 1974 ist Griechenland eine **parlamentarische Demokratie** mit einem Einkammersystem mit 300 Abgeordneten. Verwaltungsmäßig gehört Rhodos zum Nomos (Regierungsbezirk) Dodekanes, einer aus 19 Eilanden bestehenden Inselgruppe, die sich vom Peloponnes bis zur Türkei zieht. Das Staatsgebiet von Griechenland besteht insgesamt aus zehn Regierungsbezirken. **Rhodos ist Sitz des Nomarchen** (einer Art Regierungspräsident) des Bezirks Dodekanes. Die Insel bildet zusammen mit Kos eine Eparchie (Kreis). **Regierungsform und Verwaltungsgliederung**

Die Bevölkerung wächst, Frauenrechte stagnieren

Entgegen dem sonstigen Trend in Griechenland, wonach die Provinz immer mehr Bewohner verliert, stieg die Bevölkerungszahl von Rhodos in den letzten beiden Jahrzehnten kräftig an. Sie liegt heute bei etwa 115 000, wovon knapp die Hälfte in Rhodos-Stadt lebt, rund **Bevölkerungsentwicklung**

17 000 in dem nächstgrößeren Ort Iálissos und der Rest in den 42 Dörfern. Zu verdanken ist diese »Wiederbelebung« der Insel dem **Tourismus**, der seit den 1970er-Jahren beständig boomt. Doch immer mehr Rhodier ziehen vom Land in die Stadt, weil sie die Arbeit in der Gastronomie und in den Geschäften bevorzugen; die größeren Vergnügungsmöglichkeiten dort ziehen junge Leute besonders an. Dadurch entsteht auf der Insel ein **Nord-Süd-Gefälle** zwischen dem städtischen Norden und dem ländlichen Süden. Die meisten Bewohner der Insel sind Griechen. Zudem gibt es noch etwa 500 Moslems.

Stellung der Frau

Mühsam und langwierig ist der Weg der griechischen Frauen zur Emanzipation: Sie besitzen seit 1952 das **Wahlrecht**, doch erst 1975 wurde die **Gleichberechtigung** von Mann und Frau in der Verfassung verankert. In den 1980er-Jahren änderte das Parlament das Ehe-, Familien- und Scheidungsrecht in wesentlichen Punkten – ein weiterer wichtiger Schritt in Richtung Gleichberechtigung. So wurde die traditionelle Arbeitsteilung – der Mann als Familienoberhaupt und die Frau im Haushalt – abgeschafft. Die Frau soll gleichberechtigt über die Erziehung der Kinder mitbestimmen und gleichen Lohn für gleiche Arbeit erhalten. Im Scheidungsfall bekommt sie ein Drittel des während der Ehe erworbenen Zugewinns.

Dennoch haben sich die jahrhundertealten **patriarchalischen Strukturen**, besonders auf dem Land, weitgehend erhalten. Daran hat auch der Tourismus auf Rhodos wenig geändert. Die Frauen sind weiterhin für den Haushalt und die Kinder zuständig. Es wird immer noch erwartet, dass die Frau eine **Mitgift** in die Ehe einbringt, obwohl das Gesetz zur Aussteuerpflicht seit 1983 abgeschafft ist. Eine Frau ohne Aussteuer, die aus einem Haus, Schmuck oder Bargeld bestehen kann, hat auch heute noch schlechte Aussichten auf eine Ehe.

Griechisch-orthodoxe Religion

Bedeutung der Kirche auf Rhodos

Nahezu die ganze Bevölkerung von Rhodos gehört der **griechisch-orthodoxen Kirche** an. Der restliche kleine Teil sind **Juden** sowie **Moslems**, die einen eigenen Mufti als geistliches Oberhaupt haben.

Die **Kirche spielt** in Griechenland immer noch **eine bedeutende Rolle**. Fast alle Bewohner sind getauft, kirchlich getraut und gehen zumindest an den hohen Feiertagen in den Gottesdienst. Die enge Beziehung der Griechen zur Kirche erklärt sich aus der jahrhundertelangen muslimischen Fremdherrschaft – Rhodos war fast 400 Jahre von den Türken besetzt. In dieser Zeit waren die Bevölkerung und die Priester aufeinander angewiesen und schlossen sich unter dem Druck der andersgläubigen Besatzungsmacht eng zusammen. Dadurch entstand eine eigene kirchlich-volkstümliche bäuerliche Kultur, die besonders bei Kirchenfesten deutlich wird.

Die »pappádes«, die Geistlichen der griechisch-orthodoxen Kirche, genießen hohes Ansehen innerhalb der rhodischen Bevölkerung. →

Metropoliten und Priester

An der Spitze der griechischen Staatskirche steht der Metropolit Athens, der zusammen mit zwölf weiteren Metropoliten die Kirche leitet. Die Insel Rhodos ist Sitz eines Metropoliten, der auch die Inseln Chálki, Sími, Tílos und Níssiros verwaltet. Er untersteht wie die übrigen drei Metropoliten des Dodekanes aber nicht dem Metropolit Athens, sondern dem Ökumenischen Patriarchen von Istanbul (Türkei).

Die griechischen **Priester**, die mit ihrer langen Haar- und Barttracht das Straßenbild mitprägen, **dürfen heiraten**, allerdings nur vor der Priesterweihe. Stirbt die Ehefrau eines geweihten Priesters (Pappás), darf dieser nochmals eine Ehe eingehen. Verheiratete Geistliche können allerdings weder in ein Kloster eintreten noch höhere Kirchenämter einnehmen, so dass die Metropoliten meist aus dem **Mönchsstand** kommen.

Kirchliche Feiertage und Feste

Da in der orthodoxen Kirche nicht der Gregorianische, sondern der **Julianische Kalender** gilt, liegen die kirchlichen Feiertage meistens später als in der katholischen und evangelischen Kirche. Bei kirchlichen Festen, den Höhepunkten des Jahres, singen und tanzen die Gläubigen. Die alten Tänze (Chorous) werden auf den Dorfplätzen ausgeführt.

Besonders gepflegt werden die Bräuche bei großen Familienfesten wie Taufen, Hochzeiten und Beerdigungen, bei den zwölf großen Jahresfesten, an Ostern sowie bei den Jahresfeiern für den Heiligen, dem die jeweilige Dorfkirche geweiht ist.

Ostern ►

Ostern ist für die Rhodier **das wichtigste religiöse und familiäre Fest**, zu dem die Familienangehörigen vom Festland und aus dem Ausland heimkehren. Strenggläubige Christen fasten vor Ostern 49 Tage. Die Fastenzeit beginnt am Rosenmontag, den viele mit einem Picknick feiern. In der Karwoche werden mindestens zwei Gottesdienste täglich abgehalten. An dem mit Glockengeläut beginnenden Karfreitag geht man am Nachmittag zur Stunde der Kreuzabnahme ebenfalls in die Kirche, und am Abend finden Prozessionen statt. In der Nacht zum Karsamstag stehen die Gotteshäuser offen, die einige Male von den Gläubigen besucht werden. Sehr früh am Samstag morgen findet dann die Heilige Liturgie statt. Am Abend kommt der Höhepunkt des Festes: Eine Stunde vor Mitternacht gehen fast alle Griechen in die nur von einer Kerze beleuchtete Kirche. Wenn der Priester die Auferstehung Christi verkündet hat, zünden alle Kirchgänger ihre mitgebrachten Kerzen am Osterlicht an, und ein Feuerwerk wird abgebrannt.

Danach isst man gemeinsam zu Hause oder in Tavernen die Ostersuppe (Majirítsa). Die Osterkerze mit brennendem Docht nach Hause zu bekommen, gilt als gutes Vorzeichen. Schließlich wird bis zum Ostermontag, oft auch noch am Dienstag, gefeiert. Alle Dörfer sind voller Leben: Man isst, trinkt und tanzt. Die bestimmende Farbe an Ostern ist Rot – z.B. rot gefärbte Eier –, das das Blut Christi symbolisieren soll.

KAFFEEKLATSCH UNTER MÄNNERN

Das Kafenion, das traditionelle griechische Café, ist der Ort, wo sich die Männer treffen, stundenlang lesen, reden und Karten oder Tavli spielen – und das meist bei einem Tässchen griechischen Kaffees oder einem Ouzo.

Die Domäne des griechischen Mannes ist das Kafenion, eine Mischung aus **Kaffeehaus und Stammkneipe**, das es so gut wie in jedem Dorf gibt. Vor allem bei älteren Männern auf dem Land, aber auch in der Stadt hat sich die Gewohnheit erhalten, vor- oder nachmittags auf einen Schwatz im Kafenion vorbeizuschauen. Man trifft sich hier und palavert über Politik und das Neueste aus dem Ort; besonders vor Wahlen wird es auch mal laut. Außerdem spielt man Karten oder Tavli, eine Art Backgammon, oder liest Zeitung. Oder die Männer lassen mit stoischer Ruhe das vom Islam übernommene Komboloi, eine Kette aus Perlen, Olivenholz, Bernstein, Silber oder Edelsteinen, spielerisch durch die Finger gleiten.

Kein Getränkezwang

Das wichtigste Getränk im Kafenion ist der griechische Kaffee, der **kafés ellinikós**, den man ohne Zucker (sketos), leicht gezuckert (métrios) oder süß (glikós) bestellen kann. An dem Kaffee wird immer nur genippt, und zwar über einen langen Zeitraum, so dass er dabei kalt wird. Wem nicht nach Kaffee ist, der kann sich auch einen **Ouzo** oder **gliko tou koutaliou** bestellen, eine sirupartige Masse mit eingelegten Früchten. Einen Getränkezwang gibt es im Kafenion allerdings nicht, und es wird niemand schief angesehen, wenn er stundenlang bei einem Kaffee oder vor der Zeitung sitzt oder ins Tavli-Spiel vertieft ist. Auch Geschäfte werden im Kafenion abgeschlossen, wobei immer noch ein Handschlag bindend ist.

Frauen treffen sich woanders

Man geht in das Lokal, dessen Wirt die gleiche politische Einstellung wie man selbst hat. Die Kafenia sind oft **nüchtern und einfach** ausgestattet. Die Jüngeren ziehen deshalb die schickeren Bars als Treffpunkte vor.

Im Kafenion zeigt sich das griechische **Patriarchat** besonders deutlich. Der Besuch des »Männerlokals« ist Frauen zwar nicht verboten, aber für sie sind andere Treffpunkte vorgesehen. Ältere Paare und Familien gehen in die Zacharoplastía, die Konditoreien. Die Jugend versammelt sich wiederum in modernen Café-Bars, die man hier meistens »kafetéries« nennt.

Wirtschaft

Ausländische Beschäftigte Die griechische Wirtschaft ist seit 1990 immer stärker von ausländischen Arbeitskräften abhängig geworden. In **Hotels und gastronmoischen Betrieben** sind während des Sommerhalbjahrs Tausende junger EU-Bürger tätig, deren Lohn bei sechs Arbeitstagen pro Woche gering ist. In **Landwirtschaft und Baugwerbe** sind ebenfalls zahlreiche Ausländer tätig. Sie stammen zumeist aus Nich-Eu-Ländern, insbesondere aus Albanien. Sie erhalten die gleichen Löhne wie griechische Arbeitskräfte, die kaum noch bei der Oliven- und Orangenernte oder im Straßenbau arbeiten wollen.

Tourismus Rhodos gehört mit rund 1 Mio. Besuchern pro Jahr zu den wichtigsten Urlaubsgebieten Griechenlands. Die meisten von ihnen kommen aus Deutschland. Der Tourismus, der seit den Siebzigerjahren des 20. Jahrhunderts beständig, zeitweise explosionsartig boomt, ist die **Haupteinnahmequelle der Insel** und hat vor allem dem Norden bedeutenden Wohlstand gebracht. Nur noch 20 Prozent der Einnahmen stammen aus anderen Quellen, wie zum Beispiel der Landwirtschaft. Über 500 Hotels finden sich auf Rhodos, es gibt 60 000 angemeldete Gästebetten. Die Menschen, die im Tourismus beschäftigt sind, arbeiten während der Saison, die etwa ein halbes Jahr dauert, praktisch durchgehend. In dieser Zeit wird dann das Geld für das ganze Jahr verdient.

Die Landwirtschaft spielt noch eine wichtige Rolle auf Rhodos: Die meisten jungen Leute verdienen ihr Geld allerdings lieber mit dem Tourismus.

Landwirtschaft

Der zweitwichtigste Wirtschaftszweig der Insel ist die Landwirtschaft, die durch die **klimatischen Verhältnisse** ausgezeichnete Bedingungen hat. Teilweise sind **zwei Ernten** pro Jahr möglich. Vor allem **Feldfrüchte** wie Tomaten, Auberginen, Melonen und Kartoffeln werden – auch in Gewächshäusern – angebaut. Sie finden in Hotels und Restaurants Absatz oder gelangen in den Export. Zudem werden **Zitrusfrüchte**, **Oliven** bzw. Olivenöl und **Wein** ausgeführt. Der Export von roten und weißen **Weinen** und insbesondere von **Sekt** aus der C.A.I.R.-Genossenschaft ist dabei der wichtigste Ertragsfaktor: Der Sekt wird aus einer bestimmten Traube, der Athiri-Traube, im klassischen Verfahren der Schaumweinbereitung durch eine zweite Gärung gewonnen.
Immer mehr Rhodier ziehen allerdings aufgrund der steigenden Touristenzahlen vom Land in die Stadt, weil ihnen die Verdienstmöglichkeiten hier attraktiver erscheinen als in der Landwirtschaft. Das hat zur Folge, dass die Insel ihre Selbstständigkeit bei der Nahrungsmittelversorgung verliert und vom Import landwirtschaftlicher Produkte abhängig wird. Außerdem sind die Landwirtschaftsbetriebe oft sehr klein und entsprechend schlecht ausgerüstet mit alten, unmodernen Maschinen. Deshalb ist der Ertrag der Arbeit im Verhältnis zu der Anzahl von Menschen, die von der Landwirtschaft leben müssen, eigentlich zu gering.

Fischerei

Auch in der Fischerei finden Rhodier ihren Lebensunterhalt. Jedoch haben **Überfischung und Dynamitfischerei** im Laufe der Jahrzehnte den Fischbestand in der Ägäis drastisch reduziert. Die Fänge der rhodischen Fischer decken daher im Sommer nicht mehr den Bedarf, der sich durch den Tourismus sehr gesteigert hat. Deshalb muss Rhodos von den kleineren Nachbarinseln, z. B. Sými und Kalymnos, Fische importieren, die dort in Fischzuchtanlagen aufgezogen werden. Durch die Nachfrage nach Fisch und landwirtschaftlichen Produkten in den Touristenzentren steigen die Preise, was Stadt- und Landbewohner gleichermaßen trifft.

Handwerk

Auch Handwerksbetriebe spielen eine wichtige Rolle im Wirtschaftsleben von Rhodos. Sie erleben durch den Tourismus einen enormen Aufschwung. Hier sind vor allem **Kürschnereien** (Pelzherstellung), **Schneidereien**, Töpfereien und **Teppichwebereien** zu nennen. Der Verkauf von Pelzen ist auf Rhodos – trotz der heißen Temperaturen – jahrzehntelang ein hervorragendes Geschäft gewesen, weil die Waren nicht besteuert und günstig hergestellt werden. Allerdings haben weltweite Boykott-Aufrufe und Aufklärungskampagnen über tierquälerische Pelztierhaltung den Handel mit den Pelzen stark zurückgehen lassen. In den großen Touristenzentren von Rhodos wurden zahlreiche **Keramikwerkstätten** und **Goldschmieden** eingerichtet, die natürlich vorwiegend im Sommer ihre Erzeugnisse an die Urlauber verkaufen.

Geschichte

Erste Zeugnisse der Besiedlung von Rhodos reichen fast 7000 Jahre zurück. In der Folge wird die Insel aufgrund ihrer strategischen Lage in der Ägäis immer wieder Ziel fremder Eroberer: Perser, Griechen, Römer, Byzantiner, Johanniter, Türken und Italiener streiten sich um die Vorherrschaft und drücken der kleinen Insel ihren Stempel auf. Erst 1947 fällt Rhodos an Griechenland.

Die Anfänge

5.–2. Jt. v. Chr.	Erste Besiedlung der Insel
1000–750 v. Chr.	Entstehung der Stadtstaaten Iálissos, Kámiros und Líndos in dorischer Zeit
750–500 v. Chr.	Wirtschaftlicher und kultureller Aufschwung

Vor- und frühgeschichtliche Besiedlung der Insel

Erste, einfachste Siedlungen

Gefäßscherben sind die ältesten Zeugnisse der Besiedlung von Rhodos, die in das **5. Jt. v. Chr.** datiert werden. Die Siedlungsplätze in der späten Jungsteinzeit sind einfach und kaum befestigt in Meeresnähe oder gar in Höhlen zu finden. Wahrscheinlich haben ostmittelmeerische Stämme wie Karer und Phöniker auf dem Weg in die Ägäis entlang der Küsten **Handelsposten** angelegt.

Mykenische Siedlungen

In der Mitte des **2. Jt.s v. Chr.** kommen Mykener, die Homer Achäer nennt, wahrscheinlich von Kreta auf die Insel und besiedeln die Städte Líndos, Iálissos und Kámiros. Bescheidener Burgenbau und vermehrte Handelstätigkeit lassen auf eine **kurze Blütezeit** für Rhodos schließen, allerdings werden die mykenischen Siedlungen nach 1200 v. Chr. aufgegeben.

Dorische und archaische Zeit

Dorische Besiedlung: Entstehung von drei Stadtstaaten

Vielleicht schon vor der um die Jahrtausendwende einsetzenden **dorischen Wanderung** kommen Dorer unter ihrem sagenhaften Führer Tlépolemos über Kreta nach Rhodos. In dorischer Zeit (1000 –750 v. Chr.) entstehen **drei Stadtstaaten**: Iálissos mit dem Gebiet an der Nordspitze der Insel, Kámiros mit einem Küstenstreifen im Südwesten und Líndos mit dem größten Teil im Südosten. Die Bewohner leben offensichtlich in Frieden miteinander, denn nichts erinnert an kriegerische Handlungen. Die drei Stadtstaaten schließen mit Kos, Halikarnássos (heute Bodrum) und Knídos eine Hexapolis (»Sechsstädtebund«). Regieren anfänglich Könige die Stadtstaaten, so werden sie später von adeligen Oligarchien abgelöst, um dann zumindest in Líndos der **Tyrannis** zu weichen. Kleóboulos (►Berühmte Persönlichkeiten, S. 56), der 40 Jahre lang allein über Líndos herrscht, wird sogar zu den Sieben Weisen des Altertums gezählt. Im Gegensatz zu Iálissos und Kámiros, die landwirtschaftlich geprägt sind, entwickelt sich Líndos zu einem bedeutenden Seehafen und Handelszentrum. Vor allem von Líndos gehen auch die rhodischen **Kolonisationen** aus, die von Sizilien bis ans Schwarze Meer reichen.

← Der berühmte Großmeister des Johanniterordens, Pierre d´Aubusson, lässt ab 1476 die Festungswerke von Rhodos erneuern.

Aufschwung in archaischer Zeit

Rhodos erlebt in archaischer Zeit (750 – 500 v. Chr.) als Zwischenstation im **Fernhandel** zwischen östlichem und westlichem Mittelmeerraum einen wirtschaftlichen und kulturellen Aufschwung, der auch zu einem florierenden Keramikgewerbe und zur Prägung eigener Münzen führt.

Klassische Ära

Mitte 5. Jh. v. Chr.	Líndos, Iálissos und Kámiros werden Mitglieder des 1. Attisch-Delischen Seebundes.
408 v. Chr.	Die rhodischen Städte vereinen sich zu einem Gesamtstaat und gründen Rhodos-Stadt.
377 – 358 v. Chr.	Rhodos gehört zum 2. Attischen Seebund.

Vormacht Athens

Als sich die **persische Großmacht** um 490 v. Chr. in die Ägäis ausweitet, unterwirft sich ihr Rhodos gezwungenermaßen, erleidet dadurch wirtschaftliche Einbußen und wird zu Hilfsleistungen herangezogen, zum Beispiel durch Bereitstellung von 40 Schiffen für die Perser in der **Schlacht von Salamis** (480 v. Chr.). Nach dem **Seesieg Athens** muss sich Rhodos allerdings dieser Macht unterordnen. So werden die drei rhodischen Städte Líndos, Iálissos und Kámiros Mitte des 5. Jh.s Mitglieder des 1. Attisch-Delischen Seebundes und müssen immer höhere Tribute an Athen zahlen. Von dieser Zeit an übernimmt **Iálissos** für etwa ein halbes Jahrhundert die politische Führung auf der Insel. Infolge der Spannungen zwischen Athen und Sparta wird Kámiros von den Spartanern angegriffen. Die Rhodier fallen daraufhin 411 v. Chr. von Athen ab, werden aber drei Jahre später von der athenischen Flotte plündernd heimgesucht.

Stadtgründung von Rhodos

Kurz danach erfolgen zur besseren Verteidigung und der politischen Willensbildung der berühmte **Synoikismos**, der Zusammenschluss der rhodischen Städte zu einem Gesamtstaat, und die **Gründung der Stadt Rhodos** auf dem Gebiet von Iálissos, nicht zuletzt auch aus wirtschaftlichen Gründen. Zur Belebung des Handels sucht man den Platz für die neue Stadt an der Nordspitze der Insel aus, wo der Hauptschifffahrtsweg ins östliche Mittelmeer vorbeiführt. Durch die Neugründung verliert vor allem Iálissos seine Bedeutung, während Líndos und Kámiros als Kultzentren weiter wichtig bleiben.

Unruhen im 4. Jh. v. Chr.

Das vierte vorchristliche Jahrhundert ist zunächst von Unruhen geprägt. Rhodos gerät abwechselnd in den **Machtbereich von Sparta**, das die Aristokratie unterstützt, und in den des demokratischen **Athen**, bis es 377 v. Chr. dem 2. Attischen Seebund beitritt. Bei einem **Volksaufstand** unter Führung des Demagogen Dorimachos gegen die Adligen werden die herrschenden Diagoriden vernichtet.

Rhodos nimmt 480 v. Chr. an der Seite der Perser an der Schlacht von Salamis teil, in der die Griechen unter Themistokles über die persische Flotte siegen.

Unter dem Druck des persischen Satrapen Mausollos muss Rhodos 358 v. Chr. den Attischen Seebund wieder verlassen; drei Jahre später besetzt er die Insel. Nach dem Tod des Mausollos bringen die **Karer** die Insel für einige Zeit in ihren Besitz. Der **Handelstätigkeit** der Rhodier tut das jedoch keinen Abbruch. Die rhodischen Münzen mit dem strahlenbekränzten Helioskopf auf der Vorder- und der Rosen- bzw. Hibiskusblüte auf der Rückseite bleiben als Zahlungsmittel im Dodekanes-Wirtschaftsraum begehrt.

Hellenistische Periode

333 v. Chr.	Rhodos unterwirft sich Alexander dem Großen.
292 v. Chr.	Errichtung des »Kolosses von Rhodos« als Erinnerung an den Sieg über den Diadochen Demétrios

Unter hellenistischer Herrschaft

In Abwägung der politischen Optionen schlagen sich die Rhodier 333 v. Chr. auf die Seite **Alexanders des Großen** und tolerieren die Besetzung durch makedonische Truppen. Nach dem Tod Alexanders führen die **Diadochenkriege 305 v. Chr.** auch zur Belagerung von Rhodos, das sich weigert, den übertriebenen Forderungen des Diadochen Demétrios Poliorkétes (»Städtebezwinger«) Folge zu leisten.

Bis zu dem großen Erdbeben 142 n. Chr. war Kámiros einige Jahrhunderte lang eine bedeutende hellenistische Stadt.

Sieg über den Diadochen

Mit nur knapp 7000 Verteidigern zwingen die Rhodier den übermächtigen Demétrios zum Abzug. Als Siegesdenkmal errichten sie unter Leitung des Erzgießers Chares von Líndos in zwölfjähriger Bauzeit bis 292 v. Chr. ein 32 m hohes Standbild des Sonnengottes Helios, das als »**Koloss von Rhodos**« zu den Sieben Weltwundern des Altertums zählt (►S. 186).

Zeit des Aufschwungs

In dieser Zeit erlebt Rhodos mit seinen 60 000 bis 80 000 Bewohnern als Warenumschlagplatz für das gesamte östliche Mittelmeer einen großen **wirtschaftlichen Aufschwung**, der sich auch in der Belebung von Kunst und Wissenschaft niederschlägt. Der Epiker Apollonios verfasst seine berühmte »Argonautika«. Der Rhetor Aischines kommt von Athen nach Rhodos und begründet die später berühmte **Rhetorenschule**, die bis ins 1. Jh. v. Chr. ihre Anziehung behält, u.a. auch für Cato, Cicero und Caesar.
Rhodos unterhält eine **Handels- und Kriegsflotte** und bekämpft die Seeräuberei. Das rhodische Seerecht wird weithin übernommen. Handelsinteressen bestimmen auch die vermittelnde Politik der Rhodier in den Auseinandersetzungen der Makedonier, Ptolemäer, Seleukiden und Römer.

Römische Epoche

2./1. Jh. v. Chr.	Rhodos kooperiert mit Rom.
168 v. Chr.	Beginn des wirtschaftlichen Niedergangs
42 v. Chr.	Eroberung und Plünderung von Rhodos durch Cassius
155 n. Chr.	Ein verheerendes Erdbeben zerstört Rhodos-Stadt.
297 n. Chr.	Rhodos verliert seine Selbstständigkeit und wird Teil der römischen Provinz Insularum.

Querelen mit den Römern

Zunächst leisten die Rhodier für Rom mehrfach Hilfe bei kriegerischen Auseinandersetzungen, so gegen Philipp V. von Makedonien, worauf sie Besitzungen in Karien und Lykien in Kleinasien erhalten. Da sie sich jedoch dem Makedonierkönig Perseus gegenüber wohlwollend verhalten, nehmen die Römer den Rhodiern nach dem Sieg über Perseus 168 v. Chr. ihr kleinasiatisches Verwaltungsgebiet wieder ab und erklären die Insel Délos zum Freihafen. Dadurch gehen Rhodos beträchtliche Zolleinnahmen verloren und der **wirtschaftliche Niedergang** beginnt.

◄ Kulturelles und geistiges Zentrum

In dieser Zeit ist Rhodos trotz politischer und wirtschaftlicher Einbußen ein bedeutendes kulturelles und geistiges Zentrum. Zahlreiche namhafte Maler und Bildhauer arbeiten auf der Insel, gestalten so berühmte Werke wie die **Nike von Samothrake** oder die **Laokoongruppe** (► S. 46). Der Astronom Hipparch von Nikaia forscht in seinem Observatorium auf der Akropolis von Rhodos Stadt, der Philosoph Poseidonios (► S. 56) unterhält eine eigene Schule.

Eingliederung ins Römerreich

Rhodos wird schließlich im **römischen Bürgerkrieg** zwischen Pompeius und Julius Caesar von Cassius 42 v. Chr. erobert, der die Insel ihres Vermögens, ihrer Flotte und ihrer Kunstschätze beraubt sowie die bedeutendsten Bürger umbringen lässt. Die Eingliederung in das Römische Reich erfolgt nach und nach. Unter Augustus wird Rhodos 31 v. Chr. direkt dem römischen Herrscher und nicht einem Statthalter unterstellt, kann fortan seinen Wohlstand mehren und wird auch häufig als Exilort genutzt. Nach einem starken Erdbeben 155 n. Chr. mit verheerenden Auswirkungen wird die Stadt Rhodos zwar schnell wieder aufgebaut, aber der alte Glanz ist verloren. Unter Kaiser Diokletian **verliert Rhodos seine Selbstständigkeit** und wird 297 Teil der römischen Provincia Insularum.

Christentum

In der Geschichte des Christentums spielt Rhodos früh eine bedeutende Rolle. Die Apostelgeschichte (21,1) berichtet, dass Paulus auf seiner dritten Missionsreise von Milet kommend auf der Insel landete. Frühchristliche Funde belegen, dass seit dem 2. Jh. n. Chr. eine kleine christliche Gemeinde bestand.

Byzantinische Zeit

395	Rhodos wird Teil des Ostreichs und untersteht damit dem byzantinischen Kaisertum.
345 und 515	Schwere Erdbeben richten große Zerstörungen an.
7. – 9. Jh.	Fremde Eroberer plündern wiederholt die Insel.
11./12. Jh.	Rhodos wird Zwischenstation der Kreuzritter.
13. Jh.	Byzantinische Statthalter herrschen über die Insel.

Bei der **Teilung des Römischen Reiches 395** kommt Rhodos zum **Ostreich**, spielt aber im politisch-wirtschaftlichen Gefüge des Byzantinischen Reiches eine geringe Rolle.
Verschiedentlich wird Rhodos von **Naturkatastrophen** heimgesucht, so ziehen schwere Erdbeben 345 und 515 die Insel in Mitleidenschaft. Hilfe verspricht sich die Bevölkerung von der Religion – im 5. und 6. Jh. entstehen bedeutende Basiliken an mehreren Orten der Insel. Unter Kaiser Justinian wird das schon lange bestehende rhodische Seerecht in das Gesetzeswerk der Digesten übernommen.

Eroberungen und Plünderungen

Mit dem 7. Jh. beginnt für Rhodos eine nur **spärlich dokumentierte Geschichtsepoche**, die bis zum Beginn des 14. Jh.s währt. Nur wenige bruchstückhafte Nachrichten byzantinischer Chronisten belegen, dass Rhodos immer wieder von fremden Eroberern besetzt und geplündert wird: 620 von den Persern, 653 und 717 von den Sarazenen. Im Jahr 807 verwüstet Kalif Harun al-Raschid die Insel, nachdem es ihm nicht gelungen ist, Rhodos-Stadt einzunehmen.

Auswirkungen der Kreuzzüge

Als Abwehrmaßnahme gegen das Vordringen der islamisch-arabischen Herrschaft erlaubt der byzantinische Kaiser venezianischen Kaufleuten, auf Rhodos 1082 eine Handelsniederlassung einzurichten. Im Rahmen des **Ersten Kreuzzugs (1096 – 1099)** gewährt Rhodos den Kreuzfahrern Unterstützung. Viele Kreuzritter und Pilger machen auf dem Zug ins Heilige Land hier Zwischenstation, 1191 halten sich der englische König **Richard Löwenherz** und der französische König **Philipp II. Augustus** während des Dritten Kreuzzugs auf der Insel auf.

Byzantinische Statthalter im 13. Jh.

Im Jahr 1204 beginnt ein lang andauernder Konflikt zwischen dem byzantinischen Kaiser und den Kreuzfahrern, als statt des Heiligen Landes kurzerhand Konstantinopel durch die Kreuzritter erobert und geplündert wird. Als Beute wird den beteiligten Venezianern Rhodos zugesprochen, doch kommt ihnen der byzantinische Statthalter für den Dodekanes, **Leo Gavalas**, zuvor. Er besetzt die Insel und errichtet eine **Alleinherrschaft**. Nach seinem Tod 1240 übernimmt sein Bruder Johann die inzwischen vom byzantinischen Kaiser gebilligte Herrschaft über die Insel. Von 1261 bis 1275 übergibt Kaiser Michael VIII. Paleologos die Regierung von Rhodos an seinen Bruder. Danach wird die Insel mit Billigung der byzantinischen Verwaltung zum **Spielball genuesischer Korsaren**, bis einer von ihnen, **Vignolo di Vignoli**, kurzerhand die Insel mit Gewinn an den Johanniterorden abtritt.

Die Herrschaft der Johanniter

1306 – 1309	Der Ritterorden der Johanniter erobert Rhodos.
1444	Erfolglose Belagerung von Rhodos durch ägyptische Mamelucken
1480	Großmeister Pierre d'Aubusson wehrt die Belagerung durch die Türken erfolgreich ab.
1522	Die Johanniter werden vernichtend von den Türken geschlagen und müssen Rhodos verlassen.

Schwierige erste Jahre unter der Johanniterherrschaft

Die aus dem Heiligen Land vertriebenen Johanniter erobern seit 1306 mit päpstlicher Zustimmung und genuesischer Piratenhilfe in einem dreijährigen Krieg gegen erbitterten Widerstand die Insel. Nach ihrem neuen Domizil nennen sie sich fortan Rhodiserritter. Das erste Jahrzehnt der Herrschaft der Johanniter ist von vielen Unruhen geprägt. Zunächst sind die Rhodier nicht erfreut über die neuen Herren, allerdings schätzen sie ihre Kampfbereitschaft bei der Abwehr von Piraten- und Türkenangriffen. Der Orden wandelt sich schnell von einem Ritterheer in eine **Seestreitmacht**, die muslimische Kriegs- und Handelsschiffe kapert. Dadurch verschafft er sich Geld, womit er unter anderem auch die Festungsanlagen in Rhodos-Stadt erbaut.

◄ Jahre des Aufschwungs

Die Insel, die seit dem 7. Jh. bedeutungslos am östlichen Rand Europas gelegen hat, gewinnt in den Jahren der Ritterherrschaft zunehmend an Bedeutung als **militärischer Vorposten** des Abendlandes und als wichtige **Station für den Handel** zwischen Europa und dem Orient. Handelswaren wie Parfüm, Safran, Kaviar, Pfeffer, Woll- und Seidenstoffe, Öl, Wein sowie Zucker werden auf Rhodos umgeschlagen. Schlagkräftige Ordensgaleeren sichern dabei die Seehandelswege und die Hoheitsgewässer der Insel. Die Rhodier haben in bescheidenerem Maß teil am Wirtschaftsleben, allerdings leben viele Bauern in den damaligen 45 Siedlungen des Hinterlandes hauptsächlich von Ackerbau und Viehzucht, etliche von ihnen haben den Status von **Leibeigenen**. Historiker schätzen die Zahl der griechischen Inselbewohner auf rund 10 000, die Zahl der Ritter, meist französischer Herkunft, auf maximal 500 mit zusätzlich etwa 1000 Söldnern, die in Gefahrenzeiten verstärkt werden können.

Der von den Johannitern im 14. Jh. erbaute, imposante Großmeisterpalast wurde durch Erdbeben und Explosionen mehrfach zerstört und im 20. Jh. rekonstruiert.

Ordenskrise (1317 – 1319)

Gegen den Großmeister Foulques de Villaret, der den Orden nach Rhodos geführt hat, bricht wegen seines ausschweifenden Lebensstils und seines Despotismus´ eine Rebellion unter den Rittern aus. Diese ernennen Maurice de Pagnac zu seinem Nachfolger. De Villaret entgeht einer Gefangennahme, indem er sich in die Festung von Líndos flüchtet. Das Eingreifen des Papstes setzt den Streitigkeiten ein Ende: Beide Großmeister werden ihres Amtes enthoben, und die Führung geht 1319 an Hélion de Villeneuve über, der die Disziplin wiederherstellt, den Orden reorganisiert und militärisch schlagkräftiger macht.

Militärische Erfolge ab 1344

Unter wechselnden Großmeistern **überfallen** die Ordensritter in den folgenden 150 Jahren immer wieder **muslimisches Gebiet** und wehren sich von ihrer strategisch günstig gelegenen Insel meist erfolgreich gegen türkische Gegenangriffe. Unter dem Großmeister Ferdinand Héredia (1376 – 1396) wird Rhodos nach den neuesten wehrtechnischen Möglichkeiten befestigt. Unter Großmeister Jean de Lastic (1437 – 1454) gelingt es, einen Angriff der Mamelucken auf Rhodos abzuwehren und der vierzig Tage dauernden **Belagerung von Rhodos-Stadt durch die Ägypter** 1440 standzuhalten. Nach einem weiteren Angriff der Ägypter 1444 wird mit ihnen ein Friedensvertrag geschlossen. Durch diese militärischen Erfolge wächst das Ansehen der Johanniter, wodurch sie Zulauf und große finanzielle Hilfe erhalten. Nach der **Eroberung Konstantinopels** durch die Türken 1453 – dem Ende des Byzantinischen Reichs – kommt der Orden als letzter christlicher Außenposten immer mehr in Bedrängnis.

Sieg über die Türken (1480)

Trotz der erdrückenden Übermacht siegen die Johanniter unter Großmeister **Pierre d'Aubusson** (1476–1503; ►S. 55) über die türkische Flotte unter Sultan Mohammed II., die Rhodos drei Monate belagert hat. Der Legende nach sollen sich die Türken zurückgezogen haben, weil am Himmel ein goldenes Kreuz mit Maria und Johannes dem Täufer erschien. D'Aubusson wird vom Papst für seine Verdienste mit dem Kardinalstitel ausgezeichnet. Der Großmeister lässt die durch die Schlacht und ein **Erdbeben von 1481** weitgehend zerstörten Festungsbauten von Rhodos-Stadt wiederaufbauen. Ab 1503 kommt es erneut zu türkischen Übergriffen auf ungesicherte Dörfer wie Archangelos, dessen Einwohner versklavt werden. Unter Großmeister Emery d'Amboise (1505–1512) werden etliche erfolgreiche Seezüge gegen türkische und ägyptische Flotten unternommen.

Vertreibung der Johanniter

Suleiman der Prächtige, der Eroberer von Belgrad 1521, nutzt die Schwäche der europäischen Großmächte, um die Ordensritter endgültig von Rhodos zu vertreiben. Die Türken belagern im Juni 1522 die Ordensfestung, und es entbrennt ein mörderischer Kampf mit gewaltigem Kanonenhagel und Sprengsätzen. Man schätzt, dass den mehr als 100 000 Türken nur 7500 Verteidiger gegenüberstanden. Die Ordensritter müssen nach sechs Monaten vor der gigantischen Übermacht kapitulieren. Der Sultan gewährt den verbliebenen Rittern ehrenhaften Abzug. Sie dürfen sogar ihre Waffen und Schätze mitnehmen, mit denen sie am 1. Januar **1523 nach Kreta** segeln.

Osmanische Herrschaft

1523	Beginn der türkischen Herrschaft über Rhodos
1571	Ein rhodischer Aufstand gegen die Türken wird vereitelt.

Zusammenleben von Moslems, Christen und Juden (1523–1912)

Die 390 Jahre währende türkische Herrschaft empfinden die Griechen allgemein als die schlimmste Zeit ihrer Geschichte, doch die Rhodier finden durchaus **Wege zur Verständigung**. In der Kapitulationsurkunde zwischen den Johannitern und den Türken wird den Rhodiern u. a. die freie Religionssausübung zugesichert und der Bau von Kirchen erlaubt. Eine Verschwörung der rhodischen Geistlichen gegen die Türken im Jahr 1571 wird grausam zunichte gemacht. Ansonsten leben in den ersten eineinhalb Jahrhunderten der türkischen Herrschaft Muslime, Christen und Juden friedlich zusammen.
Nach wie vor ist Rhodos ein wichtiger **Handels- und Flottenstützpunkt** im Osmanischen Reich. Wahrscheinlich erst Ende des 17. Jh.s, als die Aufstände gegen die Türken im griechischen Gebiet zunehmen, wird angeordnet, dass **Christen nicht in der Stadt wohnen** dür-

fen und sie nach Sonnenuntergang verlassen müssen. Ebenfalls erst in späterer Zeit werden einige wenige Kirchen in Moscheen umgewandelt. Zwischen Türken und Griechen findet keine Vermischung statt, doch Kleidung, Lebensweise und Volkskunst beeinflussen sich gegenseitig. Die Muslime leben hauptsächlich in Rhodos-Stadt, so dass die meisten Dörfer christlich bleiben. Die christlich-orthodoxe Bevölkerung hat zwar geringere Rechte als die Türken, verfügt jedoch über weitgehende Selbstverwaltung.

Eroberung von Rhodos-Stadt durch die Türken 1522

Im Verlauf des 19. Jh.s verschärft sich der Konflikt zwischen Griechen und Türken, unter anderem durch den **Befreiungskampf** auf dem griechischen Festland. Einer Statistik von 1890 zufolge leben zu dieser Zeit rund 6800 Muslime, 20 300 Griechisch-Orthodoxe und 1500 Juden auf der Insel. Unser Bild von der türkischen Herrschaft auf Rhodos ist stark von den Schilderungen der Reisenden des 19. Jh.s geprägt. Diese berichten, dass Rhodos-Stadt ohne Leben und die Wälder abgeholzt seien, zudem die Insel von den osmanischen Beamten ausgebeutet werde.

Italienische Zeit

1912	Die Italiener erobern Rhodos.
1923	Die Türkei verzichtet endgültig auf Rhodos, das an das faschistische Italien fällt.
1943	Kapitulation der Italiener

Kaum Zusammenleben zwischen Rhodiern und Italienern

Im Verlauf des **italienisch-türkischen Krieges (1911/1912)** besetzen italienische Truppen Rhodos, wobei sie nur auf geringen Widerstand der kleinen, schlecht ausgerüsteten türkischen Besatzung von rund 1300 Mann treffen. Sie werden von den Bewohnern unterstützt, die sie zunächst als Befreier sehen. Die Insel ist für die Italiener ein wichtiger Stützpunkt für ihre Kolonialpläne in Nordafrika. Als das italienische Versprechen der Autonomie jedoch nicht eingelöst wird, kommt es zu **Unruhen** in der Bevölkerung. In den Friedensverträgen von Sèvres (1920) und Lausanne (1923) verzichtet die Türkei endgültig zugunsten Italiens auf Rhodos und den Dodekanes. Auf der Insel wird eine italienische Verwaltung aufgebaut, und italienische Handwerker, Kaufleute, Militärs und Landarbeiter wandern ein, die 1936 immerhin ein Viertel der Inselbevölkerung ausmachen, aber schwer assimilierbar sind.

◄ Instandsetzungen

In der **faschistischen Zeit** bildet sich ein Spitzelsystem heraus. Allerdings trägt die italienische Verwaltung auch zum Ausbau des Straßennetzes, zur Wiederaufforstung vieler Gegenden und zur Restaurierung der Gebäude aus der Ritterzeit bei. Zudem fördert sie archäologische Ausgrabungen und Ausstellungen. Die verbesserten Reisemöglichkeiten schlagen sich in wachsenden Besucherzahlen auf der Insel nieder – 1934 kommen bereits 60 000 Gäste.

Zweiter Weltkrieg

Alliierte Verbände beschießen 1942 die italienischen Stützpunkte, ohne die Insel zu erobern. Bereits seit 1940 flieht ein kleiner Teil der jüdischen Bewohner. Nach der Kapitulation der italienischen Truppen **1943 besetzt Hitler-Deutschland** die Insel und **deportiert 1200 Juden** in Konzentrationslager, wo die meisten umkommen. Die Briten beschießen am 1. Mai 1945 die Insel, worauf die deutschen Truppen kapitulieren. Rhodos kommt unter **britische Militärverwaltung**.

Neugriechische Zeit

1947	Rhodos wird Teil Griechenlands.
1967 – 1974	Griechenland unter Militärdiktatur
1974	Durch Volksentscheid wird Griechenland zur Republik.
1981	Griechenland wird Mitglied der EG.
2001	Griechenland tritt der Europäischen Währungsunion bei und führt 2002 den Euro ein.
2004	Bei Parlamentswahlen schlägt die Nea Dimokratia die seit 1993 allein regierende Partei PASOK. Olympische und Paralympische Spiele in Athen

Vereinigung mit Griechenland

Im Pariser **Friedensvertrag** vom 10. Februar 1947 wird Rhodos Griechenland angegliedert. Paul I. (reg. 1947 – 1964) wird König und besucht am 7. März 1948 die Insel. Die Bevölkerungszahl steigt aufgrund der Zuwanderung von Inselgriechen. Die Insel erlebt einen starken **Wirtschaftsaufschwung** und wird zu einem der wichtigsten Fremdenverkehrszentren Griechenlands mit 71 000 Gästen im Jahr 1961 und 210 000 Gästen 1971.

Griechische Entwicklung bis 1967

Zwar stagniert das wiedererstandene Königreich in der Nachkriegszeit, doch kommen trotz der Polarisierung in Staat und Gesellschaft von 1952 bis zur Krise 1967 verhältnismäßig **stabile Regierungen** zustande. 1952 tritt Griechenland der **NATO** bei, und im selben Jahr hat die Wirtschaftskraft mit finanzieller Hilfe aus den USA wieder Vorkriegsniveau erreicht. 1961 unterzeichnet Ministerpräsident Konstantin Karamanlis (1955 – 1964) einen Assoziierungsvertrag mit der EWG. Im Frühjahr 1967 zerbricht Georgios Papandreous' fragiles Regierungsbündnis unter den Intrigen des Hofes, den Erpressungen der Armee und den Erwartungen der westlichen Verbündeten.

Diktatur der Obristen

Mit dem **Armeeputsch** vom April 1967 errichten die Obristen **Papadopoulos** und Pattakos ein Gewaltregime, das im In- und Ausland wachsenden Protest hervorruft. Als ein Gegenputsch des Königs Konstantin II. im Dezember 1967 scheitert, regiert Georgios Papadopoulos als Diktator. Aufgrund ausländischer Proteste tritt Griechenland 1969 aus dem Europarat aus und kündigt die internationalen Menschenrechtskonventionen. Gegen die Bestimmungen der Verfassung veranlasst Papadopoulos 1973 die Abschaffung der Monarchie, lässt die **Republik** ausrufen und ernennt sich selbst zum Staatspräsidenten. Der anfängliche wirtschaftliche Aufschwung in dem durch Niedriglohn und Streikverbot geknebelten Land bricht in der Ölkrise und der weltweiten **Rezession 1973** völlig zusammen. Schwere **Studentenunruhen** in Athen leiten den Niedergang der Diktatur ein, den auch ein noch rücksichtsloserer Militärcoup, bei dem im November Papadopoulos abgesetzt wird, nicht mehr verhindern kann.

Zypernkrise

Der Versuch, Zypern vollständig in griechischen Besitz zu bringen, überfordert schließlich die Militärjunta und provoziert die Intervention der Türkei. In Anbetracht der drohenden Kriegsgefahr übergibt das Militär 1974 dem aus dem Pariser Exil zurückgerufenen Ministerpräsidenten **Karamanlis** die Regierungsgewalt.

Volksentscheid für die Republik

Mit Karamanlis' »Regierung der nationalen Einheit« normalisieren sich die politischen Verhältnisse. Durch ein freies Plebiszit entscheiden sich die Griechen 1974 endgültig für die Republik. Im Juni 1975 tritt eine neue **demokratische Verfassung** mit Grundrechtssicherungen in Kraft, die für wichtige nationale Fragen Plebiszite vorsieht. 1980 wird Griechenland wieder Vollmitglied der **NATO**, im Jahr darauf **Mitglied der EG**. Bei den Parlamentswahlen 1981 erringt die Panhellenistische Sozialistische Bewegung (**PASOK**) unter **Andreas Papandreou** den Sieg. Die neue Führung betreibt zunächst eine Politik der nationalen Unabhängigkeit und Hinwendung zu den blockfreien Staaten. Die Wirtschaft festigt sich allmählich mit Hilfe des florierenden Fremdenverkehrs und der Handelsflotte.

Innenpolitik Griechenlands

Die Verfassungsänderung von 1986 schränkt die Kompetenzen des Staatspräsidenten zugunsten des Ministerpräsidenten und der Volks-

Neue und alte Machthaber: der Diktator Papadopoulos (Mitte rechts) unter den Porträts des am 14. Dezember 1967 ins Exil geflüchteten griechischen Königspaars.

vertretung ein. Im selben Jahr erschüttern **Finanz- und Bestechungsskandale** die Regierung Papandreou. Nach einer vierjährigen Phase von Übergangsregierungen verschiedener Koalitionen unter Regie der zweiten großen Volkspartei Neue Demokratie (ND) gelingt es der PASOK bei den Parlamentswahlen 1993, die Stimmenmehrheit wiederzugewinnen. Das Parlament wählt 1995 den parteilosen Konstantinos Stefanopoulos zum neuen Staatspräsidenten. 1996 tritt der Ministerpräsident Papandreou zurück; sein Nachfolger wird **Konstantinos Simitis**. Sowohl 1996 als auch 2000 gewinnt die von ihm geführte PASOK knapp vor der ND. Doch bei den Parlamentswahlen 2004 löst die bisherige Oppositionspartei Nea Dimokratia (ND) die seit 1993 ununterbrochen allein regierende PASOK ab. Neuer Ministerpräsident wird **Kostas Karamanlis**.

Außenpolitik (1992 – 2002)

Zentrales Problem der Außenpolitik bleibt das **Verhältnis zur Türkei**: Streitpunkte sind Zypern und die Abgrenzung des Festlandsockels in der Ägäis. 1996 steht die Imia-Krise im Mittelpunkt: Als türkische Journalisten auf der griechischen Insel Imia (türkisch: Kardak) die griechische Fahne durch die türkische ersetzen, eskaliert der Konflikt. Schließlich werden auf Druck der USA die ausgelaufenen Marineeinheiten zurückgezogen. Im **Kosovo-Konflikt** im Frühjahr 1999 operieren NATO-Kräfte auch von griechischen Stützpunkten aus, worauf es im Land zu heftigen Demonstrationen gegen die NATO kommt. Griechenland tritt 2001 der seit 1999 bestehenden **EU-Währungsunion** bei und führt zum 1. Januar 2002 den Euro ein. Eine positive Wende nimmt das Verhältnis zur Türkei; es werden mehrere bilaterale Abkommen unterzeichnet.

Kunst und Kultur

Unter dem Einfluss wechselnder Eroberer entstand auf Rhodos eine reiche Kultur, die bis heute das Bild der Insel prägt: prächtige Tempelbauten aus dem 3. Jh. v. Chr., trutzige Festungsanlagen der Ordensritter, Moscheen aus der Zeit der türkischen Herrschaft oder die traditionellen Einraumhäuser der rhodischen Bevölkerung.

Kunstgeschichte

Vor- und Frühgeschichte

Frühzeit

Die Besiedlung der Insel vom 5. bis zur Mitte des 2. Jahrtausends v. Chr. ist nur durch spärliche Funde, meistens Keramikscherben und jungsteinzeitliches Werkzeug, belegt. In den verstreut auf der Insel liegenden mykenischen Nekropolen, die in die Zeit zwischen 1450 und 1200 v. Chr. datiert werden, fanden sich Keramikwaren, Bronzearbeiten sowie Gold- und Silberschmuck.

Geometrischer Stil

Zwischen 900 und 700 v. Chr. gelangte der so genannte geometrische Stil in der **Vasendekoration** zu seiner vollen Entfaltung. Einflüsse aus Attika führten in den rhodischen Werkstätten schließlich zur Verfeinerung der Gefäßformen und Muster, was z. B. der Kantharos mit Vögeln und Vierblattblüten aus der **Nekropole von Iálissos** (Mitte 8. Jh. v. Chr.; Archäologisches Museum Rhodos-Stadt) belegt.

Orientalisierender Stil

In der Zeit von etwa 700 bis 550 v. Chr. blieb Rhodos ein wichtiges Zentrum der Keramikherstellung in ganz Ostgriechenland. Schalen, Kannen, Amphoren und Kratere wurden im orientalisierenden Stil mit Tierdarstellungen, Blüten- und Pflanzenmotiven geschmückt, die von den Handelskontakten mit dem Orient und Ägypten herrühren. Erstmals tauchen auch menschliche Figuren in der Vasenmalerei auf. Berühmt ist der so genannte Euforbos-Teller von Rhodos (um 630/610 v. Chr.; Britisches Museum London). Die orientalisierende Epoche klingt in der 2. Hälfte des 6. Jh.s aus. In der Folgezeit verloren die rhodischen Werkstätten ihre künstlerische Eigenständigkeit und ordneten sich dem Geschmack der attischen Vasenmalerei unter.
Durch die Berührung mit dem Orient entwickelte sich auf Rhodos im 8./7. Jh. v. Chr. auch eine überregional bedeutende Goldschmiedekunst. Getriebene goldene Schmuckplättchen mit figürlichen Darstellungen, granulierte Rosetten mit applizierten Bienen oder Miniaturvögeln aus Gold waren beliebte Exporterzeugnisse.

Griechisch-römische Antike

Die Blütezeit der griechischen Kunst fällt in das 5. und 4. Jh. v. Chr., die sog. griechische Klassik. Großartige Tempelbauten, Theater und Meisterwerke plastischer Menschendarstellung aus Stein oder Bronze kennzeichnen diese Epoche, an der auch Rhodos in bescheidenem Maß teilhatte. Erst im 3. Jh. v. Chr. erreichte die Insel, inzwischen wirtschaftlich stark geworden, in der bildenden Kunst ihre große Blüte, die bis ins 1. Jh. v. Chr. andauerte.

← Herausragende Kunst im nachbyzantinischen Stil: die Fresken in der Panagía-Kirche in Líndos, die 1779 ein Mönch aus Sými malte.

Baukunst Eine große Herausforderung für Stadtplaner und Architekten war die Gründung der Stadt Rhodos 408 v. Chr., die sich schnell zum neuen Zentrum der Insel entwickelte. Das nach den Stadtplanungsideen des Hippodamus von Milet mit einem sich rechtwinklig kreuzenden **Straßensystem** angelegte antike Rhodos ist heute nur noch schwer auszumachen. Im Südwesten der heutigen Stadt haben sich noch wenige Reste der einst imposanten **Akropolis** erhalten mit dem Tempel der Athena Polias und des Zeus Polieus sowie dem Apollon-Pythios-Tempel. In Hanglage befand sich ein kleines Theater oder Odeon und unterhalb ein Stadion.

Rhodos-Stadt ►

Líndos ► Um einiges älter als Rhodos-Stadt ist die antike Stadt Líndos, wo sich schon früh mit dem **Athena-Lindia-Tempel** ein wichtiges Kultzentrum entwickelt hatte. Nachdem der alte Tempel einem Brand zum Opfer gefallen war, wurde 342 v. Chr. ein dorischer Tempel errichtet, der gegen 300 v. Chr. vergrößert wurde. Etwas später fügte man die Prozessionstreppe an und rundete das Bauensemble mit den Propyläen ab, deren Mittelteil eine breite Säulenfront ziert. Ende des 3. Jh.s v. Chr. erweiterte man die **Akropolis** noch um eine ausladende Stoa, eine 87 m breite Säulenhalle.

Kámiros ► In Kámiros, einer der ältesten Städte der Insel, entstand nach einer Erdbebenkatastrophe 226 v. Chr. eine neue hellenistische Wohnstadt mit Agora (Marktplatz) und heiligem Bezirk. Kultmittelpunkt war das vermutlich Apollon Pythios geweihte Heiligtum. In den Wohnquartieren gab es schöne Atriumshäuser mit von Säulen und Pfeilern umstandenen Innenhöfen. Herausragende und zugleich charakteristische **Grabbauten** aus hellenistischer Zeit sind das Archókrates-Grab (um 225 v. Chr.) in Líndos und das so genannte Ptolemäergrab in Rhodos-Stadt.

Skulptur Einen hohen künstlerischen Standard erreichten die Bildhauerwerkstätten auf Rhodos in der Epoche des Hellenismus (Ende 4. bis Ende 1. Jh. v. Chr.), die sich im Reich Alexanders des Großen und seinen Nachfolgestaaten herausgebildet hatten. Götterstatuen, Figuren, mythologische Heroen, Grabstatuen und Reliefstelen wurden nicht nur in großer Zahl an den entsprechenden Plätzen der Insel aufgestellt, sondern auch exportiert. Dabei waren die rhodischen Meister gleichermaßen im Hohlgussverfahren der Bronze wie in der Bearbeitung des Marmors versiert. Berühmtheit erlangte der **Koloss von Rhodos** (► S. 186), ein bronzenes Monumentalstandbild. Aber auch andere Werke rhodischer Künstler sind heute noch Anziehungspunkte in den europäischen Museen, wie die **Laokoongruppe** (► Baedeker-Special S. 46), die **Nike von Samothrake**, ein Weihegeschenk von Rhodiern und Römern anlässlich des Seesiegs im Jahr 190 v. Chr. über Antiochos III., oder der **Farnesische Stier**, eine Brunnenskulpturengruppe, die zeigt, wie Dirke, die Königin von Theben, zur Strafe an einen wilden Stier gebunden wird.

Auf Rhodos selbst sind einige qualitätsvolle Marmorskulpturen im Archäologischen Museum (Rhodos-Stadt) zu sehen, darunter die

Auf dem Burgberg von Líndos erheben sich Bauwerke aus der Antike bis zur Kreuzritterzeit. Neben Athen und Korinth gehört diese Akropolis zu den bedeutendsten Griechenlands.

Grabstele der Krito und Timarista (um 420/410 v. Chr.) mit dem ausdrucksstarken Relief von Mutter und Tochter, deren Köpfe sich einander zuneigen, während ihre Blicke im Trennungsschmerz des Todes auseinander gehen. Herausragend ist ferner der ausdrucksvolle Kopf des **Sonnengottes Helios** (1. Hälfte 2. Jh. v. Chr.), den einst ein vergoldeter metallener Strahlenkranz schmückte. Berühmt ist außerdem die anmutige, lebensnah gestaltete kleine Figur der kauernden **Aphrodite** (um 100 v. Chr.).

Byzantinische Epoche

Die Gründung Konstantinopels 330 n. Chr. und die Teilung in west- und oströmisches (byzantinisches) Reich (395 n. Chr.) brachten dem östlichen Mittelmeerraum eine neue Kunst- und Kulturblüte, die sich auch auf Rhodos auswirkte und hier bis weit in die Neuzeit wirkte.

Baukunst

Zu den ersten Leistungen christlicher Baukunst auf Rhodos zählen die in der Regel dreischiffigen **Säulenbasiliken** des 5. und 6. Jh.s, die mit farbigen Mosaiken ausgestattet waren. Eine Besonderheit bilden bei einigen Kirchen die großen, in den Boden der Seitenschiffe eingelassenen, oft kreuzförmigen **Taufbecken**. Zu den bedeutenden Überresten frühchristlicher Sakralbauten zählen die Mittelapsis der Kirche von **Afántou**, die Grundmauern der so genannten Basilika A und B (5. bis 7. Jh.) in **Mesanagrós** sowie die Reste der in der Nähe dieses

Drei rhodische Künstler schufen die berühmte Laokoongruppe, von der eine Kopie heute im Großmeisterpalast von Rhodos-Stadt steht.

VEREWIGT IN MARMOR

Ob Siegesfreude oder heroischer Schmerz, die rhodischen Bildhauer haben mit ihren Marmorskulpturen wie der Nike von Samothrake im Pariser Louvre oder der Laokoongruppe in den Vatikanischen Museen in Rom zeitlose Verkörperungen von Emotionen geschaffen.

Zum Dank für ihre Seesiege 191/190 v. Chr. über Antiochos III. von Syrien stifteten rhodische Bürger das rund zweieinhalb Meter hohe Standbild der geflügelten **Siegesgöttin** als Weihgabe für das samothrakische Kabiren-Heiligtum. Die Marmorstatue erhob sich weithin sichtbar auf dem Vorderteil eines Schiffes. Entsprechend der Kunstauffassung des Hellenismus bestimmen Monumentalität und Bewegungsdramatik die Figurengestaltung.

Siegkündende Göttin

Die siegbringende Göttin scheint gerade im rauschenden Fluge vom Olymp auf das rhodische Schiff herabgekommen zu sein, die mächtigen Flügel sind noch ausgebreitet, in der erhobenen rechten Hand hielt sie einst die flatternde **Siegesbinde aus Bronze**, während sich ihr leicht gedrehter Körper gegen den kräftigen Seewind stemmt, der ihr Gewand aufwallen lässt. Längst vergessen und vom Schutt der Geschichte überdeckt, kam die Nike erst 1863 bei Grabungen auf der Insel Samothrake wieder zum Vorschein, gelangte nach Paris und kündet heute wieder von der Meisterschaft rhodischer Bildhauerkunst in der Antike.

Heroisches Leiden

Nicht minder staunend und fragend steht der Besucher im Saal des Großmeisterpalastes in Rhodos-Stadt vor der weltberühmten Laokoongruppe. Allerdings handelt es sich dabei um eine Kopie des Originals aus den Vatikanischen Museen in Rom. Die italienischen Besatzer der Insel ließen in den 1920er-Jahren die Nachbildung anfertigen, um den drei rhodischen Bildhauern **Hagesandros, Athanadoros und Polydoros** Ehre zu erweisen, die das antike Original um 40 v. Chr. geschaffen hatten. Die ganz auf Vorderansicht komponierte Figurengruppe beeindruckt durch den Bewegungsreichtum und das übersteigerte Pathos. Laokoon hatte die Trojaner vor dem hölzernen Pferd, einem zurückgelassenen Weihegeschenk der abgezogenen Griechen an die Göttin Athena, gewarnt und voller Verachtung seinen Speer gegen das Ungetüm geschleudert. Daraufhin wurde er zur

Die »Nike von Samothrake« wurde im 2 Jh. v. Chr. zu Ehren des Sieges der Rhodier über Antiochos von Syrien aufgestellt.

Darbringung eines Opfers für Poseidon verpflichtet, währenddessen zwei riesige Schlangen aus dem Meer kamen, die Laokoon und seine Söhne am Altar töten sollten. Mit dem **Untergang des Römischen Reiches** ging auch die Skulpturengruppe verloren, bis sie im Jahr 1506 in Rom wiederentdeckt wurde. Trotz aller Begeisterung und zahlreicher kunstwissenschaftlicher Veröffentlichungen gibt die fast 2 m hohe marmorne Laokoongruppe immer noch Rätsel auf. Das fängt schon beim Thema an, denn der Tod des trojanischen Priesters mit seinen Söhnen wurde bereits in der Antike von den Schriftstellern unterschiedlich gedeutet. Nur Aeneas, der aus Troja zu fliehen vermochte und als einer der Ahnherren Roms gilt, erkannte die sich anbahnende Katastrophe, während die meisten Trojaner das Schicksal des Laokoon als **göttliche Strafe für seinen Hochmut** auffassten, daraufhin das hölzerne Pferd mit den darin verborgenen griechischen Kriegern in ihre Stadt brachten und dadurch selbst den Untergang Trojas herbeiführten.

Große Wirkung

Bereits die Bildhauer der Renaissance, allen voran Michelangelo, nahmen das antike Meisterwerk zum Vorbild ihrer eigenen manieristischen Schöpfungen. Der gewaltsame Tod des Priesters erfuhr auch in der Folgezeit unterschiedliche Deutungen in Skulptur, Malerei und Literatur, einmal als Strafe Apolls, unabhängig vom Trojanischen Krieg, weil Laokoon als Priester sich nicht an das Verbot zu heiraten und Kinder zu zeugen gehalten hatte und ein andermal als Bestrafung durch **Poseidon und Athene** für die Beschädigung des geweihten Holzpferdes. Wie auch immer, die rhodischen Bildhauer haben das Ereignis erstmals für das römische Publikum in eine dramatisch bewegte Figurengruppe umgestaltet, die das erfinderische, ausdrucksvolle und raumgreifende Gestaltungsvermögen der **Spätepoche des Hellenismus** widerspiegelt. Nach wie vor umstritten ist allerdings die Datierung des Werks. Neuere Forschungen haben ergeben, nicht zuletzt aufgrund der archäologischen Funde von Figurenfragmenten rhodischer Bildhauer in Sperlonga am Tyrrhenischen Meer, dass die Marmorgruppe offenbar nach einem älteren griechischen Bronzeoriginal von einer rhodischen Bildhauerwerkstatt zur Zeit des Kaisers Tiberius geschaffen wurde. Die Laokoongruppe wäre damit Höhepunkt und Abschluss einer mehrhundertjährigen Tradition der Bildhauerkunst auf Rhodos.

Ortes gelegenen Basilika **Agía Varvara** (5./6. Jh.) und schließlich die Kirche Agía Iríni (6. Jh.) bei **Arnítha**. Im 7. und 8. Jh. kam die Baukunst wegen wiederholter Zerstörungen durch fremde Eindringlinge fast zum Erliegen. In der nachfolgenden Zeit veränderte sich der Kirchenbautypus immer mehr vom Richtungs- zum Zentralbau, bis im 10. Jh. die **Kreuzkuppelkirche** voll ausgeprägt war. Für den Außenbau verwendete man Bruch- und Ziegelsteine in oft kunstvoller Anordnung; das Innere wurde reich freskiert. Besonders beliebt auf Rhodos ist der Kirchenbau mit hoher Tambourkuppel, wobei der Tambour eine für Rhodos typische Nischengliederung besitzt, wie sie beispielsweise die **Klosterkirche Thári** zeigt. In den ländlichen Gebieten der Insel herrscht als Kirchentypus die schlichte **Einraumkapelle** mit oft eindrucksvollen Fresken vor. Im Innenraum war der leicht erhöht liegende Altarbereich (Bema) anfangs durch eine steinerne Schranke vom Gemeinderaum getrennt, aus der sich später die hohe Bilderwand der Ikonostase entwickelte.

Malerei

Bereits die frühe byzantinische Malerei war stark eingebunden in die Kultpraxis und widmete sich von Anfang an der Menschendarstellung, wobei in Ausdruck, Haltung, Kleidung und Bewegung das Erbe der Spätantike unverkennbar ist. Der verheerende **Bilderstreit** (Ikonoklasmus) im 8./9. Jh. brach mit dieser Tradition. Die Ablehnung der bildlichen Darstellung Christi und der Heiligen ließ nur eine ornamentale Gestaltungsweise zu. Auf Rhodos haben sich lediglich in der kleinen Kirche **Ágios Geórgios Chostós** in Líndos anikonische (nichtfigürliche) Freskenreste in Form von Kreuzornamenten, geometrischen Mustern und Blütendekors aus dieser Zeit erhalten. Die Ikonenverehrer trugen schließlich Mitte des 9. Jh.s den Sieg davon. Die Darstellung der Heiligen ist in der Regel frontal, und bei Gruppendarstellungen herrscht häufig die Isokephalie vor, d. h. die Personen werden – mit den Köpfen auf gleicher Höhe – aneinandergereiht. Die Bedeutungsperspektive lässt zudem die Hauptfiguren gegenüber den Nebenfiguren besonders groß erscheinen.

Ikonografisches Programm ►

Über Jahrhunderte unterlagen die Ausmalungen der Kirchen auf Rhodos einem **ikonografischen Programm**, das auch die Verteilung der Themen im Kirchenraum festlegte, wobei die universale göttliche Schöpfung im Kirchenbau zum Ausdruck gebracht werden sollte. Besonderer Wert wurde auf die Ausschmückung der Kuppel als symbolischen Ort des Himmels gelegt, daher erscheint dort hauptsächlich Christus Pantokrator als Himmelsfürst, umgeben von Engeln und Propheten. Hoher Rang kommt auch der Apsiswölbung zu, die symbolisch die Brücke bildet zwischen Erde und Himmel, so dass dort häufig die Fürbittegruppe (Deesis), die sich aus Christus, der Muttergottes und Johannes dem Täufer zusammensetzt, wiedergegeben wird. Im Gewölbe findet sich meist eine Himmelfahrts- und Pfingstdarstellung. An den Längswänden des Gemeinderaums (Naos) erhalten Märtyrer und Heilige als Zeugen christlicher Lehre ihren Platz. Die Tonnengewölbe in symbolischer Mittlerstellung zwischen himm-

Von Christus bis zu den apokalyptischen Reitern: Die Fresken aus dem 17. Jh. in der kleinen Kirche von Asklipío zeigen eine ungewöhnliche Vielfalt an Motiven.

lischer und irdischer Zone sind mit neutestamentlichen Szenen des Festtagskalenders der orthodoxen Kirche (z. B. Geburt Christi, Auferweckung des Lazarus, Einzug in Jerusalem, Kreuzigung, Himmelfahrt, Pfingsten) geschmückt. Die Westwand nimmt in der Regel die Darstellung des Jüngsten Gerichts ein.

Ordensritterzeit

Festungsbaukunst

Die Zeit der Herrschaft des Johanniterordens seit 1309 hat nur im Profanbau, vor allem im Stadt- und Festungsbau, zu Neuerungen geführt, während der Sakralbau weitgehend unter byzantinischem Einfluss blieb. Die mächtigen **Befestigungen der Stadt Rhodos** zählten im Mittelalter zu den vorbildlichsten in Europa. Planung und Ausführung lagen in den Händen geschulter Baumeister, Ingenieure und Handwerker, die eigens aus Frankreich und Italien von den Ordensgroßmeistern herbeigeholt wurden. Die massive Mauerführung wurde geschickt dem Gelände angepasst, mit Wall und Graben sowie einer Vormauer nochmals geschützt und mit umlaufendem Wehrgang, zinnenartiger Brustwehr und vorspringenden Türmen bestückt. Mit dem Aufkommen von immer stärkeren Feuerwaffen wurde im 15. Jh. der Festungsring verbreitert, durch ein ausgeklügeltes Grabensystem, zusätzliche massive Rundtürme und Bastionen für Geschützstellungen verstärkt und die Zahl der Tore reduziert. Auch der Hafen für die Ordensflotte wurde in die Verteidigung mit einbezogen und durch gegenüberliegende Geschütztürme gesichert. An strategisch wichtigen Stellen der Insel errichtete man ebenfalls Befestigungen. Oberhalb der Bucht von Charáki ragen noch die Überreste der einst imposanten **Festung Féraklos** in den Himmel, die 1470 errichtet wurde. Nicht minder eindrucksvoll sind die Ruinen des **Kastells Kritinía** (1472) und die atemberaubende adlernestartige Lage des **Kastells Monólithos**, das Großmeister Pierre d' Aubusson nach 1480 erneuern ließ.

Stadtbaukunst

Die Ordensritter lebten in einem durch Mauern abgetrennten Teil der Stadt, wo auf ansteigendem Gelände der Großmeisterpalast stand und entlang der Zufahrtsstraße die sog. **Herbergen der Ritter** lagen. Die Bauten wurden entsprechend dem Geschmack der soldatischen Auftraggeber eher schlicht und zweckdienlich in Formen der Gotik des 14./15. Jh.s errichtet. Große Torbogen, schmale, spitzbogige Portale und Fensterprofile mit Flechtbanddekor sowie Wappenreliefs bilden den äußeren Schmuck. Hinter den strengen und teilweise wehrhaften Fassaden mit Zinnenbekrönung lagen oftmals schöne Innenhöfe und auch Gärten. Der **Großmeisterpalast**, ein Festungs- und Repräsentationsgebäude zugleich, ist nach seiner Zerstörung durch eine Explosion 1856 nur als umstrittene Rekonstruktion erhalten. Eindrucksvoll ist nach wie vor das **Neue Ordenshospital** (heute Archäologisches Museum), 1489 fertig gestellt, mit Arkadenhof und großem Krankensaal im Obergeschoss in Form einer imposanten zweischiffigen Halle mit Flachdecke und einer Arkadenreihe als Raumteiler.

Der trutzige Großmeisterpalast

Türkenzeit (1523 – 1912)

Wenige Zeugnisse

Trotz der langen, fast vierhundertjährigen Türkenherrschaft (1523 bis 1912) auf der Insel während des Osmanischen Reiches hat sich erstaunlich wenig von der türkischen Kultur erhalten. In der Stadt Rhodos geben nur noch wenige **Moscheen** einen Eindruck von der türkischen Baukunst. Im Osmanischen Reich wurde im Verlauf des 14. Jh.s die Kuppelmoschee entwickelt, die nach anfänglichem Vierkuppeltypus in der Zentralkuppelanlage ihre Vollendung fand. Im Innern ist der Betsaal nach Mekka ausgerichtet, wobei die Gebetswand (Kibla) besonders gekennzeichnet ist durch eine meist sehr aufwändig verzierte Gebetsnische (Mihrab) und den rechts von ihr

aufgestellten Predigtstuhl (Mimbar). Das Minarett für den Gebetsrufer und der Brunnen für rituelle Reinigungen runden das äußere Erscheinungsbild ab.
Das älteste islamische Gotteshaus auf Rhodos ist die 1531 errichtete **Ibrahim-Pascha-Moschee**. Gegen Ende des 16. Jh.s entstand die **Redjeb-Pascha-Moschee** mit Vorplatz, auf dem ein achtseitiger Reinigungsbrunnen steht, dessen Arkaden eine baldachinartige Überdachung tragen. Eine Flachkuppel mit Tambour überspannt den Betsaal, der schöne Innendekorationen (persische Fayencen und Stuckornamente) aufweist. Die **Suleiman-Moschee** (1808) zieren eine überkuppelte Vorhalle und ein schönes Portal mit Marmoreinfassung, während der Innenraum von einer Zentralkuppel überwölbt wird. Inmitten eines türkischen Friedhofs, der noch typische überkuppelte Grabbauten (Türben) besitzt, liegt die schlichte **Murad-Reis-Moschee**. Einige **Häuser** mit straßenseitigen vergitterten Erkern gehen ebenfalls auf die türkische Bau- und Wohntradition zurück.

19. und 20. Jahrhundert

Westeuropäische Einflüsse

Wichtige Impulse im Städte- und Wohnbau, in der Denkmalplastik und Malerei kamen von außen nach Rhodos infolge der langsamen wirtschaftlichen Durchdringung des Osmanischen Reiches durch die Westeuropäer. Die Besetzung der Insel durch die Italiener von 1912 bis 1943 leistete den monumentalen Tendenzen in der Kunst Vorschub, wie sie im faschistischen Italien der 1920er- und 1930er-Jahre üblich waren. Nur vereinzelt haben sich auf der Insel Bauten des Neoklassizismus erhalten. Meistens gehörten die **Villen** mit ihren Tempelgiebeln und Säulenvorhallen reichen Handelskaufleuten. Die Wiederverwendung früherer Baustile war im Zeitalter des Historismus bis zum Ersten Weltkrieg beliebt. In der Stadt Rhodos haben sich wenige Beispiele der Neorenaissance und des Neobarock mit teils überladenen, schweren Dekors erhalten.
Historisierend im weitesten Sinne bauten auch die Italiener. Ihnen sind die fragwürdige **Rekonstruktion des Großmeisterpalastes** in spätgotischen Formen zu verdanken und der Wiederaufbau der mittelalterlichen dreischiffigen Ordensritterkirche an nicht ursprünglicher Stelle. Diese mit neobyzantinischer Malerei verzierte Evangelismós-Kirche ist seit 1947 Sitz des Metropoliten von Rhodos. Dem Vorbild orientalischer Märkte verpflichtet ist die Anfang des 20. Jh.s gebaute Néa Agorá, eine Markthalle auf polygonalem Grundriss mit großem Hof und Arkadengängen. Das **Regierungsgebäude** zeigt Nachahmungen von maurischen, orientalischen und spätmittelalterlichen Stilelementen.
Das **Nationaltheater** und das **Klassische Theater** prägt der Baustil des Faschismus italienischer Herkunft mit Reminiszenzen an Antike und Renaissance. In der Ortschaft Eleoussa haben sich noch fremdartige Kolonialstilbauten um eine italienische Piazza erhalten. Die **Kallithéa-Thermen** verbinden Art déco mit orientalischer Fantastik.

Malerei Gemälde und Grafiken griechischer Künstler vom Spätimpressionismus über den Expressionismus und Kubismus bis zu den verschiedenen Kunstströmungen nach dem Zweiten Weltkrieg sind in der städtischen Gemäldegalerie in Rhodos-Stadt zu sehen.

Kunsthandwerk Über die Ausdrucksvielfalt der Volkskunst informiert das Volkskunstmuseum in Rhodos mit Hausrat, darunter schöner Keramik, Webereierzeugnissen, Schnitzarbeiten und Trachten.

Traditioneller Wohnbau

Ein noch weitgehend geschlossenes Stadtbild mit typischer Inselbauweise (17. – 19. Jh.) besitzt **Líndos**. Das traditionelle eingeschossige Wohnhaus mit Flachdach auf würfelförmigem Grundriss bestand nur aus einem großen Raum und lag an der Rückseite eines von hohen Mauern umschlossenen Hofes, in dem sich vor allem im Sommer das Leben abspielte. An den Längsseiten des Hofes befanden sich Stallungen, die Küche und ein heizbarer Raum für kalte Wintertage.
Ursprünglich war das **Einraumhaus** mit bemalter Balkendecke innen durch eine Arkade in zwei Raumteile getrennt, im vorderen Bereich lagen die Feuerstelle mit Rauchabzug sowie der Aufenthaltsraum, im hinteren Teil befand sich an der Rückwand ein fast 1 m hohes und 2 m tiefes Podest aus Holz, auf dem die Schlafstellen lagen.
Die Außenfront der Häuser zeigt meist Verzierungen an Fenstern und Türen, wie die aus der Spätgotik übernommenen Flechtbänder oder die zuweilen grotesken Vogelmotive.

Musik und Tanz

Musik

Wichtige Instrumente auf Volksfesten sind **Geige** und **lagouto**, ein großes Saiteninstrument mit dickem Bauch, das mit einem langen Plektron (Plättchen zum Schlagen der Saiten) gespielt wird.
Sogar in Diskotheken wird manchmal ein **Zeibekiko** aufgelegt, ein meist langsamer Solotanz ohne festgelegte Schrittfolge, der als »König« unter den griechischen Tänzen gilt. Im Ausland ist die griechische Musik vor allem durch die Filmmusik von **Mikis Theodorakis** bekannt geworden, so durch den erfolgreichen Film »Alexis Sorbas« (1964). Sie fand auch Verbreitung durch den Film »Rembétiko« mit einer Musikrichtung, die man als griechische Form des Blues bezeichnen könnte. Die Texte handeln von Liebe, Armut und der Flucht in den Rausch; wichtigste Soloinstrumente sind die Saiteninstrumente **Bousouki** und der kleinere **Baglamás**. In den 1960er-Jahren wurde die sog. Rembétiko-Musik durch den Komponisten Mános Chatzidákis neu belebt.

Viele der griechischen Volkstänze werden nur noch in kleinen Ortschaften gepflegt oder in Tanztheatern aufgeführt.

Tanz

Sirtáki

Viele halten den auch auf Rhodos verbreiteten Sirtáki für einen alten kretischen Tanz, aber er ist ein Produkt Hollywoods, denn er entstand 1964 im Zusammenhang mit dem Film **»Alexis Sorbas«**. Da für den Hauptdarsteller Anthony Quinn der aus Kleinasien stammende Hassápiko (»Metzgertanz«) zu schwierig war, wurde für ihn zu der Musik von Mikis Theodorakis eine einfachere Version entworfen, eben der Sirtáki. Nicht zuletzt durch diesen Filmklassiker gewannen griechische Musik und Tanz große Popularität.

! *Baedeker* TIPP

Tanz im Freien

Wer sich für die traditionellen griechischen Volkstänze interessiert, geht ins Nelli Dimoglou Folk Dance Theatre in Rhodos-Stadt. Die Tänze werden abends im Freien in Originaltrachten aufgeführt (Mai – Sept. tgl. montags, mittwochs, freitags; Odos Andronikou 7).

Traditionelle Tänze

Es gibt traditionelle **Reigentänze**, die nur Männer, und andere, die nur Frauen tanzen. Aus den Gebirgsdörfern Thessaliens kommt der **Kriegstanz Tsámikos** mit seinen schweren stampfenden Schritten. Auf den Inseln tanzen Männer und Frauen zusammen den **Sirtós** (»**Rundtanz**«), bei dem die Schritte mit schleifenden Füßen ausgeführt werden. Auch der unbeschwerte **Bállos** wird von Männern und Frauen gemeinsam getanzt. Der **Kalamantíanos** geht auf die Antike zurück. Beim **Tráta**, einem traditionellen Tanz der Fischer, legen die Tänzer einander die Hände auf die Schultern und bilden eine Kette.

Berühmte Persönlichkeiten

Wer schuf den Koloss von Rhodos? Was verbindet den türkischen Sultan Suleiman den Prächtigen mit Rhodos? Wieso galt Kleóboulos sowohl als Tyrann als auch als einer der Sieben Weisen der Antike? Kleine Denkmäler für Menschen, die eng mit Rhodos verbunden sind.

Apollonios Rhodios (295 – ca. 215 v. Chr.)

Epiker

Apollonios stammte aus Alexandria, wo er als Bibliothekar tätig war. Sein Hauptwerk ist die »**Argonautika**«, das einzige Großepos zwischen Homer und Nonnos. Es schildert die abenteuerliche Fahrt der Argonauten von Pagasai nach Kolchis. Das Werk, das auf der Kenntnis vor allem von Homers Schriften gründet, zeichnet sich durch Gespür für das Innenleben der Personen, kunstvolle Vergleiche und anschauliche Erzählweise aus. Die besondere Eigenleistung des Epikers Apollonios besteht in der Darstellung der Liebe Medeas. Die »Argonautika« übte starken Einfluss auf die nachfolgende Literatur aus, z. B. auf den römischen Dichter Vergil.

Pierre d' Aubusson (1423 – 1503)

Berühmtester Großmeister der rhodischen Johanniter

Pierre d' Aubusson, in Monteil-au-Vicomte geboren, wurde 1476 zum Großmeister der Johanniter auf Rhodos gewählt. Im Jahr 1480 wehrte er den Angriff der Türken unter Führung von Sultan Mohammed II. trotz der erdrückenden Übermacht auf Rhodos-Stadt ab. 1482 lieferte d' Aubusson vertragswidrig den einige Jahre zuvor hierher geflüchteten türkischen Prinzen und Thronprätendenten Djam an Papst Innozenz VIII. aus. Daraufhin erhob der Papst den Großmeister zum **Kardinal**. D' Aubusson ließ die Festungsanlagen, die Stadtmauer und die von den Türken und einem Erdbeben 1481 zerstörten Paläste von Rhodos-Stadt ausbauen und das dortige Hospital fertig stellen. Er war sich bewusst, dass Rhodos ohne eine Erneuerung der Verteidigungsanlagen bald von den türkischen Angreifern eingenommen würde. D'Aubusson war zudem einer der großen **Reformatoren** des Johanniterordens. Auf dem Generalkapitel 1489 wurde unter seiner Leitung die Ordensregel revidiert und verbessert. In hohem Alter und mit Ehren versehen, starb d' Aubusson 1503.

Chares von Líndos (um 300 v. Chr.)

Schöpfer des Koloss von Rhodos

Chares von Líndos war ein Schüler des Erzgießers und Bildhauers Lysippos aus Sikyon, der u. a. auch auf Rhodos gearbeitet hatte. Er schuf eines der Sieben Weltwunder der Antike, den »Koloss von Rhodos«, den er nach zwölf Jahren 292 v. Chr. fertig stellte (► S. 186). Ein weiteres Werk des Künstlers ist ein kolossaler bronzener Kopf, der 57 v. Chr. dem Kapitol geweiht wurde. Wahrscheinlich handelte es sich um das Fragment einer Kolossalstatue. Chares hat die Kunst seines Lehrers Lysippos, der als Vollender der griechischen Plastik gilt, auf Rhodos heimisch gemacht und verlieh dadurch der hellenistisch-rhodischen Kunst ihre eigentümliche Prägung.

← Sultan Suleiman der Prächtige eroberte die Insel im Jahr 1522.

Helios, der Sonnengott

Schutzgott der Insel

Der griechische Dichter **Pindar** (522/518–446 v. Chr.) beschreibt in seiner 7. Olympischen Ode von 464 v. Chr. die **Entstehung von Rhodos**, der »Meerumströmten, Aphrodites Tochter und Helios' Braut«: Als die Götter die Erde unter sich aufteilten, wurde der abwesende Sonnengott Helios bei dieser Aufteilung vergessen. Als er zurückkam, wollte Göttervater Zeus deswegen eine erneute Teilung der Erde vornehmen. Helios, der fruchtbares Land aus dem Meer aufwachsen sah, wollte dieses Land besitzen. Er wurde damit der Schutzgott der neu entstandenen Insel. Helios taucht morgens im Osten in einem Wagen mit vier feurigen Pferden aus dem Meer auf, fährt den Himmel entlang und versinkt am Abend im Westen wieder im Meer.

Bemerkenswert ist, dass es außer auf Rhodos nirgends in Griechenland einen bedeutenden Helioskult gab. Vermutlich war Helios eine fremde Gottheit. Im Jahr 290 v. Chr. errichtete man ihm in Rhodos-Stadt ein monumentales Standbild, den sagenumwobenen »Koloss von Rhodos« (►S. 186).

Kleóboulos (6. Jh. v. Chr.)

Dichter, Philosoph und umstrittener Herrscher

Kleóboulos war 40 Jahre lang dorischer Herrscher von Líndos, das unter ihm seine größte Blütezeit erlebte. Der Regent, der offensichtlich auch Dichter und Philosoph war, erfreute sich großer Beliebtheit beim Volk. Obwohl man ihn später als **Tyrannen** bezeichnete, rechnete man ihn zu den **Sieben Weisen** der Antike. Diese Weisen waren griechische Staatsmänner und Philosophen, denen bestimmte ethische und politische Leitsprüche zugeschrieben wurden, so etwa der Spruch des Orakels von Delphi: »Erkenne dich selbst!«. Zu den Sieben Weisen zählen neben Kleóboulos Thales von Milet, Pittakos aus Mytilene, Bias aus Priene, Solon aus Athen, Myson aus Chenai und Chilon aus Sparta. Kleóboulos wird die Spruchweisheit zugeschrieben: »Maßhalten ist das Beste.«

Poseidonios (135–51 v. Chr.)

Philosoph und Universalgelehrter

Der aus Apameia am Orontes stammende Philosoph, der in Athen Schüler des Panaitios gewesen war, war ein Vertreter der mittleren Stoa. Er ließ sich auf Rhodos nieder und gründete hier eine eigene Schule. Poseidonios hatte mehrfach Kontakt nach Rom; so kam er 87 v. Chr. als Gesandter seiner neuen Heimat in die Stadt. Er fungierte als Lehrer von Cicero und Pompeius. Poseidonios war Universalgelehrter – u. a. Geograf, Historiker, Ethnologe –, der versuchte, das Wissen der verschiedenen Gebiete unter Einbeziehung der traditionellen Philosophie von Platon, Aristoteles u. a. zu verbinden. Charakteristisch für den Philosophen sind seine **Lehre des Logos** (Vernunft) als Leben und Leben spendende Kraft sowie der Gedanke der Einheit des vom Logos durchdrungenen Makro- und Mikrokosmos.

In seiner Ethik empfiehlt er, der Vernunft gegen die irrationalen Affekte zu folgen. Daneben finden sich bei dem Philosophen mystische Neigungen und der Versuch einer Begründung der Mantik (Wahrsagekunst), die vor allem der Astrologie eine folgenreiche Geltung verschaffte.

Pythokritos (2. Jh. v. Chr.)

Von dem rhodischen Bildhauer weiß man nicht sehr viel. Er muss jedoch zu seiner Zeit ein viel gefragter Künstler gewesen sein, denn eine Reihe von Inschriften belegt seine Arbeiten. Meistens sind es Ehrenstatuen und Weihegeschenke vor allem aus Rhodos und Líndos, von denen jedoch nur noch die mit Inschriften versehenen Basen vorhanden sind. Die einzige erhaltene Arbeit ist das Felsrelief einer Triere am Aufgang zur Akropolis von Líndos. Es wird vermutet, dass Pythokritos die berühmte »**Nike von Samothrake**« geschaffen hat.

Wahrscheinlich schuf der rhodische Bildhauer Pythokritos die »Nike von Samothrake«.

Suleiman I. der Prächtige (1494 – 1566)

Türkischer Sultan und berühmter Eroberer

Der türkische Sultan Suleiman, von den Türken »Gesetzgeber« genannt, wurde in Trapezunt geboren. Er vergrößerte das Osmanische Reich durch die Eroberung von Belgrad (1521), Ungarn (1526) und Mesopotamien (Bagdad 1534). 1522 belagerte der Sultan mit gewaltigem Materialeinsatz und einer erdrückenden Streitmacht Rhodos-Stadt und **eroberte die Insel** schließlich nach einigen Monaten, wodurch die Herrschaft des Johanniterordens über die Insel zu Ende ging. Die Eroberung von Wien 1529 scheiterte allerdings. Er beherrschte mit seiner Flotte das Mittelmeer. Auf dem Gebiet der Innenpolitik organisierte er das Heer neu, regelte das Lehnswesen und Strafrecht und entfaltete eine rege Bautätigkeit.

ΠΑΛΑΙΑ ΠΟΛΗ
RESTAURANT
OLD TOWN

Praktische Informationen

WO SIND DIE SCHÖNSTEN STRÄNDE DER INSEL? IN WELCHES LOKAL GEHT MAN AM ABEND? BEI WELCHEN FESTEN SOLLTE MAN DABEI SEIN? WAS HEISST DANKE AUF GRIECHISCH? LESEN SIE ES NACH, AM BESTEN SCHON VOR DER REISE!

Anreise · Reiseplanung

Anreisemöglichkeiten

Mit dem Flugzeug

Im Sommerhalbjahr wird Rhodos von zahlreichen Flughäfen in den deutschsprachigen Ländern aus direkt angeflogen. Der direkte **Charterflug** ist dem **Linienflug** vorzuziehen, da aus dem Ausland kommende Linienflugmaschinen Rhodos nicht direkt anfliegen, weshalb man in Athen umsteigen muss. Charterfluggesellschaften bedienen den 17 km außerhalb von Rhodos-Stadt bei Paradísi liegenden Flughafen Diagoras nonstop von fast allen deutschen Flughäfen. Am Flughafen von Rhodos stehen zahlreiche Taxis bereit; am Informationsschalter sind die aktuellen Taxifahrpreise angeschlagen. Linienbusse verbinden den Flughafen täglich von 6.40 bis 23.20 Uhr mit der Stadt Rhodos.

Mit Bahn und Autofähre

Es besteht eine Zugverbindung von München über Wien, Budapest und Craiova/Rumänien nach Thessaloníki und weiter nach Athen (Fahrtdauer: ca. 50 Stunden). Von Piräus gelangt man dann mit der Autofähre nach Rhodos. Ein **Autoreisezug** verkehrt zwischen Mitte Juni und Angang September auf der strecke Villach/Kärnten – Tessaloníki. Informationen zu den Fährverbindungen nach Rhodos erhält man in Reisebüros, Automobilklubs, bei der Griechischen Fremdenverkehrszentrale und im Internet unter www.gtp.gr.

← Taverne in Rhodos-Stadt

Der Sprung in den Urlaub: Er gelingt in jedem Fall mit der richtigen Vorbereitung.

Ein- und Ausreisebestimmungen

Reisedokumente

Seit Oktober 1997 wird das Schengener Abkommen zwischen EU-Staaten, das den Grenzübertritt ohne Personenkontrollen vorsieht, auch in Griechenland umgesetzt. Deutsche, österreichische und Schweizer Staatsbürger benötigen bei einem Aufenthalt bis zu drei Monaten einen gültigen **Personalausweis** oder **Reisepass**. Der deutsche Kinderausweis wird anerkannt, bis zu 10 Jahren genügt ein Eintrag im Elternpass. Überschreitet die Aufenthaltsdauer drei Monate, ist eine Aufenthaltserlaubnis vorgeschrieben.

Fahrzeugpapiere

Der nationale Führerschein und der Fahrzeugschein werden anerkannt. Obligatorisch sind das ovale Nationalitätskennzeichen oder das Eurokennzeichen. Empfehlenswert ist zusätzlich die grüne internationale Versicherungskarte.

Tiere

Wer Haustiere nach Rhodos mitnehmen will, benötigt für sie einen **EU-Heimtierausweis** mit dem Nachweis einer Tollwutimpfung. Weitere Informationen erhalten Sie unter der Homepage des Bundesministeriums für Verbraucherschutz, Ernährung und Landwirtschaft (BMVEL). Das Tier ist außerdem durch ein elektronisches Kennzeichen (Transponder) oder eine Tätowierung zu kennzeichnen.

Einreise aus EU-Ländern

Da Griechenland ebenso wie Deutschland und Österreich zur Europäischen Union gehört, dürfen Waren für den privaten Gebrauch eigentlich ohne Beschränkung nach Griechenland eingeführt werden. Es gelten aber gewisse **obere Richtmengen**, dies sind 800 Zigaretten, 400 Zigarillos, 200 Zigarren, 1 kg Rauchtabak, 10 l Spirituosen, 20 l Zwischenerzeugnisse, 90 l Wein und 110 l Bier. Die Einfuhr von Pflanzen und Funkgeraten ist grundsätzlich verboten. Reisende unter 18 Jahren dürfen weder Tabakwaren noch Spirituosen, Jugendliche unter 15 Jahren auch keinen Kaffee einführen.

Einreise nach Griechenland aus Nicht-EU-Ländern

Für Reisende aus Nicht-EU-Ländern, z. B. Schweizer Staatsbürger, liegen die Freimengengrenzen für Personen über 18 Jahren bei 200 Zigaretten oder 100 Zigarillos oder 50 Zigarren oder 250 g Rauchtabak, ferner bei 2 l Wein und 2 l Schaumwein oder 1 l Spirituosen mit mehr als 22 Vol.-% Alkoholgehalt oder 2 l Spirituosen mit weniger als 22 Vol.-% Alkoholgehalt, 50 g Parfüm und 1/4 l Eau de Cologne, 500 g Kaffee oder 200 g Pulverkaffee, 100 g Tee oder 40 g Tee-Extrakt. Abgabenfrei sind ferner Geschenkartikel bis zu einem Wert von 45 € (Kinder unter 15 Jahren: 23 €).

Ausfuhrbestimmungen

Hinweise für EU-Bürger s. oben. Ansonsten sind abgabenfrei: Reiseproviant im Wert von bis zu 50 US-Dollar sowie Reiseandenken im Wert von höchstens 150 US-Dollar. Ein **Ausfuhrverbot** besteht grundsätzlich für **Antiquitäten und Kunstgegenstände**. Kopien antiker Vorlagen können frei ausgeführt werden.

Wiedereinreise in die Schweiz

Abgabenfrei sind für Personen ab 17 Jahren 200 Zigaretten oder 50 Zigarren oder 250 g Rauchtabak, 2 l mit bis zu 15 Vol.-% Alkoholgehalt und 1 l mit mehr als 15 Vol.-% Alkoholgehalt; ferner Geschenke im Werte bis 100 CHF, für Personen unter 17 Jahren bis 50 CHF.

Krankenversicherung

Krankenversicherung

Die Europäische Krankenversichertenkarte (European Health Insurance Card, EHIC) der Krankenkassen ist gültig für die Versorgung bei Notfällen und chronischen Krankheiten. Im Krankheitsfall wendet man sich damit an eine Zweigstelle der **griechischen Krankenversicherung I.K.A.**, die Vertragsärzte nennt. Von der I.K.A. bekommt man ein Krankenscheinheft (Bibliario). Auf Medikamente sind 25 % Zuzahlung zu leisten; von den Packungen sind Coupons abzulösen und auf das Rezept zu kleben.

In Notfällen kann man sich an jeden Arzt und an jedes Krankenhaus wenden (► S. 74), die auch die Kostenerstattung durch die I.K.A. klärt. Wird die EHIC nicht akzeptiert, sind die Rechnungen zu bezahlen und der Krankenkasse zu Hause vorzulegen. Der Abschluss einer **Auslandsreisekrankenversicherung** ist zu empfehlen, da das I.K.A.-Verfahren sehr umständlich ist, viele Ärzte nur Privatpatienten behandeln und eine Rückholung von den gesetzlichen Krankenkassen nicht bezahlt wird. Schweizer Staatsbürger müssen ihre Krankheitskosten selbst tragen. Privat Versicherte reichen zur Kostenerstattung die Rechnungen ein.

ANREISE

LINIENFLUG-GESELLSCHAFTEN

► **Olympic Airlines**
www.olympicairlines.com

In Deutschland:
Gutleutstr. 82
D-60329 Frankfurt am Main
Tel. 069/9 70 67-0
Fax 97 06 72 07
www.olympicairlines.de

In Österreich:
Boesendorferstraße 24
A-1010 Wien
Tel. 01/50 44 165
Fax 5 04 41 65 45

In der Schweiz:
4, Tour I'lle
CH-1204 Genf
Tel. 022/31 96 470
Fax 21 23 021
E-Mail: oa@olympic-airlines.ch

In Rhodos-Stadt:
Ierou Lochou 9
Tel. 22 410/24 571/5
(Information)
Tel. 22 410/24 555
(Reservierung und Buchung)
Am Flughafen:
Tel. 22 410/83 403

► **Aegean Airlines**
Am Hauptbahnhof 10
Frankfurt/Main
Tel. 0 69/2 38 56 30
www.aegeanair.com

Auskunft

INTERNET

- **www.eot.gr**
  Webseiten des griechischen Tourismusamtes für ganz Griechenland. Restaurant- und Hotelinformationen.

- **www.rhodos-info.de**
  Private, aber sehr informative Homepage mit vielen Fotos zu allen Sehenswürdigkeiten, zudem Hotel- und Restaurantempfehlungen

- **www.rodos.com**
  Infos auf Englisch zu Hotels, Mietwagen, Sehenswürdigkeiten, Sportmöglichkeiten

- **www.rodosnet.gr**
  Viele Adressen von Hotels, Restaurants, Veranstaltern, Mietwagenverleih usw., aber leider alphabetisch und nicht nach Ortschaften geordnet (englischsprachig)

AUSKUNFT AUF RHODOS

►Reiseziele, Rhodos-Stadt S. 170
Líndos S. 160

AUSKUNFT IN DEUTSCHLAND

- **Griechische Zentrale für Fremdenverkehr (GZF)**
  Neue Mainzer Str. 22
  D-60311 Frankfurt am Main
  Tel. 069/25 78 27 - 0
  Fax 25 78 27 - 29
  www.eot.gr

  Wittenbergplatz 3 A
  D-10789 Berlin
  Tel. 030/217 62 62/3
  Fax 217 79 65
  E-Mail: info-berlin@gzf.eot.de

  Neuer Wall 18
  D-20354 Hamburg
  Tel. 040/45 44 98
  Fax 44 44 04
  E-Mail: info-hamburg@gzf.eot.de

  Pacellistr. 5
  D-80333 München
  Tel. 089/22 20 35 / 6
  Fax 29 70 58
  E-Mail: info-muenchen@gzf.eot.de

AUSKUNFT IN ÖSTERREICH UND DER SCHWEIZ

- **In Österreich**
  Opernring 8
  A-1015 Wien
  Tel. 01/512 53 17/8
  Fax 513 91 89
  E-Mail: grect@vienna.at

- **In der Schweiz**
  Löwenstrasse 25
  CH-8001 Zürich
  Tel. 01 / 221 01 05
  Fax 212 05 16
  E-Mail: eot@bluewin.ch

BOTSCHAFTEN UND KONSULARISCHE VERTRETUNGEN

- **Griechische Botschaft in Deutschland**
  Jägerstr. 55
  D-10117 Berlin
  Tel. 030/20 62 60
  Fax 20 62 64 44
  www.griechische-botschaft.de

- **Griechische Botschaft in Österreich**
  Argentinierstraße 14
  A-1040 Wien
  Tel. 01/50 515-0
  Fax 50 562 17
  www.griechische-botschaft.at

- **Griechische Botschaft in der Schweiz**
  Weltpoststrasse 4
  CH-2463 Bern 15
  Tel. 031/35 61 405/13
  Fax 36 81 272
  www.mfa.gr

- **Konsulat der Bundesrepublik Deutschland auf Rhodos**
  Parodos Isiodou
  GR-85100 Rhodos
  Tel./Fax 22 410/63 730

- **Konsulat der Schweiz auf Rhodos**
  Konsularagentur
  Papalouka 31
  GR-85100 Rhodos
  Tel. 22 410/73 690/30
  Fax 22 410/78 131

Badeurlaub

Rhodos ist eine Badeinsel für jeden Geschmack. Entlang der 220 km Küste gibt es alle Arten von Strand: sandig oder felsig, belebt oder idyllisch, weiträumig oder als winzige Bucht. Die Badesaison geht von April/Mai bis Oktober mit Temperaturen zwischen 20 °C und 32 °C sowie Wassertemperaturen zwischen 18 °C und 25 °C (►Klimatabelle S. 83).
Das Betreten aller Strände, auch der bei den Hotels, ist **kostenfrei**. Sobald man jedoch auf einer Liege oder unter einem Sonnenschirm Platz genommen hat, wird man zur Kasse gebeten. Egal wie lange man bleiben möchte – rund fünf Euro kostet der Luxus.

Wasserqualität Die Wasserqualität wird in der Regel gelobt. Wer die aktuelle Expertenmeinung über den ins Auge gefassten Strand erfahren möchte, der findet sie unter den **Testberichten** vom internationalen Umwelt-Label »Blaue Flagge« (www.blueflag.org).

FKK Ausdrückliche FKK-Strände gibt es auf Rhodos nur am südlichen Ende des Strandes von **Faliráki** (Kathara Bay).

Die raue, unberührte Westküste

Surferparadies Die Westküste ist ursprünglicher, mit zumeist schmalen Kies-Stränden, u. a. bei **Kremastí**, **Kamíros**, und **Apolakkiá**. Sie ist aber auch windiger, was während der heißen Monate wohltuend sein kann. Surfer fühlen sich hier zu Hause. Und auch jene, die einen Ausflug entlang dieser Küste machen, finden ganz bestimmt ein Stück Strand, an dem sie in die Fluten springen können. Bei **Iálissos** findet

Surfen kann man am besten an der Südspitze der Insel in Prasonisi.

man kilometerlange Strände aus groben Kieselsteinen. Etwa 2 km **westlich von Rhodos-Stadt** verläuft ebenfalls ein kieseliger Sandstrand. Fast noch ein Geheimtipp ist der **Strand beim Monolithos-Felskegel**. Um dorthin zu gelangen, nimmt man die Serpentinenstraße, die zum Kap (Akra) Fourni reicht. Der einsame Kiesstrand hat allerdings – wie die meisten der versteckten Bademöglichkeiten – keine Duschen.

Die sonnige beliebte Ostküste

Sonnenanbeter und Familien mit Kindern versammeln sich größtenteils an der Ostküste. Sie zeichnet sich durch ihre windgeschützte Lage aus und verfügt über die schönsten Strände und Buchten der Insel. Hier ist es angenehm zu schwimmen, aber es bieten sich auch viele Möglichkeiten für andere Wassersportarten.

Der beliebteste Strand von Rhodos

Der bekannteste Strand der Insel ist **Faliráki** (16 km südlich von Rhodos-Stadt), ein feiner bis grobsandiger kilometerlanger Strand mit seichtem klarem Wasser. Hier stehen Tausende Liegestühle und Sonnenschirme in Reih und Glied. Eine Beach-Bar neben der anderen versucht, mit Musik um Gäste zu werben. Zahlreiche Wassersportgeräte-Verleihe fordern mit Lautsprecherdurchsagen zum Abenteuer auf. Jede Art der Belustigung ist möglich: Bananen-Reiten, Jet-Ski, Surfen, Paragliding, Tretboot-Fahren ... Zugegeben, für Ruhesuchende ist das Areal weniger geeignet.

Hausstrände von Rhodos-Stadt und Lindos

Aber die Insel säumen noch mehr große Stände und nicht überall geht es ganz so turbulent zu. **Rhodos-Stadt** umgeben natürlich seine Haus-Strände. Die haben – von der Taverne bis zu Wassersportmög-

An der Ostküste von Rhodos reihen sich die schönsten Strände und Buchten der Insel aneinander. Hier hat man einen Blick auf den Tsambíka-Strand.

lichkeiten – eine perfekte Infrastruktur, sind allerdings häufig überfüllt. Der **Strand von Líndos** zählt zu den beliebtesten, also auch belebtesten der Insel, entschädigt für das Gewimmel wird man durch den tollen Blick auf die Akropolis.

Toll, aber voll

Das **Ufer bei Tsambíka** an der Ostküste, eingerahmt von mächtigen Bergmassiven, gehört mit seinem herrlichen Natursandstrand zu den malerischsten Badeplätzen der ganzen Insel. Allerdings ist die Bucht im Hochsommer recht bevölkert.

Die ruhigen Strände von Nord nach Süd

Wer die ruhigeren Strände bevorzugt, hat ebenfalls eine große Auswahl. Der **kleine Strand von Kalithea** – hierher kommt man auch mit dem Boot von Rhodos aus – erstreckt sich unterhalb der mehr oder weniger restaurierten Ruinen der Thermen. Man liegt nicht nur direkt am Wellensaum, sondern auch hier und da im Park der einstigen Kuranlage. Besonders klares Wasser zieht die Taucher hierher.
Legendär, aber dennoch meistens nicht überfüllt ist die **Anthony-Quinn-Bay**, die noch zu Faliráki gehört. Man erreicht sie leider nicht durch einen Strandspaziergang, sondern nur über Land auf der

Hauptstraße von Rhodos nach Líndos. Wer spät am Nachmittag kommt, hat allerdings keine Sonne mehr, denn die Felsen, die das idyllische Plätzchen umgeben, werfen dann schon Schatten. Von der Anthony-Quinn-Bay führt ein Weg zur benachbarten, ebenfalls stillen **Ladikó-Bucht**. In der **Bucht von Stegná** bei Archángelos liegt ein kleinerer Sand-Kies-Strand, der besonders für Familien einladend ist, denn das Wasser wird nur ganz langsam tiefer. Wem es nichts ausmacht, dass der Wind ein bisschen rauer bläst und die Surfer an ihm vorbeipfeifen, der ist auch an der Südspitze der Insel in **Prasonísi** richtig. Der kleine sicheförmige Sandstrand **Glístra** zwischen Lárdos und Kiotári ist noch völlig unverbaut.

Rhodos für Menschen mit Behinderung

Die Zahl der behindertengerecht ausgestatteten Hotels, die überwiegend zu den oberen Kategorien gehören, ist auf Rhodos noch gering. Der offizielle Hotelführer der griechischen Hotelkammer, den man bei der Griechischen Zentrale für Fremdenverkehr (► Auskunft) bekommt, enthält Hinweise auf solche Unterkünfte.

INFORMATIONEN FÜR BEHINDERTE

- **Behinderten-Verein**
  Damaskinou 102
  GR-85100 Rhodos
  Tel. 224 10/332 78

- **Dodecane Association for People with Special Needs (DAPSN)**
  Rhodos-Stadt
  Tel. 224 10/628 84
  Die Behindertenorganisation des Dodekanes in Rhodos-Stadt bietet für Rollstuhlfahrer einen kostenlosen Fahrservice mit einem Kleinbus. Dieser Service muss allerdings mindestens 24 Stunden vor der Fahrt bestellt werden.

Elektrizität

Das griechische Stromnetz führt im Regelfall 220/230 Volt (auf den Schiffen oft nur 110 Volt) Wechselspannung. Europanorm-Gerätestecker sind verwendbar.

Essen und Trinken

Griechische Küche Die griechische Küche wird im Wesentlichen von einigen grundlegenden Bestandteilen bestimmt: Olivenöl, Tomaten, Knoblauch, Zwiebeln, Fleisch von Schaf, Ziege oder Huhn, Schafs- und Ziegenkäse sowie Gemüse der Saison. In Griechenland kommt das Essen meist **lauwarm** auf den Tisch.

Lokale Auf Rhodos gibt es zahlreiche Restaurants – vom luxuriösen Speiselokal bis zur Taverne, dem traditionellen griechischen Speiselokal mit meist einfacher Einrichtung. In den Touristenzentren wird sowohl internationale Küche angeboten als auch gute rhodische Küche mit frischen Regionalprodukten. Die Speisekarte ist meist in Griechisch, Englisch und Deutsch abgefasst. Viele Tavernen servieren ab Mittag bis nach Mitternacht warmes Essen. In Griechenland ist es üblich, dass **pro Tisch nur eine Rechnung** erstellt wird. Eine wichtige Rolle im täglichen Leben der Griechen spielt das **Kafenion** (►Special S. 25). Seine Aufgabe besteht nicht nur im Ausschank von Getränken, es dient als Ort der Begegnung, des Spiels und der Geschäfte.

Essgewohnheiten Das griechische **Frühstück** ist normalerweise recht bescheiden. Zu einer Tasse Kaffee oder einem Glas Milch gibt es ein paar Scheiben Weißbrot, dazu Butter bzw. Margarine und Marmelade (meist Apri-

In Griechenland bestellt man in der Regel Vor- und Hauptspeisen gleichzeitig und isst gemeinsam von allen Tellern.

kose oder Erdbeer). Nur in gehobenen Hotels sind reichhaltige Frühstücksbüffets aufgebaut. Ebenfalls untergeordnete Bedeutung hat das **Mittagessen**. Die Einheimischen begnügen sich mit kleinen Gerichten oder Imbissen. **Hauptmahlzeit ist das Abendessen**, das in Restaurants kaum vor 21 Uhr, eher später eingenommen wird. Die meisten Restaurants bieten aber für die Touristen durchgehend ab Mittag warme Küche. Die Griechen bestellen nie für jede einzelne Person ein individuelles Menü. Vorspeisen, Salate, Fisch- und Fleischgerichte kommen **gleichzeitig auf den Tisch**, und jeder bedient sich.

Vorspeisen

An Vorspeisen gibt es in Griechenland ein vielfaltiges Angebot. Dazu gehören: **Tzaziki** (Joghurt mit Knoblauch und klein geschnittenen Gurken), Knoblauchcreme (**skordalia**), Fischrogenpüree (**tarama**), mit Reis gefüllte Weinblätter (**dolmades**) sowie gebratene Sardinen (**sardines**), die man ganz isst. Hinzu kommen gebackene Auberginen und Zucchini. Sehr beliebt ist der aus Gurken, Tomaten, Oliven und Schafskäse bestehende Bauernsalat (**choriatiki**).

Suppen

Wenn Suppen angeboten werden, sind diese sehr gehaltvoll. Beliebt ist die **Fasolada** (dicke Bohnensuppe). Fischsuppen (**psarosoupa**) sind meist mit Zitronensaft abgeschmeckt.

Fleisch

Bevorzugt wird auf Rhodos Lammfleisch (**arnaki**) angeboten, meist gebraten oder gegrillt. Außerdem gibt es Kotelett (**brisoles**), Huhn (**kotopoulo**), Hackfleischbällchen (**keftedes**) und Gulasch (**stifado**), meistens aus Rindfleisch. Beliebt sind am senkrechten Drehspieß gegrilltes Fleisch (**gyros**) und Fleischspießchen (**souvlaki**).

Fisch

Fische und Meeresfrüchte spielen eine große Rolle in der griechischen Küche. Da der Fischfang in den Gewässern um Rhodos aber nicht sehr ergiebig ist, muss man mit hohen Preisen rechnen. Angeboten werden vor allem Brassen (**tsipoura**), Meerbarben (**barbouni**), Tintenfische (**kalamarakia**) und Garnelen (**garides**).

Aufläufe

Sehr verbreitet sind Aufläufe wie **Pastitsio** (Makkaroni und Hackfleisch) und **Moussaka** (Kartoffeln und Auberginen).

Gemüse

Typische Gemüsearten sind Artischocken (**anginares**), Auberginen (melitsanes), Zucchini (**kolokithakia**) und Paprikaschoten (**piperies**), die oft mit Hackfleisch oder in Öl gegart werden. Beliebt ist **Horta**, blanchierter Spinat, der mit Zitronensaft serviert wird.

Nachspeisen

In den Tavernen ist die Auswahl an Nachtisch gering. Neben Eis (**pagoto**) gibt es einheimische Früchte, je nach Jahreszeit Wassermelonen (**karpusi**), Zuckermelonen (**peponi**), Pfirsiche (**rodakino**), Birnen (**achladi**), Äpfel (**milo**), Apfelsinen (**portokali**), Weintrauben (**stafili**) und Feigen (**sika**). Ein bekannter Nachtisch ist **Bakláva**, Blätterteig mit Nüssen und Honig. Weitere Süßspeisen, bei den durch den orientalischen Einfluss auf Rhodos mit Zucker nicht gespart wird, findet man im **Sácharioplastio, einer Art Konditorei**.

Wein Das am meisten verbreitete Getränk ist Wein. Der berühmteste Weißwein der Insel ist der frisch und fruchtig schmeckende **Líndos**, süß schmeckt der **Malvasia**, besonders trocken ist der Weißwein **Ilios**. Vollmundig, trocken, dunkel und schwer sind Eigenschaften des Rotweins **Chevalier de Rhodes** (► Special S. 151). **Retsina-Weine** (krassi retsinato) sind zur Verbesserung der Haltbarkeit geharzt und erhalten dadurch einen eigentümlichen, herben Geschmack.

? WUSSTEN SIE SCHON ...?

- Eine besondere Köstlichkeit ist Joghurt (jaourti). Es gibt ihn morgens an den Frühstücksbuffets in den größeren Hotels, außerdem in Bars und Cafés mit Früchten oder als typischen griechischen Nachtisch mit Honig und Nüssen. Der Joghurt kam erst im 16. Jh. vom Balkan nach Westeuropa. Bei den Thrakern bedeutete das Wort »jog« schnittfest, dick und »urt« Milch. So entstand das Wort Joghurt. Die Thraker (6. bis 4. Jh. v. Chr.) banden sich und ihren Pferden längliche Säcke aus Lammfell um – gefüllt mit Milch. Durch die Wärme und die Mikroflora im Lammsack kam die Milchsäuregärung in Gang.

Bier Häufig vorkommende Biersorten sind die ausländischen Marken Heineken und Amstel; ein bekanntes griechisches Bier ist **Mythos**. In vielen Lokalen gibt es auch deutsches Bier vom Fass.

Alkoholische Getränke Als Aperitif wird meist **Ouzo** getrunken, ein Anisschnaps, den man mit Eiswürfeln oder mit etwas Wasser verdünnt. Der starke **Souma**, der rhodische Raki, wird aus Weintrester (Treber) gebrannt. **Metaxa** ist ein Brandy, den es mit 3, 5 und 7 Sternen gibt, man sollte aber den besseren mit 5 oder 7 Sternen vorziehen.

Kaffee, Tee Griechischer Kaffee ist eine Art von fein gemahlenem **Mokka**, der Tasse für Tasse zubereitet wird. Man unterscheidet eine ganze Skala von Zubereitungsarten je nach Stärke und Süße, z. B. **gliko** (süß), **metrio** (mittelsüß) – diese Art wird am meisten getrunken – oder **sketo** (ohne Zucker). Für Touristen wird daneben **Nescafé** angeboten, die kalte Variante nennt man **Frappé**.
Tee wird mit Teebeuteln aufgebrüht, als schwarzer Tee (**mavro tsai**), Pfefferminztee (**tsai manda**), Kamillentee (**kamumillo**) und Tee aus Bergkräutern (**tsai tou vounou**).

Feiertage · Feste · Events

In vielen Dörfern auf Rhodos wird der Feiertag des jeweiligen Dorfheiligen mit traditioneller Musik und Volkstänzen begangen. Solche Kirchweihfeste (**panigiri**) beginnen bereits am Vorabend. Am eigentlichen Festtag findet häufig nur noch ein Gottesdienst statt. Informationen erteilen die Fremdenverkehrsstellen (►Auskunft), Reiseveranstalter vor Ort und Hotelrezeptionen.

TERMINKALENDER

GESETZLICHE FEIERTAGE

1. Januar: Neujahrstag
6. Januar: Heilige Drei Könige
25. März: Tag der Unabhängigkeit
1. Mai: Tag der Arbeit
28. Oktober: Óchi-Tag: Gedenktag an das Nein (»óchi«) zum Ultimatum Italiens im Jahr 1940
25./26. Dezember: Weihnachten

KIRCHLICHE FEIERTAGE

Februar: Katharí Deftéra (Rosenmontag)
25. März: Mariä Verkündigung (gleichzeitig mit Unabhängigkeitstag)
März/April: Karfreitag
März/April/Mai: Ostern (Termine s.u.)
Mai/Juni: Pfingsten
15. August: Mariä Himmelfahrt

FESTE UND EVENTS

JANUAR

► **Neujahrstag (1. Jan.)**
Tag des hl. Wassilios; Anschneiden der Wassilopitta (Neujahrskuchen); Kinderumzüge (auch mit Beteiligung Erwachsener) mit Kalanda-(von-Haus-zu-Haus-) Singen (auch am 24. und 31. Dezember).

► **Dreikönigstag (6. Jan.)**
Wasserweihe mit Kreuzversenkung

FEBRUAR

► **Rosenmontag**
Drachensteigen auf den Hügeln; Einstimmung auf die Fastenzeit mit ungesäuertem Brot, Fisch, Meeresfrüchten, Salaten und Wein. In Kremastí findet ein Karnevalsumzug statt.

MÄRZ

► **Nationalfeiertag (25. März)**
Militärparaden

APRIL

► **Tag des hl. Georg (23. April)**
Besondere Feierlichkeiten in Kritinía, Rhodos-Stadt, Afántou und Málona. Liegt Ostern nach dem 23.4., fällt die Kirchweih auf Ostermontag.

► **Ostern**
Das griechisch-orthodoxe Osterfest, wird – terminlich abweichend von den katholischen und protestantischen Gepflogenheiten – jeweils am 1. Sonntag nach dem ersten Vollmond nach Frühlingsanfang (21. März) gefeiert (siehe S. 24). Höhepunkte zu Ostern sind

die Prozessionen am Karfreitag-Abend und der Gottesdienst in der Nacht auf Ostersonntag (mit Osterfeuerwerk). Große Feiern am Ostersonntag und Ostermontag. Ostertermine:
27. April 2008
19. April 2009
4. April 2010

- **Internationales Chorfestival**
  Es findet alle 2 Jahre (das nächste 2009) in der 1. Woche nach Ostern in Rhodos-Stadt statt.

MAI

- **Tag der Arbeit (1. Mai)**
  Umzüge, Blumenfeste und Ausflüge ins Grüne

- **Blumenfestival**
  In Rhodos-Stadt am letzten Sonntag im Mai

- **Kirchweihfest (5. Mai)**
  In Koskinou

JUNI

- **Fest Johannes' des Täufers (24. Juni)**
  Überall werden Johannisfeuer entzündet.

- **Fest der Heiligen Peter und Paul (29. Juni)**
  Kirchweihfest in Líndos

JULI

- **Kirchweihfeste (17. und 27. Juli)**
  In Koskinou am 17. Juli, in Siána am 27. Juli

- **Fest des Propheten Elias (20. Juli)**
  Auf den Bergen Profítis Ilías und Filérimos

Karfreitags in einer Kirche in Archángelos

AUGUST

- **Ialisia**
  Kultur- und Folklorefestival in Iálissos mit Volkstänzen, Konzerten, Kunstausstellungen und Sportwettkämpfen

- **15. August (Mariä Himmelfahrt)**
  Vielerorts wird dieses bedeutende Kirchenfest gefeiert. In Kremastí wird das Muttergottesfest besonders ausgiebig begangen (**14. – 23. Aug.**); der Ort veranstaltet einen Jahrmarkt, eine Handwerkerausstellung sowie Tanz- und Musikaufführungen.

SEPTEMBER

- **Mariä Geburt (8. September)**
  Wallfahrt zum Kloster Tsambíka. Kirchweihfest auch in Psínthos

OKTOBER

- **Kirchweihfest (18. Oktober)**
  In Afántou

- **Óchi-Tag (28. Oktober)**
  Der griechische Nationalfeiertag wird vielerorts mit Militärparaden begangen.

DEZEMBERR

- **Weihnachten (25. und 26. Dezember)**
  Weihnachten wird am 25. Dezember gefeiert, allerdings weniger im trauten Familienkreis als in Gesellschaft. So trifft man sich abends öffentlich, wovon die während der Feiertage brechend vollen Musik- und Tanzhallen (Buzukia) und Diskos zeugen. Geschenke gibt es – wenn überhaupt – erst am Neujahrstag.

Geld

Seit 2002 ist der Euro in Griechenland das offizielle Zahlungsmittel. **Euro**
Wechselkurs für die Schweiz: 1 € = 1, 59 CHF, CHF = 0,57 €.

Die einfachste Art, Geld abzuheben sind die **Bankomaten**, die man zumindest in den Städten findet. An ihnen kann man mit der Bank- oder Kreditkarte jeweils in Verbindung mit der Geheimzahl Geld bekommen. Auf Rhodos werden die international gängigen Kreditkarten von Banken, größeren Hotels, Geschäften und Restaurants der gehobenen Kategorie akzeptiert.

i Karte verloren?

- Ist eine Bank- oder Kreditkarte verloren gegangen oder gestohlen worden, sollte man sie unverzüglich sperren lassen. Seit Mitte 2005 gibt es eine einheitliche Notfall-Nummer für Bank- und Kreditkarten sowie Handys. Innerhalb Deutschlands ist die Nummer kostenlos, aus dem Ausland müssen die Gebühren für ein Auslandstelefonat übernommen werden.
  Tel. (+ 49) 69 116 116 bzw. (+ 49) 116 116

Die Banken sind im Allgemeinen geöffnet: Mo. – Do. 8.00 – 14.00, Fr. 8.00 – 13.30 Uhr. Einige Banken in Rhodos-Stadt (z. B. die Filiale der Nationalbank an der Platia Kouprou) öffnen auch Sa. von 9.00 bis 13.00 Uhr.

Gesundheit

Apotheken Man erkennt die Apotheken an dem runden Schild mit Kreuz über dem Eingang sowie an der Aufschrift ΦΑΡΜΑΚΕΙΟΝ (Farmakíon). In Rhodos-Stadt gibt es zahlreiche Apotheken, die im Allgemeinen auch die meisten ausländischen Arzneien führen. Auch in den anderen größeren Orten findet man Apotheken. Die Öffnungszeiten sind: Mo. – Fr. 8.30 – 14.30 und 16.00 (oder etwas später) bis 19.30, Sa. 8.30 bis 16.00 Uhr. Im Zentrum von Rhodos-Stadt gibt es auch Apotheken, die mittags durchgehend geöffnet sind bzw. Rund-um-die-Uhr-Service anbieten.

An jeder Apotheke findet man Hinweise auf die nächste Apotheke, die Notdienst hat. Auch in englischsprachigen Anzeigenblättern ist der Notdienstplan veröffentlicht.

Krankenversicherung Hinweise zur Kostenerstattung bei ärztlichen Behandlungen finden Sie auf ►S. 62.

KRANKENHÄUSER UND APOTHEKEN

▸ **Erste Hilfe**
Tel. 112

▸ **Apothekennotruf**
Tel. 100
Polizei, die den Notruf weiterleitet

▸ **Krankenhaus in Rhodos-Stadt**
Tel. 22 410/22 222
(Notaufnahme)

▸ **Krito-Medical-Centre**
Ioannou Metaxa 3
Rhodos-Stadt
Tel. 22 410/38 008 oder
22 410/30 020
Zehn versch. Fachärzte sind rund um die Uhr erreichbar. Man spricht englisch und deutsch.

Dessen Außenstelle in Faliráki:
Emou Straße
Tel. 22 410/86 666

▸ **Internationale Apotheke**
A. Diakou 22 – 24
Rhodos-Stadt
Tel. 22 410/75 331

Mit Kindern unterwegs

Kinderfreundlich, aber keine Extrawürste Die Griechen sind sehr kinderfreundlich und regen sich meist auch über Kindergeschrei in Museen und Gaststätten nicht auf. Allerdings werden dem Nachwuchs auch nicht überall Extrawürste gebraten. **Kinderstühlchen** oder **Kinderteller gibt es** in der Mehrzahl der Gaststätten **nicht**. Das Problem mit den Malzeiten ist aber einfach zu lösen. Wenn man sich, wie es die griechischen Familien tun, ein paar Teller mit verschiedenen Speisen auftischen lässt, isst man einfach gemeinsam mal hier und mal da einen Happen. Wer mit Babys reist, bekommt Gläschen, Windeln usw. in den Supermärkten.

Baden und Wassersport an der Ostküste

Die Lieblingsbeschäftigung der jüngsten Rhodos-Urlauber ist gewiss das Baden im Meer. Für Familien sind die Strände an der Ostküste – im Gegensatz zur schroffen Westküste – am besten geeignet. Hier dehnen sich **breite Sandstrände** aus und fallen im Uferbereich sanft ab. Beach-Bars, Duschen, Sonnenschirm- und Liegenverleih sorgen für entsprechende Bequemlichkeit, an großen Stranden gibt es auch Rettungsschwimmer. Ganz an der Südspitze bei Prasonisi sind die Surfer zu Hause. Für kleine Sandburgenbauer ist der ungehindert über die Landzunge hinwegfegende Wind manchmal ein bisschen zu stark. Wer mit seinen größeren Kindern **wassersportlichen Spaß** haben, z. B. auf der Banane reiten oder Wasserski fahren möchte, findet jede Menge Angebote in den **größeren Strandhotels** und an den **offiziellen Stränden**. Besonders vielfältig sind die Offerten in **Faliráki**. Wasserratten werden sich im »Faliráki Waterpark« in ihrem Element fühlen. Mehrere Schwimm- und Plantschbecken, Whirlpools und Wellenbad, dazu noch verschiedene Riesenrutschen laden zum Toben ein, ein »Lazy River« zur gemütlichen Schlauchbootfahrt.

Die flachen, breiten Sandstrände an der Ostküste sind ideal für einen Urlaub mit Kindern.

Fortbewegung mit Kindern: Radeln, Busse, Mietwagen

Das Erkunden der Insel-Sehenswürdigkeiten mit ganz kleinen Kindern ist nicht unproblematisch. Wer gern radelt, muss zumeist mit dem Rand der stark befahrenen Straßen vorlieb nehmen, extra Radwege gibt es kaum. Als Alternative gäbe es die bergigen Wege im Inselinneren, die sich aber mit Kindersitz nicht sehr bequem fahren lassen, zumal im Sommer diese Art der Fortbewegung ohnehin sehr schweißtreibend ist. Die Busse sind vor allem in der Hauptsaison ziemlich voll und ihre Linien führen möglicherweise nicht zu allen ins Auge gefassten Zielen. Als Familienkutsche am besten beeignet ist da noch immer der Mietwagen, aber man sollte sich vorher erkundigen, ob der Verleih **Kindersitze** im Angebot hat.

Kinder und Ausgrabungen

Beim Entdecken der Ausgrabungsstätten hängt viel von der Erzählkunst der Eltern ab, ob die Kinder beim Anblick der Ruinen etwas vom Alltag vor über zwei Jahrtausenden erahnen. **Kámiros** zum Beispiel, die im Grundriss relativ vollständig erhaltene Töpferstadt, bietet mit Treppen und Plätzen, mit Mauerresten antiker Wohnhäuser, Tempel und Badeanlagen viel Spielraum für Fantasie – Fantasie, in der die Einwohner Krüge schleppend umherlaufen, in der Hufgetrappel, Geschrei, Hundegebell zu hören sind ... Die **Akropolis von Líndos** dürfte für Kinder spätestens dann interessant sein, wenn sie den langen Aufstieg mit dem Esel hinaufreiten dürfen. Zum Herumtoben sind die antiken Ausgrabungsstätten nicht geeignet, nicht zuletzt weil die historischen Schätze vom Aufsichtspersonal aufmerksam behütet werden. Ein bisschen freier geht es in den **Burgruinen aus der Ritterzeit** zu. Hier darf man schon mal laut und fröhlich Kreuzritter spielen. Die weitgehende Abwesenheit von Verbotsschildern bedeutet jedoch andererseits, dass nicht überall, wo in Deutschland ein Geländer wäre, auch hier eines vor dem Fall in die Tiefe schützt. Wenn Zehn- oder Zwölfjährige auf dem Ritter-Trip sind, wird ihnen die abendliche **Ton-Licht-Show** am Großmeisterpalast von Rhodos-Stadt gefallen. Die Mauern des Palastes werden szenisch beleuchtet und es ertönen (je nach Vorstellung in einer anderen Sprache) die Stimmen der Kreuzritter, die sich verzweifelt gegen die Belagerung durch die Türken zur Wehr setzen.

Abenteuer mit Tieren

Für die Tierfreunde unter den Kindern bietet Rhodos ebenfalls einige Erlebnisse. Auf der Insel wird die größte **Straußenfarm** Griechenlands betrieben. Man erreicht sie auf der Westküstenstraße von Rhodos-Stadt kommend kurz hinter dem Ort Paradisi Richtung Petaloudes. Da es nicht nur Strauße zu sehen gibt, sondern auch andere Vogelarten, Hasen, Hirsche, Rehe, Ponys, Esel, Ziegen, Wildschweine und vieles mehr, ist es schon fast ein kleiner Tierpark.

Das **Schmetterlingstal** (Petaloudes) ganz in der Nähe der Straußenfarm ist eine schmale Schlucht mit vielen Wasserfällen und einem kleinen See. Im Hochsommer beherbergt dieses Tal Tausende von Schmetterlingen, die durch den Duft der Amberbäume angelockt werden. Aber auch in den anderen Monaten ist diese wildromanti-

Dass sich im Schmetterlingstal tatsächlich ein Harlekin auf der Hand niederlässt, ist wohl ein besonderes Erlebnis für Kinder. Man sollte die Tiere aber nicht aufschrecken.

sche Gegend als Alternative zum Strandleben einen Besuch wert. Wer mit seinen Sprösslingen ins **Aquarium** von Rhodos-Stadt geht, kann hingegen sicher sein, die Meeresbewohner jederzeit alle »zu Hause« anzutreffen. In den 40 Wasserbecken sind viele der im östlichen Mittelmeer lebenden Tiere zu beobachten.

Knigge

Bekleidungsregeln

Was kommt an auf Rhodos und was nicht? Wer zum großen Teil von Touristen, also auch mit und für Touristen lebt, dessen Toleranz wird auf harte Proben gestellt. So ergeht es auch den Einwohnern von Rhodos. Sie drücken ein, manchmal auch beide Augen zu, wenn ihre Gäste die Grenzen des guten Benehmens überschreiten. Aber man sollte um diese Grenzen wissen. Ob man (und vor allem frau) mit spärlicher Bekleidung ein **Café** betritt, muss jeder mit sich selbst ausmachen. Den guten Sitten widerspricht es selbst in Ferienorten. Wesentlich strenger sind die **Bekleidungsregeln** in **Kirchen und Klöstern**. Wenn Frauen mit nackten Schultern oder kurzen Röcken in ein Gotteshaus spazieren, rufen ihnen die am Eingang sitzenden alten Damen energisch hinterher. Sie bieten Tücher an, mit denen sich die Frauen bedecken können. Bei Männern sind die Regeln nicht ganz so eindeutig formuliert, doch Muscle-Shirts und Shorts sind auch nicht passend für einen Besuch in der Kirche. Aber selbst wenn die

Manche Sitten des Landes sollte man besser kennen, um sich nicht zu blamieren.

Touristen die ihnen angebotenen Tücher benutzen, gilt es eigentlich als unangemessen, halbnackt an der Klosterpforte aufzutauchen und sich auf diese Notlösung zu verlassen.

Religiöse Gebräuche

Ansonsten ist man in Sachen Religion immer auf der sicheren Seite, wenn man sich am Verhalten der Einheimischen orientiert. Wenn beispielsweise ein **Leichenzug** an den Tischen eines Restaurants vorbeiführt und sich die anderen Gäste erheben, sollte man es ihnen gleichtun. Dass man sich wie andere Passanten beim Vorbeigehen an einer Kirche **bekreuzigt**, erwartet hingegen niemand.

Fotografieren

Fotografieren ist in der Regel unproblematisch. Nur wenn man einen Einheimischen zur Hauptperson der Aufnahme auserkoren hat, macht es sich gut, durch ein paar Gesten, dessen Einverständnis einzuholen. Verboten ist das Fotografieren von militärischen Anlagen.

Gesten

Noch etwas zum Stichwort Gesten. **Daumen und Zeigefinger zum Kreis geformt** bedeutet nicht, dass alles o.k. ist. In Griechenland ist dies eine **Beschimpfung**. Und nicht vergessen: **Kopfnicken bedeutet nein**, wer mit dem Kopf schüttelt, ist einverstanden.

Im Restaurant

In den Restaurants gelten etwa die gleichen Regeln wie in Deutschland. Allerdings müssen Nichtraucher auf Rhodos die Zähne zusammenbeißen. **Rauchen bei Tisch** ist selbstverständlich, auch wenn andere noch essen.

Lebensphilosophie

Und immer heißt es: **Geduld** mitbringen. Die einen amüsiert es als liebenswertes Merkmal einer orientalisch angehauchten Lebensphilosophie, die anderen empört es als unzumutbar: die **Unpünktlichkeit** der Einheimischen. Und Rhodos liegt dem Orient noch näher als alle anderen Regionen Griechenlands! Man sollte jede Uhrzeit als relativ betrachten und jede Abmachung auch. Selbst die **Öffnungszeiten kleinerer Museen** oder **Fahrpläne von Überlandbussen** können gelegentlich darunter leiden, dass der Pförtner gerade heute ein Familienfest feiert oder der Fahrer einen guten alten Bekannten wiedergetroffen hat. Da nützt es nichts, zu zetern und auf offizielle Tafeln zu verweisen. Da bleibt nur, die Dinge zu nehmen, wie beziehungsweise wann sie kommen. In den Sommermonaten hat auch der Tagesablauf – vor allem in den Dörfern – orientalischen Charme. Wer also beispielsweise Handwerker in ihren Werkstätten besuchen möchte, möge das nicht gerade in den **heißen Nachmittagsstunden** tun.

Literaturempfehlungen

Anthony Goodman, Peter Schmidt: Die Mauern von Rhodos. 2004. Roman über die Belagerung von Rhodos durch den 25-jährigen, machtbesessenen Sultan Suleiman den Prächtigen im Jahr 1522. Im Innern der bedrängten Stadt bereiten sich 500 Ritter unter der Führung des legendaren Großmeisters Philippe de L'Isle Adam darauf vor, der Übermacht der 100 000 türkischen Krieger zu trotzen.

Homer: Die Odyssee
Liegt in verschiedenen deutschen Übersetzungen vor, die »klassische« ist die von Johann Heinrich Voss.

! *Baedeker* TIPP

Literarische Einstimmung

Eine poetische Einstimmung auf Rhodos ist der Roman »Leuchtende Orangen« von Lawrence Durrell von 1964. Der Dichter und Presseattaché lebte nach dem Zweiten Weltkrieg zeitweise hier auf der Insel.

Thiel, Gerd: Rhodos. 41 ausgewählte Tageswanderungen an den Küsten, im Hinterland und in den Bergen der »Sonneninsel«. Bergverlag Rother, München.

W. Hoepfner: Der Koloss von Rhodos und die Bauten des Helios. 2003. Fachbuch über die antiken Zeugnisse, die die bis heute ungelösten Fragen nach Aussehen, Standort und Konstruktion des Kolosses von Rhodos klären sollen.

Medien

Deutschsprachige Presse

Deutschsprachige Zeitungen und Zeitschriften sind auf Rhodos normalerweise ab morgens oder mittags am Kiosk (periptero) oder in Souvenirläden erhältlich.

Rodos Kurier Der »Rodos Kurier«, der allmonatlich in deutscher Sprache erscheint und bei vielen Fremdenverkehrsstellen und Banken auf Rhodos kostenlos verteilt wird, enthält viele Informationen für Touristen.

Rodos News Auch die englischsprachige Zeitung »Rodos News«, die ebenfalls monatlich erscheint und kostenlos erhältlich ist, veröffentlicht interessante Hinweise für Reisende.

Museen

Öffnungszeiten Die Museen und archäologischen Stätten haben unterschiedliche Öffnungszeiten, die im Teil »Reiseziele von A bis Z« dieses Reiseführers genannt sind. Im Allgemeinen sind die Museen etwa zwischen 9.00 und 15.00 Uhr geöffnet. Viele Museen sind am Wochenanfang (meist montags, z. T. auch dienstags) geschlossen. Einen halben Tag geöffnet sind sie am 6. Januar, am Rosenmontag, Karfreitag, Karsamstag, Ostermontag, 1. Mai, Pfingstsonntag, 15. August und 28. Oktober. Geschlossen sind die meisten archäologischen Stätten und Museen am 1. Januar, 25. März, Ostersonntag, 1. Mai und an den Weihnachtsfeiertagen.

Notrufe

WICHTIGE INFORMATIONEN

NOTDIENSTE IN GRIECHENLAND

- **Polizei**
  Tel. 112

- **Erste Hilfe**
  Tel. 112

- **Apotheken-Notruf, Krankenhaus**
  ► Gesundheit S. 74

- **Feuerwehr**
  Tel. 112

- **Notruf des ADAC**
  Tel. 21 09 60 12 66
  Der deutschsprachige Notruf in Athen ist ganzjährig erreichbar.

- **Touristenpolizei**
  Rhodos-Stadt:
  Odos Ethnarchou Makariou 5
  Tel. 224 10/274 23, 224 10/233 29
  Wichtigste Anlaufstelle für Touristen; allgemeine Informationen und Hinweise auch auf Unterkünfte; Englisch oder Deutsch.

NOTDIENSTE IN DEUTSCHLAND

- **ADAC-Notrufzentrale München**
  Tel. aus Griechenland:
  00 49 / 89 / 22 22 22 (24 Std.)

▸ **ADAC-Telefonarzt München**
Tel. aus Griechenland:
00 49 / 89 / 76 76 76
(tgl. 8.00 – 20.00 Uhr, in der Hauptsaison 7.00 – 20.00 Uhr)
Der Telefonarzt des ADAC gibt dem Patienten Medikamentenempfehlungen bei leichteren Beschwerden und kann in ernsten Fällen den Rücktransport nach Deutschland veranlassen. Bei Bedarf nennt er auch deutschsprachige Ärzte.

▸ **ACE-Notrufzentrale Stuttgart**
Tel. aus Griechenland:
00 49 / 180 / 23 43 536

▸ **Deutsche Rettungsflugwacht Stuttgart**
Tel. aus Griechenland:
00 49 / 711 / 70 10 70

▸ **DRK-Flugdienst Bonn**
Tel. aus Griechenland:
00 49 / 228 / 23 00 23

Post · Telekommunikation

Postämter

Die griechischen Postämter unterstehen der staatlichen Postverwaltung Elliniká Tachidromía (ELTA). Die griechischen Postkästen sind gelb. Das **Hauptpostamt** in Rhodos-Stadt (am Mandráki-Hafen, Platia Dimarchiou) ist zu folgenden Zeiten geöffnet: Mo. – Fr. 8.00 bis 20.00 Uhr, Sa. 8.00 – 15.00 Uhr, in anderen Orten im Allgemeinen: Mo. – Fr. 8.00 – 15.00 Uhr. In den Dörfern gelten in der Regel kürzere Öffnungszeiten.

Porto

Eine **Ansichtskarte** oder ein **Normalbrief** ins europäische Ausland kostet **0,65 Euro**. Briefmarken sollte man bei der Post kaufen, da an anderen Stellen, z. B. am Kiosk, an Hotelrezeptionen und in Souvenirläden mehr berechnet wird.

Telefonieren

Zuständig für das Telefonieren in Griechenland ist nicht das Postamt, sondern das Telefon- und Telegrafenamt (**OTE**). Telefonate können aber auch am Kiosk (einige im Mandráki-Hafengebiet sind rund um die Uhr geöffnet), in Tavernen und in Hotels, wo es allerdings teuer ist, geführt werden. Telefonkarten für die Kartentelefone sind beim OTE und an Kiosken erhältlich. Auf dem Land finden sich Telefonzellen mit Zählern meist im Kafenion oder in Lebensmittelläden. Auch bei **Ortsgesprächen** innerhalb Griechenlands muss die **Vorwahl** und die 0 mitgewählt werden.

Mobiltelefone

Mit deutschen Mobiltelefonen kann man in Griechenland im D1- und D2-Netz telefonieren, im E-Netz nur mit einem Dual-Band-Handy. Möchte man einen deutschen Handy-Besitzer innerhalb Griechenlands anrufen, muss man trotzdem die 00 49 vorwählen. Erhält man einen Anruf aus Deutschland bzw. Österreich oder der Schweiz, zahlt man ebenfalls eine Gebühr!

INFORMATIONEN TELEFON

LÄNDERVORWAHLEN

- **Von Deutschland, Österreich und der Schweiz**
  nach Griechenland: Tel. 00 30
- **Von Griechenland**
  nach Deutschland: Tel. 00 49
  nach Österreich: Tel. 00 43
  in die Schweiz: Tel. 00 41

TELEFONAUSKUNFT

- **Rhodos**
  Tel. 131
- **Übriges Griechenland**
  Tel. 151
- **Ausland**
  Tel. 161

Preise und Vergünstigungen

Die Preise für **Übernachtungen** unterscheiden sich in der Hauptsaison kaum von denen mitteleuropäischer Reiseziele. In den Monaten Mai, Juni und Oktober liegen sie etwa ein Drittel unter den Preisen für die Hochsaison. **Freien Eintritt in die Museen** haben Personen unter 18 und Schüler bzw. Studenten mit einem entsprechenden Ausweis. **Reduzierten Eintritt** (in der Regel die Hälfte) zahlen auch EU-Bürger, die älter sind als 65 Jahre. Vom 1. November bis zum 31. März ist zudem an jedem Sonntag der Eintritt frei, dieses gilt auch für den ersten Sonntag im April, Mai, Juni und Oktober. Ein **Ticket-Package** gilt für vier Museen in Rhodos-Stadt (u.a. Großmeisterpalast und Archäologisches Museum).

In Restaurants und Bars sind Bedienungsgelder im Preis enthalten. Trotzdem ist ein **Trinkgeld** von 5 bis 10 % des Rechnungsbetrags üblich. Taxifahrer erhalten etwa 10 % Trinkgeld. An den griechischen Osterfeiertagen erwarten Taxifahrer, Friseure und andere Dienstleister ein so genanntes Ostergeschenk (pascha doro), das in Form von Geld gegeben wird.

WAS KOSTET WIE VIEL?

1 l Bleifrei
ca. 1,10 €

Einfaches Abendessen
bis 10 €

Tasse Kaffee
ab 2 €

3-Gang-Menü
ab 17 €

Reisezeit

Rhodos liegt in der **mediterranen Klimazone** mit einer ausgeprägten sommerlichen Trockenzeit mit subtropischen Temperaturen und einem verhältnismäßig milden Winter. Man zählt auf der Insel pro Jahr rund **260 Sonnentage**. Zwölf Stunden am Tag scheint die Sonne in den Monaten Juni, Juli und August.

Die **Vor- und die Nachsaison**, also die Monate April/Mai und September/Oktober sind für Besichtigungen, Rundreisen oder Wanderungen klimatisch am angenehmsten. Von März bis Mai dauert der berühmte **rhodische Frühling**, die Temperaturen sind mild, und die Natur steht dann in prachtvoller Blüte.
Jetzt hat man mit dem Schirokko zu rechnen, einem heißen und kräftigen Südwind, der vom afrikanischen Kontinent herüberweht.

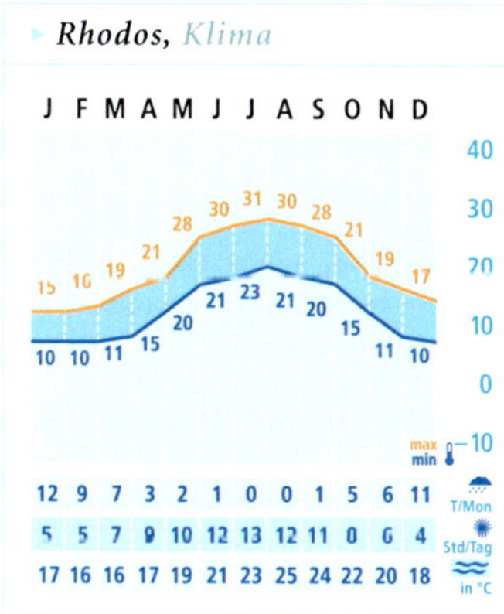

Der rhodische **Sommer** beginnt bereits Ende April bzw. im Mai und dauert bis zum Oktober. Von Mitte Juni bis Anfang September ist es sehr heiß und trocken und die ideale Zeit für **Badeferien**. Von Juni bis September fällt so gut wie kein Niederschlag; es herrscht ausgesprochene Dürre. Doch selbst im Sommer weht an der Westküste ein heftiger Wind, was bei hohen Tagestemperaturen angenehm ist. Gelegentlich – vor allem im Juli und August – kann der Wind Sturmstärke erreichen und weht dann auch über Nacht oder gar mehrere Tage lang.

Shopping

Öffnungszeiten

In Griechenland gibt es **keine gesetzlichen Ladenschlusszeiten**. Die Geschäfte können werktags 24 Stunden geöffnet sein, ebenso an Sonn- und Feiertagen. Für Lokale und Bars wurde die Sperrstunde ebenfalls abgeschafft. An den Feiertagen sind die meisten Geschäfte allenfalls vormittags geöffnet. In der Regel sind die Läden in größeren Orten offen von 9.00 bis 13.30 und 16.00 bis 20.00 Uhr, in der

Saison bis in den späten Abend und auch am Wochenende. Am Montag- und Mittwochnachmittag bleiben sie oft geschlossen. Einige Kioske im Mandráki-Gebiet von Rhodos-Stadt sind rund um die Uhr geöffnet.

Angebot Rhodos bietet vielerlei Möglichkeiten zum Einkaufen: Das Angebot an einheimischen Erzeugnissen reicht vom typischen rhodischen Keramikteller über Stickereien und Teppiche bis zu teurem Schmuck. Lohnend ist u. a. ein Bummel durch die **Odos Sokratou** in Rhodos-Stadt, wo man unter einem großen Angebot an Goldschmuck, Pelzen, Lederwaren, Ikonen, Stickereien, Teppichen und Keramik wählen kann. Auch international renommierte Mode von Versace, Valentino und Cardin ist in der Hauptstadt vertreten.

> ! *Baedeker* TIPP
>
> **Skulpturen für daheim**
>
> Wer Repliken bekannter griechischer Skulpturen kaufen möchte, sollte sich im archäologischen Museumsshop an der Platia Simi in Rhodos-Stadt umsehen. Auch Ikonen, Münzen und Reliefs kann man hier erstehen (Öffnungszeiten: Mai – Okt. Mo. – Fr. 8.00 – 21.00 Uhr).

Antiquitäten Die **Ausfuhr von Antiquitäten** – d. h. mehr als 100 Jahre alten Gegenständen – **ist verboten**. Unproblematisch ist die Ausfuhr von Kopien antiker Museumsstücke (u. a. Fresken, Ikonen, Schmuck).

Volkskunsterzeugnisse In manchen Dörfern der Insel bietet sich die Gelegenheit, bei der Herstellung der Volkskunsterzeugnisse wie der Teppichweberei zuzuschauen. Auskünfte erteilen die Fremdenverkehrsstellen, der Reiseveranstalter vor Ort oder auch das örtliche Kafenion.

Keramik Keramik wird in allen Preislagen angeboten, von schlechten Nachahmungen antiker Vasen über gute Kopien bis zu den schönsten Produkten. Typisch für Rhodos sind die bunt bemalten Teller. Werkstätten, in denen man den Töpfern bei der Arbeit zusehen kann, liegen an der Ostküstenstraße zwischen Rhodos-Stadt und Archángelos und direkt in Archángelos.

Lederwaren Lederwaren sind auf Rhodos günstiger als in Mitteleuropa, allerdings oft auch von schlechter Qualität. Gut und preiswert sind Sommerschuhe, die man vor allem in Rhodos-Stadt findet.

Goldschmuck Goldschmuck ist ebenfalls noch preiswerter als in Mitteleuropa. Aber auch hier gilt: Preise vergleichen.

Pelze, Maßkleidung Erstaunlicherweise sind trotz der hohen Temperaturen während der Hauptsaison auf Rhodos Pelze ein Verkaufsschlager. Die Pelze werden in den bekannten Pelzwerkstätten von Kastoriá auf dem griechischen Festland hergestellt. Einige Schneider in Rhodos-Stadt fertigen Maßkleidung für Herren innerhalb kurzer Zeit (Infos in den Hotels).

Bis spät in den Abend kann man in Rhodos-Stadt auf Souvenirjagd gehen.

Schwämme

Die auf Rhodos verkauften Naturschwämme stammen von der Insel Kálymnos. In der Saison werden sie manchmal auch direkt am Mandráki Hafen in Rhodos-Stadt verkauft.

Teppiche

Zu den traditionellen Handwerken auf Rhodos gehört auch die Teppichweberei. Bekannt für seine Teppichwebereien und -knüpfereien ist vor allem Archángelos.

Wein

Hinweise zum Weinkauf ► Special S. 151. In Émbonas kann man in der Weinkellerei Emery Wein probieren und kaufen (► Tipp S.153).

Sprache

Verständigung

Meist findet man auf Rhodos Einheimische, mit denen man sich auf Englisch verständigen kann. Deutschkenntnisse sind durch heimgekehrte Gastarbeiter häufig geworden. Das Neugriechische unterscheidet sich wesentlich vom Altgriechischen, wenngleich die Zahl jener Wörter, die seit den Zeiten des Dichters Homer unverändert geschrieben werden, immer noch erstaunlich groß ist. Doch auch bei diesen sind die Abweichungen der Aussprache von der deutschen

Griechische Schreibweise

- Das Schreiben griechischer Namen ist problematisch, da es für die Transkription Griechisch – Deutsch keine verbindlichen Richtlinien gibt. Um in diesem Reiseführer Einheitlichkeit zu erreichen, erfolgt die Umschrift nach einer auch von der UNO verwendeten Transliterationstabelle. Die Betonung des Wortes ist durch den Akzent zu erkennen.

Schulaussprache des Altgriechischen zu berücksichtigen. Im Hauptteil des Sprachführers wird in der zweiten Spalte die tatsächliche Aussprache möglichst genau wiedergegeben, die Umschrift wird daher nicht verwendet.

Bei den **Satzzeichen** unterscheiden sich vom Lateinischen nur das griechische Fragezeichen, das dem deutschen Strichpunkt entspricht (? = ;), und der Strichpunkt, der im Griechischen als Punkt über der Zeile (·) geschrieben wird.

SPRACHFÜHRER GRIECHISCH

Griechisches Alphabet

Buchstaben	Umschrift	Aussprache
Α α (alfa)	a	a
Β β (wita)	v	w
Γ γ (ghamma)	g	gh, vor e und i: j
Δ δ (dhelta)	d	dh (wie in engl. »that«)
Ε ε (epsilon)	e	kurzes e
Ζ ζ (sita)	z	stimmhaftes s
Η η (ita)	i	i
Θ ϑ, θ (thita)	th	th (wie in engl. »thing«)
Ι ι (iota)	i	i
Κ κ (kappa)	k	k
Λ λ (lamvda)	l	l
Μ μ (mi)	m	m
Ν ν (ni)	n	n
Ξ ξ (xi)	x	ks
Ο ο (omikron)	o	o
Π π (pi)	p	p
Ρ ρ (rho)	r	r
Σ σ, ς (sigma)	s	stimmloses s
Τ τ (tav)	t	t, nach d: d
Υ υ (ipsilon)	y	i
Φ φ (fi)	f	f
Χ χ (chi)	ch	vor a, o, u wie in »ach«; vor e, i wie in »ich«
Ψ ψ (psi)	ps	ps
Ω ω (omega)	o	o

Buchstabenkombinationen

αι	e	e
αυ	av	aw (vor stimmhaftem Konsonant oder Vokal)
αυ	af	af (vor stimmlsm. Kons.)
γγ	ng	ng
γκ	g	g (am Wortanfang, selten im Wortinneren)
γκ	ng	ng (im Wortinneren)
ει	i	i
ει	j	j (unbetont, zwischen Konsonant und Vokal)
ευ	ev /ef	ev /ef (entspr. αυ)
μβ	mv	mw
μπ	b	b (am Wortanfang, selten im Wortinneren)
μπ	mb	mb (im Wortinneren)
ντ	d	d (am Wortanfang, selten im Wortinneren)
ντ	nt	nd (im Wortinneren)
οι	i	i
ου	ou	u

Das Allerwichtigste

Ja / Nein	nä / óchi	Ναί / Όχι
Vielleicht	'iɛɛoɛ	Ίσως
Bitte	paraka'lo	Παρακαλώ
Danke (sehr)	äfchari'sto (pol'i)	Ευχαριστώ (πολύ)
Entschuldigung!	si'njomi!	Συγγνώμη!
Bitte? Sie wünschen?	o'ristä?	Ορίστε;
Ich verstehe Sie nicht.	ðä sass katala'wäno.	Δε σας καταλαβαίνω.
Bitte wiederholen Sie es.	na to ksana'pite, paraka'lo.	Νά το ξαναπείτε, παρακαλώ.
Sprechen Sie …	mi'late …	Μιλάτε …
Deutsch?	jermanik'a?	γερμανικά;
Englisch?	angglik'a?	αγγλικά;
Ich spreche nur wenig Griechisch.	mi'lo 'mono ligo ellinika*a.	Μιλώ μόνο λίγο ελληνικά.
Können Sie mir bitte helfen?	bo'ritä na mä woi'θisätä, paraka'lo?	Μπορείτε να με βοηθήσετε, παρακαλώ;
Ich möchte …	'θälo …	Θέλω …
Haben Sie … ?	'ächätä … ?	Έχετε …;
Wie viel kostet es?	'posso ko'stisi?	Πόσο κοστίζει;
Wie viel Uhr ist es?	ti 'ora 'inä?	Τι ώρα είναι
Heute / Morgen	'simära / 'awrio	Σήμερα / Αύριο

Manchmal geht´s auch ohne Worte.

Grüßen

Guten Morgen!	kali'mära (su / sas)!	Καλημέρα (σου / σασ)!
Guten Tag!	kali'mära! / 'chärätä!	Καλημέρα / Χαίρετε!
Guten Abend!	kali'spära!	Καλησπέρα!
Gute Nacht!	kali'nichta!	Καληνύχτα!
(allgemeiner Gruß)	'jassas!	Γειά σας!
Hallo! Grüß dich!	'jassu!	Γειά σου!
Wie geht es Ihnen / dir?	ti 'kanete / 'kanis?	Τι κάνετε / κάνεις;
Danke. Und Ihnen / dir?	äfchari'sto. äs'sis / äs'si?	Ευχαριστώ. Εσείς / Εσύ;
Auf Wiedersehen!	a'dio!	Αντίο!
Tschüs!	'jassu!	Γειά σου!

Zahlen

0	mi'ðän	μηδέν	20	'ikossi	είκοσι
1	'äna	ένα	21	'ikossi 'äna	είκοσι ένα
2	'ðio	δύο	22	'ikossi 'ðio	είκοσι δύο
3	'tria	τρία	30	tri'anda	τριάντα
4	'tässära	τέσσερα	40	sa'randa	σαράντα
5	'pändä	πέντε	50	pä'ninda	πενήντα
6	'äksi	έξι	60	ä'ksinda	εξήντα
7	ä'fta	εφτά	70	äwðo'minda	εβδομήντα
8	o'chto	οχτώ	80	og'ðonda	ογδόντα
9	ä'näa	εννέα	90	änä'ninda	ενενήντα

10	'ðäka	δέκα	100	äka'to	εκατό
11	'ändäka	ένδεκα	200	ðia'kosja	διακόσια
12	'ðoðäka	δώδεκα	1000	'chilia	χίλια
13	ðäka'tria	δεκατρία	2000	'ðio chi'ljaðäs	δύο χιλιάδες
14	ðäka'tässära	δεκατέσσερα	10 000	'ðäka chi'ljaðäs	δέκα χιλιάδες
15	ðäka'pändä	δεκαπέντε			
16	ðäka'äksi	δεκαέξι	1/2	to / 'äna 'ðäftäro	το / ένα δεύτερο
17	ðäkaä'fta	δεκαεφτά			
18	ðäkao'chto	δεκαοχτώ	1/4	to / 'äna 'tätarto	το / ένα τέταρτο
19	ðäkaä'näa	δεκαεννέα			

Auskunft unterwegs

links / rechts	aristä'ra / ðäks'ja	αριστερά / δεξιά
geradeaus	efθia	ευθεία
nah / weit	ko'nda / makri'a	κοντά / μακριά
Ist das die Straße nach …?	'Ine af'tos o 'dromos ja...?	Είναι αυτός ο δρόμος γιά;
Bitte, wo ist … ?	Parakaló, pú ínä … ?	Παρακαλώ, πού είναι …;
Wie weit ist es nach … ?	'posso ma'kria 'inä ja … ?	Πόσο μακριά είναι γιά…;
Wie komme ich nach (zu) …?	Pos θa 'pao ja (sto / stin) …?	Πώς θα πάω γιά (στο / στην) …;
Ich möchte … mieten.	'θälo na ni'kjasso …	Θέλω να νοικιάσω …
… ein Auto	'äna afto'kinito	ένα αυτοκίνητο
… ein Fahrrad	'äna po'ðilato	ένα ποδήλατο
… ein Boot	'mia 'warka	μία βάρκα

Wichtige Aufschriften

ΑΝΔΡΩΝ	Herren	ΓΥΝΑΙΚΩΝ	Damen
ΕΙΣΟΔΟΣ	Eingang	ΕΞΟΔΟΣ	Ausgang
ΑΝΟΙΧΤΟ	Offen	ΚΛΕΙΣΤΟ	Geschlossen
ΤΑΧΥΔΡΟΜΕΙΟΝ	Post	ΤΡΑΠΕΖΑ	Bank

Tanken

Wo ist bitte die nächste Tankstelle?	'pu 'inä, paraka'lo, to e'pomäno wensi'naðiko?	Πού είναι, παρακαλώ, το επομένο βενζιναδικό;
Ich möchte … Liter …	θälo … 'litra …	Θέλω … λίτρα …
… Benzin.	… wän'sini.	… βενζινη.

… Diesel.	… 'disäl.	… ντίζελ.
… bleifrei / verbleit.	… a'moliwði / mä 'moliwðo	… αμόλυβδη / με μόλυβδο.
Volltanken bitte.	jä'mistä paraka'lo.	Γεμίστε παρακαλώ.
Prüfen Sie bitte den Ölstand.	äksä'tastä, paraka'lo, ti 'staθmi tu lað'ju.	Εξέταστε, παρακαλώ, τη στάθμη του λαδιού.

Panne und Unfall

Ich habe eine Panne.	'äpaθa zim'ja.	Έπαθα ζημειά.
Können Sie mir bitte einen Abschleppwagen schicken?	θa bo'russatä na mu 'stilätä 'äna 'ochima ri'mulkissis?	Θα μπορούσατε να μου στείλατε ένα όχημα ρυμούλκησης;
Wo ist hier in der Nähe eine Werkstatt?	'pu i'parchi ä'ðo kon'da 'äna sinär'jio?	Πού υπάρχει εδώ κοντά ένασυνεργείο;
Hilfe!	wo'iθja!	Βοήθεια!
Achtung! / Vorsicht!	proso'chi!	Προσοχή!
Rufen Sie bitte schnell …	ka'lästä, paraka'lo, 'grigora	Καλέστε, παρακαλώ, γρήγορα …
… einen Krankenwagen.	… 'äna asθäno'foro.	… ένα ασθενόφορο.
… die Polizei.	… tin astino'mia.	… την αστυνομία.
… die Feuerwehr.	… tin piroswästi'ki ipirä'sia.	… την πυροσβεστική υπηρεσία.

Tja, wenn man jetzt wüsste, wie man fragt: »Wo bitte geht es hier zum Strand?«

Geben Sie mir Ihren Namen und Anschrift.	'pästä mu to 'onoma kä ti ðiäfθin'si sas.	Πέστε μου το όνομα και τη διεύθυνσή sας.

Einkaufen

Wo finde ich …?	pu θa wro …?	Πού θα βρω …;
eine Apotheke	'ena farma'kio	ένα φαρμακείο
eine Bäckerei	'ena artopo'lio	ένα αρτοπολείο
ein Lebensmittelgeschäft	'ena ka'tastima tro'fimon	ένα κατάστημα τροφίμων
den Markt	tin ajo'ra	την αγορά

Arzt

Können Sie mir einen guten Arzt empfehlen?	bo'ritä na mu siss'tissätä 'änan ka'lo ja'tro?	Μπορείτε να μου συστήσετε έναν καλό γιατρό;
Ich habe hier Schmerzen.	'ächo 'ponnus ä'ðo.	Έχω πόνους εδώ.

Bank

Wo gibt es hier eine Bank?	'pu 'inä ä'ðo mja 'trapäsa?	Πού είναι εδώ μια τράπεζα;
Ich möchte … Schweizer Franken in Euro wechseln.	'θälo na a'lakso … älwäti'ka 'franga sä evró.	Θέλω να αλλάξω … ελβετικά φραγκα σε ευρώ.

Post

Was kostet …	'posso ko'stisi …	Πόσο κοστίζει …
… ein Brief …	… 'äna 'gramma	… ένα γραμμα
… eine Postkarte …	… mja 'karta	… μια κάρτα
… nach Deutschland / Österreich / Schweiz?	… ja ti järma'nia / afs'tria / elwe'tia?	… γιά τη Γερμανία / Αυστρία / Ελβετία;
Eine / zwei Briefmarken, bitte.	'äna/'ðio grammat'osimo/ grammat'osima, paraka'lo.	Ένα/δύο γραμματόσημο / γραμματόσημα, παρακαλώ.

Übernachten

Können Sie mir bitte … empfehlen?	bo'ritä na mu si'stissätä …, paraka'lo?	Μπορείτε να μου συστήσετε …, παρακαλώ;
… ein Hotel	… 'äna ksänoðo'chio	… ένα ξενοδοχείο
… eine Pension	… 'mia pan'sjon	… μία πανσιόν

Ich habe bei Ihnen ein Zimmer reserviert.	'äðo sä sas 'äklissa 'äna ðo'matjo.	Εδώ σε σας έκλεισα ένα δομάτιο.
Haben Sie noch ein Zimmer frei …	'ächätä a'komi 'äna ðo'matjo ä'läfθäro …	Έχετε ακόμη ένα δομάτιο ελεύθερο …
… für eine Nacht?	… ja mja 'nichta?	… γιά μια νύχτα;
… für zwei Tage?	… ja 'ðio 'märäs?	… γιά δύο μέρες;
… für eine Woche?	… ja mja wðo'maða?	… γιά μια βδομάδα;
Was kostet das Zimmer mit …	'posso ko'stisi to do'matjo mä …	Πόσο κοστίζει το δομάτιο με …
… Frühstück?	… proi'no?	… πρωινό;
… Halbpension?	… 'mäna 'jäwma?	… μένα γεύμα;

Essen gehen

Wo gibt es hier ein gutes Restaurant?	pu i'parchi ä'ðo 'äna ka'lo ästia'torio?	Πού υπάρχει εδώ ένα καλό εστιατόριο;
Gibt es hier eine gemütliche Taverne?	i'parchi ä'ðo ta'wärna mä 'anäti at'mosfära?	Υπάρχει εδώ μια ταβέρνα με άνετι ατμόσφαιρα;
Reservieren Sie uns bitte für heute Abend einen Tisch für 4 Personen.	kra'tistä mas ja 'simera to 'wraði 'äna tra'päsi ja 'tässära 'atoma, paraka'lo.	Κρατήστε μας για σήμερα το βράδυ ένα τραπέζι για 4 άτομα, παρακαλώ.
Ich möchte bitte bezahlen.	θä*alo na pli'rosso, paraka'lo.	Θέλω να πληρώσω, παρακαλώ.
Bitte alles zusammen.	'ola mas'i, parakal'o.	Όλα μαζί, παρακαλώ.
Wir möchten getrennt bezahlen.	θa θ'ä*alame na pli'rosume chorist'a.	Θα θέλαμε να πληρώσουμε χωριστά.
Messer	ma'chäri	μαχαίρι
Gabel	pi'runi	πηρούνι
Löffel	ku'tali	κουτάλι

Κατάλογος φαγητών · Speisekarte

προινώ	proin'o	**Frühstück**
καφές (σκέτο)	ka'fäs ('skäto)	(ungesüßter) Kaffee
καφές με γάλα	ka'fäs me 'jala	Kaffee mit Milch
καφές φίλτρου	ka'fäs 'filtru	Filterkaffee
τσάι με λεμόνι	'tsai mä lä'moni	Tee mit Zitrone
τσάι από βότανα	'tsai a'po 'wotana	Kräutertee
σοκολάτα	soko'lata	Schokolade
χυμό φρούτου	chi'mo 'frutu	Fruchtsaft
αυγό μελάτο	aw'jo mä'lato	weiches Ei
ομελέτα	omä'läta	Omelett
αυγά μάτια	aw'ja 'matja	Spiegeleier
αυγά με μπείκον	aw'ja mä 'bäiken	Eier mit Speck
ψωμί / ψωμάκι	pso'mi / pso'maki	Brot / Brötchen
τοστ	'tost	Toast

»Dankeschön« auf Griechisch – und die Kellner schleppen den Extra-Tisch noch lieber herbei.

κρουασάν	krua'san	Hörnchen, Croissant
φρυγανιές	frigan'jäs	Zwieback
βούτυρο	'wutiro	Butter
τυρί	ti'ri	Käse
λουκανικό	lu'kaniko	Wurst
ζαμβόν	ʒam'bon	Schinken
μέλι	'mäli	Honig
μαρμελάδα	marmä'laða	Marmelade
γιαούρτι (με καρύδια)	ja'urti (mä ka'riðja)	Joghurt (mit Walnüssen)

ορεκτικά / σούπες	orektik'a / 'supes	**Vorspeisen / Suppen**
ποικιλίαελιές	ä'ljäs	Oliven
φέτα	'fäta	weißer Schafskäse
μελιτζάνα σαλάτα	mäli'dsana sa'lata	Auberginensalat
ντολμαδάκια	dolma'ðakja	gefüllte Weinblätter (kalt)
γαρίδες	ga'ridäs	Garnelen
γίγαντες	'jigandäs	große weiße Bohnen
σαγανάκι	saga'naki	gebratener Käse
σκορδαλιά	skorðal'ja	Püree aus Kartoffeln, Knoblauch und Öl
σπανακόπιτα	spana'kopita	Spinattasche
ταραμοσαλάτα	taramosa'lata	Fischrogenpüree
τζατζίκι	za'ziki	Joghurtcreme mit Gurke und Knoblauch
τυρόπιτα	ti'ropita	Käsetasche

κοτόσουπα	ko'tosupa	Hühnersuppe
κοτόσουπα αυγολέμονο	ko'tosupa awgo'lämono	Hühnersuppe mit Zitrone und Ei
ψαρόσουπα	psa'rosupa	Fischsuppe
ζωμός κρέατος	so'mos 'kräatos	Fleischbrühe
τοματόσουπα	toma'tosupa	Tomatensuppe
λαχανόσουπα	lacha'nosupa	Gemüsesuppe
φασολάδα	faso'lada	Bohnensuppe
μαγειρίτσα	maji'ritsa	Ostersuppe

σαλάτες	sa'lates	**Salate**
(ν)τοματοσαλάτα	tomatosa'lata	Tomatensalat
αγγούρι	an'guri	Gurke
χοριάτικι (σαλάτα)	chor'jatiki (sa'lata)	Dorfsalat
μαρούλι σαλάτα	ma'ruli sa'lata	Kopfsalat
λαχανοσαλάτα	lachanosa'lata	Krautsalat
πατατοσαλάτα	patatosa'lata	Kartoffelsalat
άγρια χόρτα	'agria 'chorta	Wildkräutersalat
λαδολέμονο	laðo'lämono	Öl-Zitronen-Sauce

ψάρια	ps'arja	**Fischgerichte**
αστακός	asta'kos	Hummer
γαρίδες	ga'ridäs	Garnelen
χταπόδι	chta'poði	Oktopus
μπαρμπούνι σχάρας	bar'buni 'ßcharas	Rotbarbe vom Grill
γλώσσα τηγανητά	'glossa tijani'ta	Seezunge gebraten
μύδια	'miðia	Muscheln
καλαμαράκια	kalama'rakja	kleine Tintenfische
μπακαλιάρος φούρνου	bakal'jaros 'furnu	Stockfisch aus dem Ofen
σολομός	solo'mos	Lachs
κακαβιά	kakaw'ja	Bouillabaisse
καραβίδες	kara'wiðes	große Scampi
χριστόψαρο	chris'topsaro	Petersfisch
σκουμπρί	skum'bri	Makrele
τσιπούρα	tsi'pura	Dorade
φαγκρί	fan'gri	Zahnbrasse
τόνος	'tonnos	Thunfisch
ξιφίας	ksi'fias	Schwertfisch

φαγητά με κρέας	fajit'a mä kr'äas	**Fleischgerichte**
άρνι ψητό	ar'ni psi'to	Lammbraten
άρνι στο φούρνο	ar'ni sto 'furno	Lammfleisch aus dem Ofen
βοδινό φιλέτο	woði'no fi'läto	Rinderfilet
γαλοπούλα ψητή	galo'pula psi'ti	Pute gebraten

γύρος	'jiros	Fleisch vom Drehspieß
κατσίκι	kat'siki	Zicklein
κεφτέδες	kef'tedes	Hackfleischbällchen
κοτόπουλο ψητό	ko'topulo psi'to	Brathuhn
κουνέλι	ku'näli	Kaninchen
μιξτ γκριλ	'mikst 'gril	Gemischtes Grillfleisch
μοσχάρι κοκκινιστό	mos'chari kokkini'sto	Kalbfleisch geschmort
μοσχάρι ψητό	mos'chari psi'to	Kalbsbraten
μπόν φιλέ	bon fi'lä	Filet
μπριζόλες χοιρινές	bri'soläs chiri'näs	Schweinekotelett
μπιφτέκι	bi'ftäki	Hacksteak vom Grill
παιδάκια αρνίσια	pai'ðakja ar'nisia	Lammkotelett
παστίτσιο	pa'stitsjo	Makkaroniauflauf mit Fleischfüllung
σουτζουκάκια	sudsu'kakja	Hackfleischröllchen
σουβλάκι(α)	su'wlaki	Fleischspieß(e)
λαχανικά	lachanik'a	**Gemüsegerichte**
ντολμάδες	dol'maðäs	Gefüllte Weinblätter
λάχανο	'lachano	Weißkraut
αγγινάρες	angi'naräs	Artischocken
μελιτζάνες γεμιστές	mäli'dsanäs jämi'stäs	Gefüllte Auberginen
ντομάτες γεμιστές	to'matäs jämi'stäs	Gefüllte Tomaten
πιπεριές γεμιστές	pipär'jäs jämi'stäs	Gefüllte Paprikaschoten
τουρλού	tur'lu	Bunter Gemüseeintopf
φασολάκια	faso'lakja	Grüne Bohnen
μουσακάς	mussa'kas	Auberginen-Hackfleisch-Kartoffel-Auflauf
μπαμιές	'bamjäs	Okraschoten
πιπεριές τηγανητές	pipär'jäs tigani'täs	gebratene Paprika
κολοκυθάκια	koloki'θakja	Zucchini
φασόλια	fa'solja	weiße Bohnen
πατάτες τηγανητές	pa'tatäs tigani'täs	Pommes frites
σπανακορύζο	spana'koriso	Spinat mit Reis
επιδόρπια	epid'orpia	**Nachspeisen**
φρούτα	'fruta	Obst
παγωτό	pagot'o	Eis(creme)
μπακλαβάς	bakla'was	Blätterteig in Sirup mit Nussfüllung
μπουγάτσα	bug'atsa	Blätterteigtasche, gefüllt mit Vanillecreme
κρέμα	'kräma	Grießpudding
ρυζόγαλο	ri'sogalo	Reispudding
σταφύλια	sta'filia	Trauben
καρπούζι	kar'pusi	Wassermelone

πεπόνι	pä'poni	Honigmelone
ροδάκινο	ro'ðakino	Pfirsich
μήλο	'milo	Apfel
αχλάδι	ach'laði	Birne
μούσμουλα	'musmula	Mispel

Αλκοολούχα ποτά	alkool'ucha pot'a	**Alkoholische Getränke**
άσπρο κρασί	'aspro kra'si	Weißwein
κόκκινο κρασί	'kokkino kra'si	Rotwein
ρετσίνα	rä'tsina	geharzter Wein
χύμα	'chima	Wein vom Fass
ξερό	kse'ro	trocken
ημίγλυκο	i'migliko	halbsüß
ούζο	'uso	Anisschnaps
τσίπουρο	'tsipuro	Tresterschnaps
(μια) μπύρα	(mja) 'bira	(ein) Bier

μη αλκοολούχα ποτά	mi alkool'ucha pot'a	**Alkoholfreie Getränke**
φραππέ	frap'pä	kalter Nescafé mit festem Schaum
ελληνικος καφές	elini'kos ka'fäs	griechischer Mokka
τσάι	tsai	Tee
πορτοκαλάδα	portoka'laða	Orangenlimonade
λεμονάδα	lämo'naða	Zitronenlimonade
(μια καράφα) νερό	(mja ka'rafa) ne'ro	(ein Krug) Wasser
μεταλλικό νερό	metalli'ko ne'ro	stilles Mineralwasser
σόδα	'soda	Mineralwasser mit Kohlensäure

Übernachten

Will man auf Rhodos um Ostern oder in der Hauptsaison von Juni bis September Urlaub machen, so ist in jedem Fall eine **Zimmervorbestellung ratsam**. Beim Buchen sollte man sich genau nach der **Lage des Quartiers** erkundigen. Die Nähe zum Strand ist sicherlich erstrebenswert, wird aber oft mit Verkehrslärm bezahlt. In einigen Orten führen stark befahrene Küstenstraßen an den Terrassen vorbei.

Preise Während der Hauptreisezeit liegen die Unterkunftspreise in Griechenland kaum unter dem Niveau mitteleuropäischer Reiseländer, in der Vor- und Nachsaison dagegen wesentlich darunter. Die Hotels in

Griechenland sind offiziell in sechs Kategorien gegliedert. Die Skala reicht von Luxushotels (L) über komfortable Hotels (A) bis zu Mittelklassehotels (B, C) und einfachen Unterkünften (D und E). Zur besseren Übersichtlichkeit teilen wir in diesem Reiseführer die bei den Reisezielen empfohlenen Unterkünfte nur in drei Kategorien ein: Luxus, komfortabel und günstig.

Ferienwohnungen

Ferienhäuser und Ferienwohnungen für Selbstverpfleger werden auf Rhodos in großer Zahl angeboten. Reisebüros in Deutschland und auf Rhodos können die Vermittlung übernehmen. Listen sind erhältlich bei den Fremdenverkehrsstellen auf Rhodos (►S. 160 und 170).

Kein Camping

Auf Rhodos sind keine Campingplätze vorhanden. Das Übernachten außerhalb von lizenzierten Campingplätzen ist in Griechenland generell verboten.

Keine Jugendherbergen, aber Guest Houses

Derzeit gibt es auf Rhodos noch keine Jugendherbergen, eine preisgünstige Alternative sind Unterkünfte in Guest Houses in Rhodos-Stadt. Auskünfte erteilt die Touristeninformation (►S. 170).

INFORMATIONEN ÜBERNACHTEN

ZIMMERRESERVIERUNG UND INFORMATIONEN

► **Chamber of Hotels of Greece**
Odos Stadiou 24
GR-10564 Athen
Tel. 21 03 31 00 22/6
21 03 23 69 62

PREISKATEGORIEN FÜR HOTELS

► **In diesem Reiseführer**
Günstig: bis 65 €
Komfortabel: 65 – 100 €
Luxus: über 100 €
Für ein Doppelzimmer pro Nacht

Urlaub aktiv

Auf Rhodos gibt es zahlreiche, in der Vor- oder Nachsaison allerdings eingeschränkte Möglichkeiten, aktiv Sport, vor allem natürlich Wassersport, zu betreiben.

Windsurfen, Wasserski

Die **Westküste** von Rhodos bietet infolge des dort wehenden Windes Meltemi, der sich im Lauf des Tages langsam und meist schräglandig vor der Küste aufbaut (morgens 2 – 4 Beaufort, nachmittags bis zu 7 Beaufort), hervorragende Bedingungen für Windsurfer. Surfschulen, Surfbrettverleih, Wasserski und Jetski – auch mit Kursen in deutscher Sprache – gibt es an fast allen Stränden der größeren Touristenorte, z. B. am Strand von Iálissos beim Hotel Blue Horizon oder die Kiotari-Wassersport-Zentren bei den Hotels Rhodos Maris und Rhodos Princess in Kiotari (www.wassersport-rhodos.de). Letztere bieten neben Surfen, Wasserski, Parasailing und Bananenreiten auch Katamaran-Kurse an. Auch an der geschützteren **Ostküste** sind einige Windsurfschulen vorhanden. In den meisten größeren Strandhotels sind Surfbretter und Wasserski sowie Fahrzeuge, z. B. Wassertretboote, Kanus und Segelboote zu mieten.

Segeln, Bootscharter

Ein Segeltörn zu den benachbarten Inseln oder zur Türkei ist ein beliebtes Highlight. Möchte man als Gast auf einem Skipper mitfahren, gibt es im **Mandráki-Hafen von Rhodos-Stadt** verschiedene Anbieter. Voraussetzung für das Chartern eines Bootes ohne Besatzung ist, dass der Mieter und eine zweite Person an Bord den entsprechenden Bootsführerschein besitzen. Bei der Griechischen Zentrale für Fremdenverkehr (► S. 63) ist die Broschüre »Segelsport« erhältlich, die über Einreisebestimmungen, Bootscharter und Marinas informiert. Außerdem kann man bei den unten aufgeführten Stellen Auskunft zum Segeln einholen.

Golfer kommen auf dem 18-Loch-Platz bei Afántou auf ihre Kosten.

Tauchen

Das Tauchen mit Atmungsgeräten (Scuba-Tauchen) ist wegen der unter Wasser liegenden kulturellen Schätze in der Regel verboten. Es gibt jedoch Ausnahmegenehmigungen, sofern man in Begleitung eines ausgebildeten einheimischen Tauchlehrers ist. Erlaubt ist das Tauchen in der **Bucht der Kallithéa-Thermen**. Erkundigungen über die örtlichen Bedingungen kann man beim Hafenamt in Rhodos-Stadt oder beim Rhodos Sub Aqua Center einholen, das auch Tauchkurse und Bootsfahrten anbietet.

ADRESSEN

GOLF

▸ **Golf Club Rhodos**
Bei Afántou
geöffnet tgl. 6.30 – 17.00 Uhr
Tel. 22 410/51 1251
Fax: 51 122
www.afandougolfcourse.com
18-Loch-Golfplatz
Hier erhält man auch Golfautos, Trolleys, Golfschläger, Golfbälle sowie Unterrichtsstunden für Anfänger.

REITEN

▸ **Greek National Tourist Organisation**
Tel. 22 410/23 655, 21 921
Auskunft über Reitställe.

▸ **Mike's Horses**
Bei Filerimos
Tel. 22 410/94 277

TAUCHEN

▸ **Dive Med College**
Mandráki-Hafen
Lissavonas 33
GR-85100 Rhodes
Tel: 22 410/61 115
Fax: 66 584
www.divemedcollege.com
Abfahrt vom Mandráki-Hafen zur Kallithéa-Bucht um 9.00, Rückkehr zwischen 16.30 und 17.00 Uhr

SPORTSCHIFFFAHRTS-VERBÄNDE

▸ **Griechischer Segelverband (E I O) und Hellenic Yachting Federation (H. Y. F.)**
Posidonos Avenue 51
GR-18344 Moshato
Tel. 21 09 40 48 25
Fax 21 09 40 48 29
www.eio.gr

CHARTERFIRMEN

▸ **Yacht Agency Rhodes International S. A.**
Vyronos 1
GR-85100 Rhodos
Tel. 22 410/22 927, Fax 23 393

▸ **ANKA Travel/Yacht Chartering**
Gallias 13
GR-85100 Rhodos
Tel. 22 410/25 095
Fax 22 728

RADVERLEIH UND -TOUREN

▸ **Hellas Bike**
Líndos-Rhodos Ave.
Platanos, GR-85100 Faliraki
Tel. 22 410/86 875

▸ **Rhodos Cycle Tours**
El. Venizelou 56
GR-85101 Ialissos/Trianda
Tel. 22 410/94 388

Angeln

Angeln ist überall erlaubt; zu den besten Revieren zählen Kámiros, Kallithéa, Líndos und Gennádi. Einige Fischerboote, die Tiefseefischen betreiben, liegen gegenüber dem St.-Katharinen-Tor in Rhodos-Stadt. Hier kann man zum Fischen mit hinausfahren. Angelausrüstung ist in der Néa Agorá am Mandráki-Hafen in der Hauptstadt erhältlich. Weitere Auskünfte erteilt das Hafenamt in Rhodos-Stadt (► S. 105).

Golf

In Afántou, 18 km südlich von Rhodos-Stadt, liegt der 18-Loch-Golfplatz von Rhodos. Unterricht wird nach telefonischer Voranmeldung erteilt. Golfschlager und -balle werden verliehen.

Reiten

Reitställe gibt es bei Iálissos sowie zwischen Sgourou und Faliráki. Weitere Informationen erhält man im Touristenbüro in Rhodos-Stadt (► S. 170) und bei der Griechischen Zentrale für Fremdenverkehr (► S. 63).

Squash

Das Hilton Rhodos Resort in Ixiá besitzt zwei Squashplätze, das Hotel Rhodos Maris in Kiotari bietet ebenfalls Möglichkeiten zum Squashspielen.

Tennis

Tennisplätze, meist Hartplätze, liegen vielfach bei den großen Hotels, zum Beispiel beim Hilton Rhodos Resort in Ixiá und beim Hotel Esperos Palace in Faliráki sowie im Bereich von Strandbädern. Im Grand Hotel in Rhodos-Stadt sind auch Tenniskurse möglich. Tennisplätze der Stadt Rhodos liegen in der Neustadt, nahe der Platia Kountourioti.

Wandern

Wandern auf Rhodos erfreut sich zunehmender Beliebtheit. Es gibt zwar keine speziell angelegten Wanderwege, man kann sich aber Spezialreiseveranstaltern anschließen. Die Griechische Fremdenverkehrszentrale (► S. 170) hat 15 Wanderrouten zusammengestellt. Im deutschsprachigen Buchhandel sind Wanderführer über Rhodos zu bekommen. Wir haben die beliebtesten Wanderungen bei den jeweiligen Reisezielen aufgeführt, zum Beispiel:
Ab Sálakos auf den Profítis Ilías (► Baedeker-Tipp S. 150).
Ab Siána auf den Akramítis (► Baedeker-Tipp S. 127).
Ab Líndos Aufstieg zum Marmári (458 m) und Weiterwanderung nach Líndos. Weglänge: 6 km, Gehzeit: 4 Std.
Émbonas ist der geeignete Ausgangspunkt für die Besteigung des Atáviros (► S. 153/154).
Wanderung auf den Profítis Ilías: ab Archángelos mit dem Bus Richtung Charáki, dann Aufstieg zum Profítis Ilías mit Gipfelkapelle (512 m; großartiger Rundblick), Abstieg nach Archángelos. Weglänge: 8 km, Gehzeit: 3,5 Std.

← *In den kleineren Buchten – hier die von Ladikó – mit herrlichem klarem blau-grünem Wasser ist vor allem Baden und Sonnen angesagt.*

Radwandern Wer die landschaftlichen Schönheiten der Insel mit dem Fahrrad erkunden möchte, kann bei entsprechenden Reiseveranstaltern Radurlaube buchen. Man sollte seine Tour möglichst im Frühjahr oder Herbst planen, da es im Sommer zu heiß ist. Die hügelige Landschaft erfordert außerdem **einige Kondition**. Für Touren ins Landesinnere, wo die Straßen teilweise in keinem guten Zustand sind und es noch Schotterpisten gibt, sind Mountainbikes empfehlenswert. Fahrräder und Mountainbikes können in den meisten Badeorten ausgeliehen werden. Von den oben aufgeführten Veranstaltern werden beispielsweise Radtouren nach Petaloúdes und nach Kámiros angeboten. Mountainbiketouren für mittlere Kondition führen zu den Kallithéa-Thermen, nach Eptá Pigés und zum Atáviros.

Zuschauersport Die beliebtesten Zuschauersportarten sind Fußball und Basketball. Im Stadion Diagóras, das unmittelbar südlich außerhalb der Altstadt von Rhodos liegt, werden am Sonntagnachmittag die Spiele des örtlichen Fußballklubs Diagóras Rhódou ausgetragen. Basketballspiele finden samstags und sonntags im Stadion der Rodos Basketball Association statt.

Verkehr

Straßenverkehr

Verkehrsvorschriften ► Auf Rhodos gelten weitgehend die internationalen Verkehrsregeln. Verkehrssündern drohen drastische Geldbußen. Sprachkundige Polizeibeamte tragen eine Armbinde mit der Aufschrift »Tourist Police«. In den Städten ist das Hupen untersagt. Sicherheitsgurte sind während der Fahrt anzulegen. In hell erleuchteten Ortschaften wird nachts lediglich mit Standlicht gefahren. Das Schild »Vorfahrtsstraße« bedeutet auch Parkverbot. Die **Alkoholgrenze** beträgt 0,25 Promille für Autofahrer und 0,1 Promille für Motorradfahrer.

Höchstgeschwindigkeiten ► Für Pkws, auch mit Anhänger, (und Motorräder über 100 cbm) gelten folgende Geschwindigkeitsbegrenzungen:
innerorts 50 km/h (40 km/h),
Landstraßen 90 km/h (70 km/h),
auf Schnellstraßen und Autobahnen 120 km/h (90 km/h).
Wer zu schnell fährt, muss mit einer hohen Geldbuße und evtl. mit Führerscheinentzug rechnen; unter Umständen werden die Kennzeichen vom Fahrzeug entfernt.

Kraftstoff ► Es gibt bleifreies Super, bleifreies Super Plus (98 Oktan) und Normalbenzin sowie Dieselkraftstoff, selten Autogas. Die Mitnahme von Kraftstoff in Kanistern ist verboten.

Pannendienst ► Der **Automobil- und Touringclub von Griechenland (ELPA)** verfügt über einen Verkehrsdienst mit Streifenwagen (OVELPA), der ausländischen Fahrern Hilfe leistet. Es sind gelbe Wagen mit der Aufschrift ASSISTANCE ROUTIERE. Die Pannenhilfe ist kostenpflichtig. ADAC-Mitglieder erhalten Sondertarife. Weitere Notrufe ►S. 80/81.

Auch das gehört zu Rhodos' Straßenverkehr: Vorwärtskommen mit einer ES (Eselstärke).

Mietfahrzeuge

Auf Rhodos bieten außer den international tätigen Mietwagenfirmen – insbesondere in Rhodos-Stadt und am Flughafen, aber auch in Faliráki, Ixiá, Líndos und Iálissos – einheimische Leihwagenfirmen Autos an, gelegentlich auch Jeeps, Motorräder, Mopeds und Fahrräder. Auch Hotelrezeptionen übernehmen die Vermittlung. Die Mietwagenpreise sind vergleichsweise hoch. Es ist preisgünstiger, von Deutschland aus einen Mietwagen zu buchen.
Bedingung für das Mieten eines Kraftfahrzeuges ist in der Regel der Besitz eines internationalen Führerscheins und ein Mindestalter von 21 Jahren. Für deutsche Staatsbürger genügt der nationale Führerschein, der schon mindestens ein Jahr lang gültig sein muss.

Taxi

Taxis halten auch auf Zuruf oder Winken am Straßenrand. Die Taxis mit gelbem Taxi-Schild auf dem Dach sind mit einem Taxameter ausgestattet. In Rhodos-Stadt stehen Taxis in größerer Zahl am Riminiplatz. Außerdem sind sie an allen anderen Plätzen mit starkem Publikumsverkehr (Busbahnhof, Flughafen) sowie vor großen Hotels und Museen zu finden. Auf dem Land verkehrt das Dorftaxi, das im Allgemeinen ohne Taxameter ausgestattet ist. Informationen sind u. a. im Kafenion des jeweiligen Dorfes erhältlich.

Die Preise für Taxifahrten auf Rhodos sind günstiger als beispielsweise in Deutschland. Zusätzliche Gebühren werden berechnet bei Fahrtantritt an Flughäfen, für jedes Gepäckstück, für Nachtfahrten nach 24.00 Uhr und für Fahrten außerhalb von Ortschaften. Sonderzuschläge muss man auch an Ostern und Weihnachten bezahlen. Vor Antritt von Ausflugsfahrten mit dem Taxi sollte der Fahrpreis ausgehandelt werden.

Busverkehr Zu allen größeren Orten auf der Insel Rhodos bestehen gute Linienbusverbindungen. Busfahrpläne sind bei der Griechischen Fremdenverkehrszentrale vor Ort (►S. 160 und 170) erhältlich.

In Rhodos-Stadt befindet sich die Abfahrtsstelle für Stadt- und Überlandbusse in der Neustadt an der an der Néa Agorá am Mandráki-Hafen. Stadtbusse der städtischen Busgesellschaft **RODA** starten an der Platia Eleftherias z. B. zum Monte Smith. Den Ostteil der Insel – z. B. Faliráki und Líndos – erreicht man mit den weiß-beigen Überlandbussen der Gesellschaft **KTEL** Die Abfahrtsstelle liegt an der Platia Rimini. In den Westteil der Insel, u. a. zum Flughafen, nach Petaloúdes, Sálakos, Kámiros, Kritinía oder nach Émbonas, gelangt man mit den blau-weißen Bussen von RODA, die in der Averof-Straße, auf der Rückseite der Néa Agorá, starten.

Organisierte Busausflüge Busausflüge, z. B. Stadtrundfahrten, Exkursionen oder Inselrundfahrten, organisieren die örtlichen Reisebüros. Angeboten werden beispielsweise Fahrten nach Líndos, Kámiros, Filérimos und zum Petaloúdes-Tal. Ferner gibt es thematische Ausflüge wie eine Tour zu den Bergen der Insel, eine Kirchen- und Klöstertour, Naturfahrten sowie Kunstfahrten zu Malerei und Keramik. Weitere Empfehlungen erteilen die Fremdenverkehrsstellen vor Ort (►S. 160 und 170).

Fähren **Emborikós** in Rhodos-Stadt ist der Haupthafen von Rhodos, wo alle internationalen und innergriechischen Linien anlegen. Verbindungen bestehen zu den anderen Inseln des Dodekanes, zu Kreta, den Kykladen und weiteren ägäischen Inseln. Außerdem kann man mit dem Schiff nach Marmaris / Türkei, nach Zypern, nach Port Said / Ägypten und nach Haifa / Israel fahren. Man hat die Wahl zwischen Fähren und Tragflügelbooten, die Flying Dolphins, die zwar erheblich schneller, aber auch viel teurer sind. Ausflugsboote, z. B. nach Sými, warten im Mandráki-Hafen auf Fahrgäste.

Fahrpläne erhält man entweder bei der Griechischen Fremdenverkehrszentrale (► S. 170) oder unter der Internetadresse der Greek Travel Pages. Auf Rhodos gibt das Informationsbüro an der Platia Rimini in Rhodos-Stadt Schiffsfahrpläne aus, außerdem kann man sich beim Hafenamt erkundigen. Fahrkarten erhält man in den Reisebüros und Agenturen am Hafen und direkt am Kai.

Kreuzfahrten Eine Broschüre der Reiseveranstalter, die Kreuzfahrten durchführen, ist bei den Griechischen Zentralen für Fremdenverkehr (►S. 170) zu bekommen. Angeboten werden mehrtägige Kreuzfahrten zu mehreren griechischen Inseln bis Kusadasi und Istanbul in der Türkei. Detaillierte Auskünfte sind auch in den örtlichen Reisebüros erhältlich. Der Preis für Tageskreuzfahrten schließt meist den Transfer vom Hotel zum Hafen und zurück sowie Teilnahme am Mittagsbüfett ein. Bei mehrtägigen Kreuzfahrten ist neben den Fahrtkosten die volle Verpflegung enthalten. Über die hohen Hafensteuern, die bei der Ausreise aus Griechenland in die Türkei (und in umgekehrter Richtung) verlangt werden, erkundige man sich bei der Griechischen Zentrale für Fremdenverkehr (►S. 170).

INFORMATIONEN VERKEHR

PANNENHILFE

► **ELPA**
Notruf-Tel. 104 00
(rund um die Uhr erreichbar)
in Rhodos-Stadt:
Karpathou 34
Tel. 22 41 0/243 77

MIETWAGEN

► **Reservierung in Deutschland**
Avis:
Tel. 018 05/21 77 02
Europcar:
Tel. 018 05/80 00
Hertz:
Tel. 018 05/93 88 14
Sixt: Tel. 018 05/25 25 25

BUSVERKEHR

► **KTEL**
Tel. 224 10/277 06

► **RODA**
Tel. 224 10/274 62

TAXIS

► **Taxiruf in Rhodos-Stadt**
Tel. 224 10/276 66

FÄHRVERBINDUNGEN

► **Hafenamt in Rhodos-Stadt**
Tel. 224 10/2 22 20
Fax 224 10/2 73 65

► **Greek Travel Pages**
www.gtp.gr

Zeit

Osteuropäische Zeit

Im Winterhalbjahr gilt die Osteuropäische Zeit (OEZ = MEZ + 1 Std.), ab Ende März bis Ende Oktober die Sommerzeit (OEZ + 1 Std. = MESZ + 1 Std.).

Touren

UNSERE TOUREN FÜHREN SIE ZU
DEN HIGHLIGHTS DER INSEL:
DEN SCHÖNSTEN STRÄNDEN,
DEN INTERESSANTESTEN STÄDTEN,
DEN HÜBSCHESTEN DÖRFERN
UND ROMANTISCHSTEN LANDSCHAFTEN.

TOUREN AUF RHODOS

Rhodos ist eine kleine Insel – bei einer Länge von um die 80 km und einer Breite von max. 35 km ergeben sich die Touren, die man fahren kann, fast von selbst. So werden im Folgenden die Ost- und die Westküste vorgestellt und ein Vorschlag für eine Fahrt durchs Hinterland gemacht.

TOUR 1 **Die Highlights der Ostküste**
Die Fahrt entlang der Ostküstenstraße berührt die wichtigsten touristischen Highlights der Insel: Die interessantesten Städte mit denkmalgeschützten Kernen und zahllosen Shopping- und sonstigen Amüsiermöglichkeiten liegen an der Strecke, aber auch die schönsten Strände sowie versteckte Klöster und Kirchen. ► **Seite 112**

TOUR 2 **Die beschaulichere Westküste**
Unberührter ist diese Küste, rauer die Winde an ihren Stränden – so kann man hier noch einsame Buchten für sich entdecken und beschauliche Bergdörfer besuchen. Auch der Besuch der zwei wichtigsten Ausgrabungsstätten von Rhodos mit jahrtausendealten Überresten gehören zu dieser Fahrt. ► **Seite 115**

TOUR 3 **Ausflug ins Hinterland**
Wer auch mal abseits der touristischen Hauptrouten einen Einblick in rhodisches Leben bekommen und die Ruhe von Bergdörfern und einsamen Landschaften genießen will, ist mit dieser Route gut bedient. Auch das Badevergnügen kommt nicht zu kurz. ► **Seite 118**

Kámiros
Ausgrabungsstätte mit Überresten aus mehreren Jahrtausenden

Asklipío
Kleine Kirche mit einem erstaunlichen »Innenleben«

Rhodos-Stadt
Ihre Altstadt gehört zum Weltkulturerbe.

Anthony-Quinn-Bucht
Sie gehört zu den schönsten Buchten der Insel.

Líndos
Hoch oben thront die Akropolis über der malerischen Altstadt.

Unterwegs auf Rhodos

Eine Insel für jeden Geschmack

Rhodos ermöglicht viele Arten von Sommerurlaub: gemütliches Baden ebenso wie Nonstop-Strandparty, Bildungs-Reise ebenso wie Abenteuer-Trip, Natur-Erlebnis ebenso wie Schlemmer-Tour. Und es ist gar nicht so schwer, den Touristen der jeweils anderen Art sogar aus dem Weg zu gehen.

Wer den Trubel der Stadt sucht, gern die Auswahl zwischen vielen Cafés und Restaurants hat und Spaß am Shoppen findet, der ist in **Rhodos-Stadt** richtig. Wer abends gern von Bar zu Bar bummelt und tagsüber am Strand richtig buntes Leben sucht, der wird sich in **Faliraki** wohlfühlen; was immer an Action am, im oder auf dem Wasser möglich ist – hier findet es statt. Die Strände weiter südlich und die Berge in der Inselmitte sind hingegen eher ein Refugium für Ruhesuchende und Naturfreunde.

Inselumrundung auf den Küstenstraßen

Für Entdeckungstouren über die Insel sind die stark befahrenen Küstenstraßen unverzichtbar. Auf ihnen könnte man – theoretisch – ganz Rhodos an einem Tag umrunden. Sollte man aber nicht. Je nachdem, wo man sein Quartier aufgeschlagen hat, empfiehlt es sich, zumindest einen Tag für eine Tour entlang der Ost- beziehungsweise der Westküste einzuplanen bzw. für eine der drei im Folgenden empfohlenen Touren. Für Rhodos-Stadt braucht man auch mindestens einen ganzen Tag und möglichst noch einen langen Abend, um im Hafen spazieren zu gehen, wo die riesigen Kreuzfahrt-Schiffe vor Anker liegen, und von der Mole aus die Lichter der Altstadt zu betrachten ...

Die antiken Stätten

Natürlich gehört zu einem Rhodos-Urlaub der Besuch der antiken Stätten. Besonders beeindruckend ist die **Akropolis von Líndos**, auf der Antike und Ritterzeit ihre Schätze hinterlassen haben. Es lohnt sich, sich einzureihen in den Touristenstrom, mit den anderen durch die verwinkelten Gassen des Dorfes hinauf zu den Resten von Burg und Tempeln zu kraxeln.

Souvernirs aus Rhodos-Stadt

Oder nehmen wir **Kámiros**, die ehemalige hellenistische Stadt. Mit dem Lageplan (▸ S. 147) in der Hand spaziert man durch die Straßen von einst, vorbei an den Grundmauern von Wohnhäusern, Brunnen, Bädern, Tempeln und Altären. Sich als »Gast« in der Antike keine Zeit zum Schauen und Ahnen zu nehmen, wäre wirklich schade.

Eine Figur aus Sand – am herrlichen Strand von Tsambíka hat man meist noch genug Platz, um sich zu sonnen oder eben seiner Fantasie beim Spielen im Sand freien Lauf zu lassen.

Im Landesinneren

Die schattige Alternative zu Sonnenbad und antiken Gemäuern sind die Wälder im Inselinneren. **Eptá Pigés** – das Tal der sieben Quellen – ist eine Landschaft, in der an plätschernden Bächen, unter den Kronen riesiger Platanen ein Restaurant zum Verweilen einlädt. Ähnlich wildromantisch ist es im **Schmetterlingstal** (Pataloudes), einer Schlucht mit vielen Wasserfällen und einem kleinen See. Vor allem im Juli und August kann man Tausende von Schmetterlingen zu Gesicht bekommen.

Verkehrsmittel

Wer auf Rhodos so viel wie möglich entdecken möchte, kommt an einem **Mietwagen** nicht vorbei. Wanderer und Radler werden auf der knapp 1400 km^2 großen, teilweise sehr bergigen Insel bald an ihre Grenzen stoßen. Und das Netz **öffentlicher Verkehrsmittel** ist leider viel zu grobmaschig, um zu allen Sehenswürdigkeiten und Naturschönheiten zu gelangen.

Manche Touristen mieten sich auch **Mopeds**. Ob man barhäuptig wie die Einheimischen oder nach Gesetz mit Helm fährt, muss man mit sich selbst ausmachen. Dass jeder Verleiher auch gute Helme anbietet, ist nicht garantiert.

Und noch ein praktischer Tipp für die Entdeckungstour: Wer sich viel anschauen und überall herumspazieren möchte, sollte rutschfeste Schuhe im Gepäck haben. Denn geschliffene Steinplatten und kunstvolle Kieselmosaike machen viele Fußwege zwar sehenswert, aber auch aalglatt.

Tour 1 Die Highlights der Ostküste

Länge der Tour: 99 km **Dauer:** 1 Tag

Die Tour entlang der Ostküste der Insel führt u. a. zu den zwei wichtigsten Städten von Rhodos und den schönsten Stränden. Es gibt herrliche Altstädte, imposante Burgen, bedeutende Ausgrabungsstätten und versteckte Klöster zu entdecken. Zur Erholung kann man zwischendurch schwimmen gehen.

Rhodos-Stadt

Ausgangspunkt der Route ist die beeindruckende ❶ ✶✶ **Rhodos-Stadt**, die mit ihren einmaligen geschlossenen mittelalterlichen Altstadt zu den Höhepunkten einer Reise auf die Insel zählt. Hier macht man vielleicht einen Rundgang um die Stadtmauern aus der Ritterzeit, bevor man durch die Gassen der Altstadt bummelt oder shoppen geht.

Nun lässt man die Stadt hinter sich und schlägt die Ostküstenstraße in Richtung Süden ein. Nach etwa 8 km erreicht man zunächst die ❷ **Kallithéa-Thermen**, früher ein vornehmes Thermalbad, das ein ganz eigenes Flair besitzt, wenn auch nur noch Teile der Anlage aus den 1920er-Jahren erhalten sind. Die Route führt im Folgenden entlang dieser in etwa in Nord-Süd-Richtung verlaufenden Straße. Bei der Weiterfahrt sieht man große moderne Hotelanlagen.

Zu den Badebuchten

Eine kurze Seitenstraße nach Osten zweigt bald nach ❸ **Faliráki** ab, das mit seinem kilometerlangen Sandstrand die Touristenhochburg der Insel ist. Wer Lust auf eine Abkühlung hat, sollte die südlich von Faliráki gelegene wunderschöne ❹ ✶ **Anthony-Quinn-Bucht** oder die herrliche ruhige ❺ ✶ **Ladikó-Bucht** daneben zum Baden aufsuchen, die zu den schönsten Stränden der Insel gehören. Von der Küstenstraße fährt man ca. 1 km südlich von Faliráki in östlicher Richtung nach Ladikó ab; gegenüber dem gleichnamigen Hotel führt eine Schotterstraße zur Anthony-Quinn-Bucht.

✔ NICHT VERSÄUMEN

- Ein Bummel durch das Ritterviertel oder auf den Stadtmauern von Rhodos-Stadt
- Besuch des Großmeisterpalastes und des Archäologischen Museums in Rhodos-Stadt
- Baden an einem der schönsten Strände der Insel: Anthony-Quinn- oder Ladikó-Bucht
- Durch die Gassen von Líndos und hinauf zur Akropolis

Die nächste Station auf der Route ist das ruhige Dorf ❻ **Afántou**, wo die mittelalterliche Kirche Katholikí Afántou mit Resten einer frühchristlichen Basilika einen Besuch lohnt. Unter schattigen Bäumen kann man hier in einer der Tavernen an dem großen Dorfplatz eine Rast einlegen. Nach 4 km ist der Badeort ❼ **Kolýmbia** erreicht.

Von Kolýmbia empfiehlt sich ein kurzer Abstecher (3 km) in westlicher Richtung zu den beliebten **Eptá Pigés**, dem Tal der »Sieben

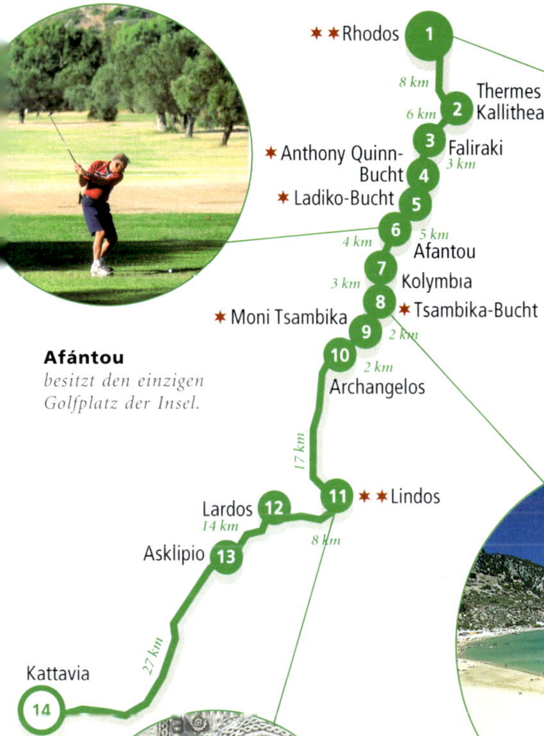

Afántou
besitzt den einzigen Golfplatz der Insel.

Rhodos-Stadt
Mittelalterliche Mauern schützen die wunderschöne Altstadt.

Tsambíka-Bucht
Baden und Sonnen abseits des großen Trubels

Líndos
Erfrischungen in einem der ehemaligen herrlichen Kapitänshäuser

Quellen«. An diesem idyllischen Ausflugsort an einem Bach mit üppigem Grün herrschen auch im Sommer sehr angenehme Temperaturen. Nahe dem Parkplatz befindet sich eine beliebte Taverne, wo man an langen Tischen draußen sitzen kann.

Zur Küstenstraße zurückgekehrt, folgt wenig später nach Osten eine kurze Abzweigung zum hoch oben auf dem gleichnamigen Berg gelegenen ❾ ✶ **Moní Tsambíka**. Der Aufstieg vom Parkplatz zum Kloster lohnt sich vor allem wegen des spektakulären Ausblicks auf die Küste. Südlich unterhalb des Klosters Tsambíka breitet sich der ❽ ✶ **Tsambíka-Strand** aus, der als einer der schönsten Strände der Insel gilt. Anschließend kommt man zu dem großen, von einem Johanniterkastell überragten Dorf ❿ **Archángelos**, in dem sich trotz des Tourismus' noch griechisches Dorfleben abspielt. Vielleicht nimmt man sich die Zeit und läuft ein wenig durch das historische Zentrum mit seinen holprigen Gassen und den alten, weiß gekalkten Häusern. Auf der Weiterfahrt sieht man links oberhalb der Hauptstraße die Theodoren-Kirche mit hervorragenden Fresken zum Großteil aus dem Jahr 1377.

Nach Líndos, dem Highlight der Route

Kurz nach dem Ort Kalathos führt die Straße nach Osten, und hinter einer Kurve hat man die erste und schönste Aussicht auf das herrlich gelegene ⓫ ✶✶ **Líndos**, den Höhepunkt der Route. Besichtigen sollte man den malerischen Ortskern und die beeindruckende Akropolis, von wo sich ein außergewöhnlich schöner Ausblick bietet. Auf den Burgberg kann man laufen oder sich per Esel hochtransportieren lassen. In der Altstadt kann man in einem der berühmten ehemaligen Kapitänshäuser, die heute Bars oder Restaurants sind, etwas trinken oder essen gehen.

Kurz hinter Líndos führt die Straße westwärts durch eine wilde Landschaft und knickt dann nördlich zum Ferienort ⓬ **Lárdos** ab, wo die nahe gelegene mittelalterliche Kapelle Ágios Geórgios einen Besuch lohnt.

Abstecher nach Laérma und zum Kloster Thári

Von Lárdos empfiehlt sich ein Abstecher zu dem noch ursprünglichen Dorf **Laérma**, das einsam inmitten von Olivenhainen und Getreidefeldern liegt. Viel besucht und kunsthistorisch sehr interessant ist das **Kloster Thári** in einem Waldgebiet 4 km südlich des Dorfes.

Wieder zurückgekehrt zur Küstenstraße bei Lárdos, kommt man nach knapp 10 km zu einem Abzweig nach ⓭ **Asklipío**. Die Hauptsehenswürdigkeit des ruhigen Dorfes ist die interessante byzantinische Kirche Maria Entschlafung, die mit beeindruckenden Fresken aus dem 17. Jh. ausgemalt ist.

Prassonissi

Nun folgt man der Küstenstraße weiter nach Süden und kommt am Ort Gennádio und einigen Stränden vorbei. Die Route führt nun weiter durch ausgedehnte Getreidefelder nach ⓮ **Kattaviá**, dem südlichsten Ort von Rhodos. Hier ist die Kirche Kímisis tis Theotókou interessant. Wem am Ende der Route nach einem Bad zumute ist, sollte noch 8 km weiter nach Süden zur Halbinsel **Prassonísi** mit seinem herrlichen Sandstrand fahren. Der starke Wind, der hier meist herrscht, hat den schönen Strand zu dem beliebtesten Surferrevier der Insel gemacht.

Auf dem direkten Weg entlang der Küstenstraße ist man nach knapp 80 km wieder nach Rhodos-Stadt zurückgekehrt.

Tour 2 Die beschaulichere Westküste

Länge der Tour: 95 km **Dauer:** 1 Tag

Diese Route führt durch idyllische Landschaften, in denen man auch Gelegenheit zum Wandern hat, und zu zwei bedeutenden Ausgrabungsstätten, Iálissos und Kámiros. Die Westküste ist rauer und ursprünglicher als die touristische Ostküste: Dafür gibt es noch einsame Strände und ursprüngliche Dörfer zu entdecken.

Von Rhodos-Stadt zum Filérimos

Die Tour folgt ganz der Westküstenstraße und beginnt wie die Tour 1 in ❶ ✶✶ **Rhodos-Stadt**. Wenige Kilometer hinter der Hauptstadt führt im Dorf Iálissos, das von den Einheimischen auch Triánda genannt wird, ein Abzweig auf den Berg ❷ ✶ **Filérimos**. Den Einheimischen dient diese auch im Sommer relativ kühle und landschaftlich sehr attraktive Landschaft als Naherholungsgebiet. Vor allem aber gibt es hier oben die Ausgrabungsstätte Iálissos mit Überresten aus drei Jahrtausenden zu entdecken.

Schöne Landschaftseindrücke erlebt man auf der Fahrt auf den Filérimos-Berg. So erblühen hier noch herrliche Mohnfelder.

Zurück auf der Westküstenstraße führt die Route nun nach gut 4 km zum Urlaubsstädtchen ❸ **Kremastí** mit seinen zahlreichen Tavernen, Bars und Restaurants. Am Ortseingang steht das Highlight des Ortes: die große Kirche Panagía Kremastí.

Das Highlight der Westküste: Kámiros

Nach gut 23 km kommt man zur größten Sehenswürdigkeit der Westküste: dem Ausgrabungsgelände von ❹ ✶✶ **Kámiros**. Die Grabungsstätte, die sich durch eine wunderschöne Lage auszeichnet, wird allerdings auch meist von Touristenscharen überschwemmt. Es gibt die an einem Hang gelegengen Ruinen einer Stadt mit Wohnhäusern, Tempeln, Bädern und einer Akropolis aus dem 6. Jh. v. Chr. zu entdecken.

Ausflug nach Chálki

Die Hauptstraße führt nun zu dem kleinen Fischerhafen ❺ **Kámiros Skála**, von wo aus man zu der ehemaligen Schwamminsel Chálki, einem beliebten Ausflugsziel, übersetzen kann. Kurz nach Kámiros Skála empfiehlt sich ein weiterer kurzer Abstecher zu dem sich auf einem Hügel erhebenden ❻ **Kastell Kritinía**, der besterhaltenen Johanniterburg auf Rhodos.

Gleich darauf kommt man auf der Hauptstraße an dem reizvollen, schön gelegenen Dorf Kritinía vorbei, das sich für eine Rast anbietet. Anschließend führt die Strecke durch eine schöne Landschaft mit wunderbaren Ausblicken auf den Atáviros.

Einen Abstecher sollte man auch nach Émbonas, der Weinhauptstadt von Rhodos, einplanen. Von hier ist der Aufstieg auf den höchsten Berg der Insel, den 1215 m hohen Atáviros, möglich.

✓ NICHT VERSÄUMEN

- Eine Fahrt auf den Filérimos-Berg und ein Besuch der Ausgrabungsstätte Iálissos
- Eine Besichtigung der Ruinen von Kámiros
- Der Ausflug zum Monólithos, einem hoch aufragenden Fels mit den Überresten der gleichnamigen Ritterburg

Zum Monólithos

Zurückgekehrt zur Hauptstraße, passiert die Route ❼ **Siána** mit einer ungewöhnlich großen neobyzantinischen Kirche und führt dann weiter nach ❽ ✶ **Monólithos**. Südwestlich des Dorfes erhebt sich sehr beeindruckend auf dem 240 m hohen Felskegel Monólithos die gleichnamige Burg, von wo aus man eine herrliche Aussicht auf die Küste genießen kann.

Hinter Monólithos fährt man auf der Hauptstraße nach Süden bis ❾ **Apolakkiá**, dem Endpunkt der Route. Der Ort ist Urlaubern zu empfehlen, die Ruhe und das Flair eines vom Tourismus weitgehend unberührten griechischen Bergdorfs suchen.

Abstecher zum Moní Skiádi

Ein Abstecher zum Skiádi-Kloster südlich von Apolakkiá (ca. 10 km) empfiehlt sich zum einen wegen der einsamen wilden Küstenlandschaft mit langen Stränden und zum anderen, weil hier im Kloster die Ikone der Panagía Skiadiní, die am meisten verehrte von Rhodos, aufbewahrt wird.

Kámiros
ist die berühmteste Ausgrabungsstätte von Rhodos.

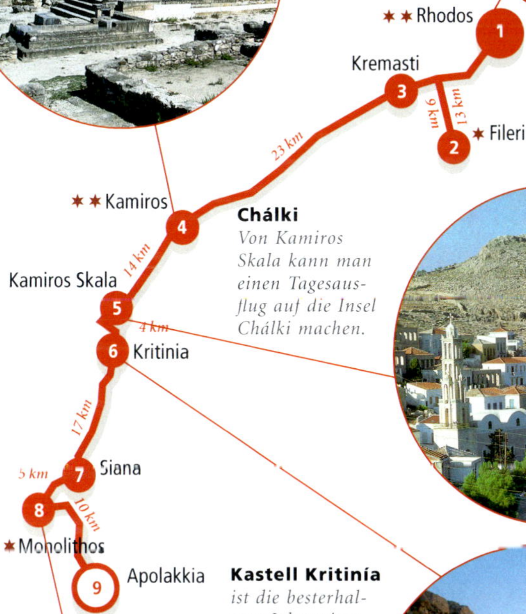

Rhodos-Stadt
Der Großmeisterpalast war das Machtzentrum der Johanniter.

Chálki
Von Kamiros Skala kann man einen Tagesausflug auf die Insel Chálki machen.

Kastell Kritinía
ist die besterhaltene Johanniterburg von Rhodos.

Monólithos
Herrliche Aussichten hat man von diesem Fels mit der gleichnamigen Burgruine.

Tour 3 Ausflug ins Hinterland

Länge der Tour: 74 km **Dauer:** 1 Tag

Diese Route bietet einen Einblick in das beschauliche Leben im Hinterland – in den Bergdörfern, auf dem Filérimos und im Schmetterlingstal. Auf dem letzten Drittel der Tour kann man sich dann wieder in den touristischen Trubel stürzen, wenn einem danach ist.

Entlang der Westküste

Von ① ✶✶ **Rhodos-Stadt** führt die Route in südwestlicher Richtung entlang der Westküste durch eine touristisch sehr erschlossene Gegend mit großen Hotels, Bars, Restaurants und jeder Art von Läden bis zu dem Ferienort Iálissos. Auf dem von Kiefern und Pinien gesäumten Weg zum Berg ② ✶ **Filérimos** bieten sich immer wieder herrliche Ausblicke auf die Küste. Dort, wo einst die Akropolis des antiken Iálissos, einer der drei bedeutenden Stadtstaaten von Rhodos, stand, sind Denkmäler jahrtausendealter Epochen zu sehen.

NICHT VERSÄUMEN

- Die herrliche Landschaft am Berg Filérimos und die Ruinen des antiken Iálissos
- Eine Wanderung durch das Schmetterlingstal Petaloudes
- Geruhsame Stunden an den herrlichen Stränden in der Ladikó- oder der Anthony-Quinn-Bucht

Wieder auf die Westküstenstraße zurückgekehrt, kommt man durch das Urlaubsstädtchen ③ **Kremastí** mit seinen vielen Tavernen, Bars und Restaurants sowie der großen Kirche Panagía Kremastí am Ortseingang.Direkt anschließend befindet man sich schon in Paradísi, wo vor allem die außergewöhnliche, über einer Quelle erbaute Ágios-Hábakouk-Kirche sehenswert ist.

Auf dem Weg ins Inselinnere

Nach etwa 3 km folgt die Abzweigung in südlicher Richtung nach ④ ✶ **Petaloudes**, dem Schmetterlingstal, das wegen seiner gepunkteten Harlekine sowie auch sonst wegen des üppigen Grüns und der angenehmen Temperaturen ein erholsamer Ausflugsort ist. Das noch urgriechische Dorf ⑤ **Psínthos** im Inselinneren besitzt einen schönen Dorfplatz und hervorragende Tavernen, die auch von Feinschmeckern gerne besucht werden. Außerdem ist Psínthos ein guter Ausgangspunkt für Wanderungen und Radtouren. Die kurvenreiche Fahrt geht weiter nach ⑥ **Afántou**, einem Dorf, das nur 2 km von der Küste entfernt im Hinterland versteckt liegt und den einzigen Golfplatz der Insel besitzt. Am Sand-Kies-Strand östlich von Afántou gibt es ein großes Angebot an Wassersportmöglichkeiten.

Zurück entlang der Ostküste

Folgt man nun der Ostküstenstraße in Richtung Norden, kommt man zunächst an den Ausfahrten zu den wunderschönen Stränden in der ⑦ ✶ **Ladikó-Bucht** und direkt anschließend der ⑧ ✶ **Anthony-Quinn-Bucht** vorbei. Beide sind eher abgelegen, verfügen aber jeweils über einen Liegestuhlverleih. In der Ladikó-Bucht gibt es einen Sandstrand, in der Anthony-Quinn-Bucht einen Kiesstrand, weshalb hier ein ideales Revier für Schnorchler ist. Oberhalb der letztgenannten Bucht gibt es zudem eine gemütliche Taverne mit herrlicher Terrasse. Weiter geht die Fahrt nach 9 **Faliráki**, der Touristenhochburg der Insel mit einem riesigen Sport- und Vergnügungsangebot. Auch hier wartet ein Strand auf, allerdings keine beschauliche Bucht, sondern ein 5 km langer feiner Sandstrand, der von sämtlichen denkbaren touristischen Einrichtungen gesäumt wird. Wer den Trubel liebt oder Paragliding, Jetski bzw. Bananenreiten machen möchte, ist hier richtig. Für die Kleinen ist der Faliráki Waterpark mit diversen Rutschen und anderen Attraktionen ein Highlight. Auch das Nachtleben lässt hier keine Wünsche offen. Man kann den Abend natürlich auch in Rhodos' Altstadt verbringen, die nur 13 km entfernt ist und damit den Abschluss der Rundfahrt bildet.

Filérimos
Ein Ausgrabungsgelände, eingebettet in eine herrliche Landschaft

Petaloudes
Das Tal der Schmetterlinge ist nicht nur ein Erlebnis für Tierfreunde.

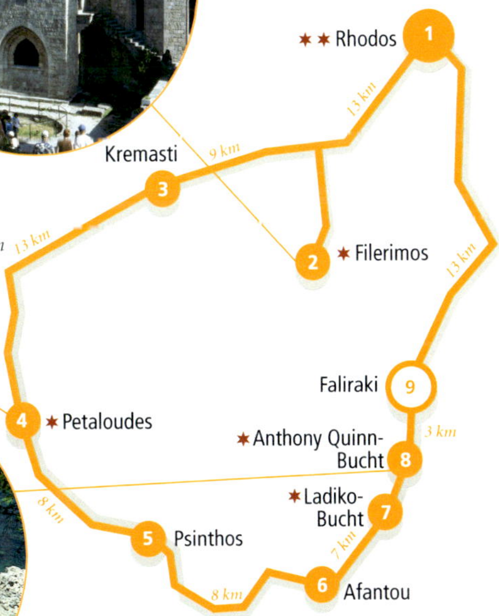

Anthony-Quinn-Bucht
Einst gehörte die Bucht dem berühmten Schauspieler.

'AGORA
aus
Bayern

Reiseziele von A bis Z

ES GIBT VIEL ZU ENTDECKEN: SCHLENDERN SIE DURCH DIE ROMANTISCHEN ALTSTADTGASSEN VON RHODOS-STADT, BESUCHEN SIE DIE AKROPOLIS VON LÍNDOS ODER GENIESSEN SIE DIE SONNE AN DEN SCHÖNSTEN STRÄNDEN DER INSEL.

Afántou

F 2

Griechisch: ΑΦάντου **Einwohnerzahl:** 5400

Nur zwei Kilometer trennen den im Hinterland versteckten Ort von einem schattenlosen, kilometerlangen Strand. Das Dorf zwischen Rhodos-Stadt und Líndos ist unscheinbar und daher auch nicht überlaufen. Und es besitzt den einzigen Golfplatz der Insel.

Das »unsichtbare« Dorf

Der Name des Ortes Afántou bedeutet »unsichtbar«; tatsächlich ist das Dorf vom Meer aus nicht zu sehen. Das hat einen historischen Grund: Die antike Siedlung Brikindara an der Küste wurde im 7. Jahrhundert von sarazenischen Piraten zerstört. Um vor solchen Überfällen in Zukunft sicher zu sein, bauten die überlebenden Bewohner ihre Häuser ein Stück landeinwärts wieder auf.

Zu Deutschland hat Afántou eine besondere Verbindung: In den 1960er-Jahren zogen einige Bewohner in die nordrhein-westfälische Industriestadt Gummersbach. Einer holte den anderen nach, und heute sollen mindestens 1000 Männer und Frauen aus Afántou dort wohnen. Deshalb unterhält das Dorf seit 1989 eine Städtepartnerschaft mit der deutschen Stadt, und im Ort gibt es sogar einen Gummersbach-Platz.

Afántou besitzt den einzigen Golfplatz der Insel.

AFÁNTOU ERLEBEN

ESSEN

► Preiswert

Restaurant Katholikí
An der Straße zum Strand,
ab 18.30 Uhr, So. ab 12.00 Uhr
Tel. 224 10/520 66
Die Speisekarte ist zwar klein, bietet aber die typische regionale Küche zu günstigen Preisen. Gemeinsam mit griechischen Familien sitzt man hier unter einer überdachten Terrasse.

Taverne Avantis
An der Strandstraße Afántou – Kolymbia, 100 m vom Hotel Reni
Tel. 224 10/512 80
Hierher kommen die Griechen am Wochenende zum Fischessen, dennoch ist sie nur während der Saison von April bis Ende Okt. geöffnet (tgl. ab 12.00 Uhr).

ÜBERNACHTEN

► Komfortabel

Oasis Holidays
Tel. 224 10/517 71, Fax 517 70
www.oasis-hotel.gr
Familienfreundliche abgeschiedene Hotel- und Bungalowanlage zwischen Bäumen, etwa 1 km vom Strand entfernt. 15 Min. Fußweg nach Afántou. Bei deutschen Gästen beliebt. Swimmingpool.

EVENT

Am letzten Sonntag vor der Fastenzeit: Verbrennen des »König Karneval«, ein alter Faschingsbrauch

Leben in Afántou

Man findet in Afántou nicht viele Hotels, aber etliche Ferienwohnungen. Die Bewohner leben vom Keramik- und Teppichverkauf. In den Tavernen kann man griechische Spezialitäten und in den Cafés Süßspeisen und Sirupgebäck probieren. Die schönsten Lokale findet man unter schattigen Bäumen an der großen Platía.
Der lange, etwas eintönige, aber nie überfüllte **Kiesstrand** von Afántou bietet ein umfassendes Angebot an Wassersportarten und Tavernen. Nur wenige Kilometer weiter gelangt man zu den herrlichen Stränden Ladikó im Norden (► S. 142) und Tsambíka im Süden (► S.155). Golfer können in dem beim Strand gelegenen **18-Loch-Golfplatz** (► S. 99) ihrem Sport nachgehen.

Sehenswertes in Afántou

Museum

Neben der Kirche wurde eine kleine Ausstellung mit örtlicher Handwerkskunst, Kleidung sowie von sakralen Gegenständen aus byzantinischer Zeit zusammengestellt (Öffnungszeiten: tgl. 10.00 – 12.00, 17.00 – 20.00 Uhr; oft wegen Personalmangels geschlossen).

Katholikí Afántou

Die kleine ungewöhnliche Kirche Katholikí Afántou östlich des Dorfes am Weg zum Strand wurde an der Stelle des antiken Brikindara erbaut. Von der frühchristlichen Basilika aus dem 5./6. Jh. sind noch einige Reste erhalten, vor allem die Apsis des Mittelschiffs. Die

Kreuztonnenkirche wurde nach Zerstörungen immer wieder aufgebaut und stammt in ihrer heutigen Form aus dem 12. – 16. Jh., wobei man Säulen und Kapitelle als Spolien verwendete. Zudem sind Teile des Marmorfußbodens der frühchristlichen Kirche erhalten. Die seltene gemauerte Ikonostase wird nach oben von frühchristlichen Konsolensteinen abgeschlossen. Sehenswert sind die großenteils aus dem 16. Jh. stammenden, allerdings schlecht erhaltenen Fresken.

Umgebung von Afántou

Psínthos
Ψίνδος

Das 8 km nordwestlich gelegene Psínthos ist ein grünes und noch sehr »griechisches« Dorf. In den **Tavernen am Dorfplatz** kann man gut essen, vor allem im Restaurant Smaragd. Psínthos hat geschichtliche Bedeutung: Hier siegten 1912 die Italiener über die Türken und brachten die Insel unter ihre Gewalt. Mehr als 30 Jahre hat es dann noch gedauert, bis die Insel griechisch wurde. Lohnenswert ist ein Spaziergang zu der **Fasouli-Quelle** westlich des Ortes. Die Umgebung von Psínthos eignet sich zudem für Wanderungen und Radtouren.

Agía Triáda
Αγία Τριάς

Die kleine einschiffige, tonnengewölbte Kirche Agía Triáda, 2 km südlich von Psínthos, stammt wohl aus dem 14. Jahrhundert. Schon in der Antike stand hier ein Heiligtum, später eine frühchristliche Kirche. Teile dieser beiden Gebäude wurden wiederverwendet. Die etwa 20 restaurierten Freskenfelder gehen auf die Jahre 1407/1408 zurück, wie die Inschrift rechts neben der Tür belegt, wo die Stifterin, eine Nonne, mit dem Kirchenmodell dargestellt ist. Der Altar besteht im unteren Teil aus einer frühchristlichen Marmorsäule. Ein weiterer antiker Altar mit Stierköpfen und Girlanden deutet darauf hin, dass auf dem Areal möglicherweise ein Quellheiligtum lag.

Apolakkiá

C 4

Griechisch: Απολακκιά **Einwohnerzahl:** 600

Das nach griechischen Maßstäben relativ große, schlichte Bergdorf im Südwesten von Rhodos zieht nur wenige Touristen an. Die Küste zwischen Apolakkiá und Kattaviá ist eine einsame wilde Landschaft von herber Schönheit mit langen, oft leeren Stränden.

Hinter den einsamen Stränden ohne jegliche touristische Einrichtungen dehnen sich Dünen und niedriges Gestrüpp auf steinigem Boden aus. Es gibt kein Dorf, das zu einer Rast einlädt. Ein Ausflug hierhin wird Menschen reizen, die Meer und Landschaft in Ruhe genießen wollen und auf Komfort verzichten können. Apolakkiá ist das Zentrum des fruchtbaren Beckens, das sich vom Akramítis-Massiv etwa 13 km entlang der Westküste nach Süden erstreckt.

APOLAKKIÁ ERLEBEN

ESSEN

▸ Preiswert

Taverne Chrisama
Die Strandtaverne liegt rund 4 km südlich von Apolakkiá.
Die Küche bietet die üblichen regionaltypischen Speisen. Der eigentliche Trumpf des Hauses: ein Blick auf die Bucht von Apolakkiá und Monólithos, auf das Meer und die Inseln (April bis Okt. tgl. 10.00 – 22.00 Uhr).

Restaurant Skoutas
An der Straße Richtung Kattaviá. Schlichtes, rustikales und preiswertes Essen, wie es bei den Einheimischen auf den Tisch kommt.

ÜBERNACHTEN

▸ Günstig

Amalia
Tel. 224 40/613 65,
Fax 613 67
Modernes, freundliches Familienhotel an der zentralen Platía, das über saubere Zimmer mit Balkonen verfügt. In der Hochsaison ist ein Swimmingpool in Betrieb. Es gibt eine Taverne mit einfacher griechischer Küche.

ÜBERNACHTEN UND ESSEN IN LACHANIÁ

▸ Günstig

Taverne Plátanos
Tel. 224 40/460 27
Diese wunderschöne Taverne in Lachaniá liegt an der hübschen kleinen Platía, wo man unter schattigen Bäumen und bei plätschernden Brunnen ausspannen kann. Täglich wird den Gästen ein einfaches Tagesgericht angeboten.

Baedeker-Empfehlung

▸ Günstig

Chrissi Taverna
Tel. 224 40/460 33
Unter die Fittiche des Dorfpriesters Chrissi Papageorgiou wird man in seiner Taverne genommen, in der er oftmals auch selbst in den Töpfen rührt. Die Atmosphäre ist typisch griechisch, das Essen sehr gut. Doch der Pope hat noch mehr zu bieten: Er vermietet auch ein altes Bauernhaus und zwei weitere Wohnungen im Ort (sehr gefragt, vorab reservieren!).

Dorfpriester Papageorgiou in seiner Taverne »Chrissi«: zufrieden und immer für einen Schwatz zu haben.

Hoch oben auf dem Monólithos-Fels thronen die Überreste einer großen Ritterburg.

An Apolakkiá ist der Massentourismus fast spurlos vorbeigegangen. Der Alltag geht seinen beschaulichen Gang. Die Menschen bestreiten ihren Lebensunterhalt überwiegend aus dem Anbau von Getreide und Melonen. Die wenigen Besucher, die ihren Urlaub in dem Bergdorf verbringen, sind meist Stammgäste, die schon seit Jahren bei demselben Wirt wohnen, und Wanderbegeisterte. Wohl fühlt sich der Urlauber, der keinen Strand vor der Haustür braucht, aber auf den Kontakt mit Einheimischen Wert legt. In Apolakkiá gibt es ein kleines angenehmes Hotel und einige Tavernen mit einfachen griechischen Gerichten.

Umgebung von Apolakkiá

Ágios Geórgios ó Várdas Άγιος Γεώργιος Βάρδας

Das Kirchlein Ágios Geórgios ó Várdas, rund 4 km nördlich gelegen, stammt von 1290. Der heutige Bau ist eine tonnengewölbte **Einraumkapelle** mit einer für Rhodos typischen, außen dreiseitig gestalteten Apsis. Das Satteldach ist zum größten Teil noch mit byzantinischen Ziegeln gedeckt. Von den in der Erbauungszeit der Kirche entstandenen **Fresken** – mit die ältesten von Rhodos – beeindrucken u. a. der Einzug in Jerusalem mit einem dem humanistischen Ideal der Spätantike verpflichteten Menschenbild und die Himmelfahrt Christi mit den skeptisch und ängstlich zuschauenden Aposteln.

*** Monólithos Μονόλιθος**

Das 10 km entfernte Dorf Monólithos ist vom Meer aus nicht zu sehen; dadurch schützten sich die Bewohner vor Piratenüberfällen. Da es nichts Besonderes bietet, dient es den meisten als Durchgangssta-

tion zum gleichnamigen **Felskegel** mit seiner imposanten **Ritterburg**. Sehr beeindruckend erhebt sich der 240 m hohe Monólithos (»einzelner Fels«) in der Landschaft. Die erste und gleichzeitig schönste Aussicht auf den Felsen hat man von der Straße von Monólithos kommend.
Auf dem Plateau hatten die Johanniter unter dem Großmeister Pierre d'Aubusson (► S. 55) 1476 die Burg erneuert. Erhalten geblieben sind nur die Mauern, eine dem hl. Panteléïmon geweihte, heute weiß gekalkte Kapelle, die Ruine einer weiteren Kirche sowie ein paar Reste von Gebäuden und Zisternen. Der Aufstieg zum Kastell führt über schmale steinerne Treppenstufen. Von oben genießt man einen herrlichen Ausblick auf die Küste.

Kap Fourni
Ακροτίρι Φούρνοι

Der sehr hübsche **Kiesstrand** beim pinienbewachsenen Kap Fourni, gut 2 km südlich des Kastells Monólithos, ist wenig besucht. An einem kleinen Felsvorsprung auf dem Weg zur Spitze des Kaps entdeckt man eine **Grabkammer** mit zwei Räumen, in denen menschliche Knochen aufbewahrt werden. Auf der Spitze des Kaps steht ein rundes Bauwerk, das vielleicht ein Leuchtturm war. Steigt man an dessen Südseite den Felsrücken hinunter, gelangt man zu einem in den Fels gehauenen Raum in Form eines griechischen Kreuzes – wahrscheinlich eine Kirche. Im Scheitel der Tonnengewölbe ist ein Kreuz in den Felsen gehauen.

Siána
Σιάνα

Das kleine Dorf Siána an den Hängen des Akramítis-Berges, 4 km nordöstlich von Monólithos, hat vom Tourismus noch wenig mitbekommen. Die Reisegruppen, die auf ihrer Inselrundfahrt hier Mittagspause machen, bleiben meist nur, um zu essen und einen Rundgang durch die steilen, engen Gassen zu machen.
Kunstgeschichtlich Interessierten bietet Siána die im Verhältnis zur Größe des Ortes riesige neobyzantinische Ágios-Panteléïmon-Kirche (1892) mit Fresken und einer aufgemalten Uhr. Auf einer Anhöhe oberhalb des Dorfes erhebt sich die Ruine einer Johanniterordensburg. Die Spezialitäten des Ortes sind Honig und Souma, ein starker Tresterschnaps.

! *Baedeker* TIPP

Der Akramítis ruft!

Eine schöne, teilweise allerdings steile Wanderung, die mit roten Punkten gut markiert ist, führt vom Friedhof von Siána in 2,5 Stunden auf den 825 m hohen Berg Akramítis. Der Wanderer kommt durch eine felsige, teils bewaldete Landschaft, und wird schließlich mit einer herrlichen Aussicht belohnt.

Istríos
Ιστρίος

Die weitläufige Streusiedlung Istríos liegt etwa 9 km nördlich von Apolakkiá inmitten von Gärten und Olivenbäumen. Auf dem Friedhof steht die kleine Ágios-Merkourios-Kirche (11./12. Jh.), eine Einraumkapelle, die aus Quadern mit Zwischenlagen aus Ziegeln erbaut wurde. Im Innern sieht man auf einem Fresko wohl aus dem 15./16. Jh. den Kirchenpatron überlebensgroß dargestellt.

Profília
Προφίλια

Von dem 3 km südöstlich von Istríos hoch am Berg gelegenen Dorf Profília mit weißen kubischen Häusern kann man eine herrliche **Aussicht** genießen. Die Ágios-Geórgios-Kirche ist mit gut erhaltenen volkstümlichen Fresken aus dem 16./17. Jh. ausgeschmückt.

Mesanagrós
Μεσαναγρός

In Mesanagrós, 15 km südlich von Apolakkiá in den Kukoúliari-Bergen gelegen, scheint die Zeit irgendwann stehen geblieben zu sein (die Straße Apolakkiá – Mesanagrós ist in sehr schlechtem Zustand). Die rund 60 Bewohner des Dorfes leben noch in den traditionellen Ein-Zimmer-Häusern. Viele junge Menschen sind weggezogen. Einst war Mesanagrós Siedlungszentrum und Bischofssitz der Region. In frühchristlicher Zeit erhob sich hier eine große Basilika. Die **Dorfkirche Kímisis tis Theotókou** (»Mariä Entschlafung«) steht auf deren freigelegten Grundmauern. Ihr gegenüber, im Café O Mike, ist der Schlüssel erhältlich. Die so genannte Basilika A aus dem 5. Jh. war dreischiffig, wurde aber bereits im 6./7. Jh. durch Basilika B ersetzt. Im 13. Jh. entstand die heutige Kirche im Mittelschiff der Vorgängerbauten – von diesen wurden zahlreiche Spolien verwendet, z. B. eine über dem Nordportal eingemauerte Marmorsäule mit Kreuz aus Basilika A. Aus dieser stammen auch die Kapitelle und Säulen, auf die sich die Gurtbögen der Kapelle stützen.

Die Marienkirche in Mesanagrós stammt aus dem 13. Jh. – es wurden aber beim Bau Teile einer Basilika aus dem 6./7. Jh. wiederverwendet.

Das schönste Stück aus Basilika A ist ein marmornes Taufbecken in Form eines griechischen Kreuzes. Zudem sieht man noch Fragmente des Fußbodenmosaiks und des aus Tonscherben verlegten Fußbodens der Vorhalle von Basilika A. Von den Fresken des 14. und 15. Jh.s sind wenige Fragmente erhalten. Erwähnenswert ist die seltene Darstellung des Melismos (»Opferlamm«) in der Apsis. Nur noch zweimal im Jahr finden in der Kirche Gottesdienste statt – am 15. und 23. August, wenn Mariä Himmelfahrt gefeiert wird.

Ágios Thomás
Αγιος Θομάς

Etwa 4 km südöstlich von Mesanagrós steht in schöner Landschaft das Kirchlein des hl. Thomas. Sein großer Festtag ist der **»Thomas Sonntag«**, der auf den Ostersonntag folgt. Am Tag davor wird vor der Kirche ein großes Volksfest gefeiert. Die tief eingesunkene Kreuztonnenkirche geht vielleicht auf das 13. Jh. zurück, die Fresken auf das 14. / 15. Jh., wurden später aber teilweise übermalt. An der Nordwand sieht man den hl. Thomas, der eine Wunde Christi berührt.

Lachaniá
Λαχανιά

Fährt man von der Ágios-Thomás-Kirche 6 km weiter nach Süden, erreicht man das **Künstlerdorf** Lachaniá (300 Einw.), das sehr schön im Hügelland nahe der Ostküste gelegen ist. Der kleine Ort wurde in den 1980er-Jahren von ausländischen »Aussteigern« entdeckt, die die einheimischen Häuser stilvoll und wunderschön renovierten. Die **malerische kleine Platia** wird von einer mächtigen Platane beschattet. Am südlichen Dorfrand wurde 1760 eine Kirche mit schönem barockem Glockenturm erbaut. Das interessanteste Stück ist das frühchristliche Taufbecken aus dem 6. Jh. an der Südseite.

! *Baedeker* TIPP

Rast in Ruhe

Ein malerisches Plätzchen ist in Lachaniá die Taverne Platanos an der hübschen kleinen Platía, wo man unter schattigen Bäumen und bei plätscherndem Brunnen ausspannen kann. Täglich wird den Gästen ein einfaches Tagesgericht angeboten (Tel. 22 44 04 60 27).

Plimmíri
Πλιμίρη

Der Ort Plimmíri (»Hochwasser«) liegt 6 km südlich von Lachaniá am Nordende einer weiten Bucht mit dunklem Sandstrand. In der Taverne Chrissi kann man einen Schwatz mit dem Dorfpriester halten, dem das Lokal gehört. In dieser Gegend befand sich in der Antike die Stadt Ixion, die bis heute noch nicht gefunden wurde.

Die kleine **Kirche Zoodhóchos Pigí** (»Lebenspendender Quell«, Beiname Marias) steht auf den Grundmauern einer Basilika aus dem 5. / 6. Jahrhundert. Sie gehört wie die umliegenden Bauten zu einem 1837 gegründeten Kloster. Bei ihrem Bau wurden zahlreiche antike und frühchristliche Bauteile verwendet, die zu den schönsten der Insel gehören. Vor der Kirche, die man durch einen Torbogen erreicht, liegt ein offener Narthex (Vorhalle). Vor einem Brunnen im Narthex liegt als Becken der umgedrehte Marmorboden einer Kanzel mit einem auf einer Scheibe stehenden Kreuz. Nördlich der Vorhalle sieht man noch Überreste eines Mosaikfußbodens.

Moní Skiádi
Μονή Σκιάδι

Das im 13. Jh. gegründete Kloster, 10 km südlich von Apolakkiá in herrlicher Lage oberhalb der Küste, ist vor allem für die **Ikone der Panagía Skiadiní** berühmt, die als die wertvollste von Rhodos gilt. Mit der Klostergründung ist eine Legende verbunden: Drei Eremiten fanden in dieser Gegend am Strand eine Ikone der Muttergottes und brachten sie in ihre Höhle in dem Glauben, sie sei vom Evangelisten Lukas gemalt worden. Am nächsten Tag war sie verschwunden. Nach langem Suchen fanden die Männer das heilige Bild in den Ruinen eines antiken Tempels. Daraufhin bauten sie an dieser Stelle eine Kirche mit Kloster. Es ist durchaus möglich, dass hier einst ein antiker Tempel stand. Die kleine Klosterkirche, eine Kreuzkuppelkirche mit dreiseitiger Apsis, wurde 1861 als Altarraum in die neue große Kirche eingebaut. Die Fresken stammen aus dem 19. Jahrhundert.
Die berühmte Ikone befindet sich an der Ikonostase: Vergoldetes und getriebenes Silberblech bedeckt bis auf Gesicht und Hals die Figuren der Muttergottes und des Jesuskindes. Die Beschädigung auf der rechten Wange Marias soll von einem türkischen Offizier stammen, dessen Arm nach der Untat gelähmt wurde. Nachdem er auf sein Gebet hin von der Panagía (Maria) wieder geheilt worden war, trat er zum Christentum über. In den Wochen **um Ostern reist die Ikone** nach einem genau festgelegten Plan für jeweils einen oder mehrere Tage in die Dörfer der Umgebung und auf die Insel Chálki. Sie bleibt nachts in der entsprechenden Dorfkirche oder darf – nach opulenter Bezahlung – in einem Privathaus »übernachten«. Da das heilige Bild als wundertätig gilt, kommen das ganze Jahr über Pilger, meist Frauen, zum Kloster. Man kann gegen eine Spende im Kloster übernachten, muss sich aber etwas zu essen und einen Schlafsack mitbringen (zwischen 13.00 und 16.30 Uhr geschlossen).

Kattaviá
Κατταβιά

Um den hübschen Dorfplatz von Kattaviá, dem südlichsten Ort von Rhodos, reihen sich Cafés und Tavernen. Alte Windmühlen am Ortseingang erinnern an den intensiven Getreideanbau, der hier wirtschaftlich immer noch vor dem Tourismus liegt. Am südlichen Ortsrand liegt auch die **Friedhofskirche Kímisis tís Theotókou** (»Mariä Entschlafung«) – nach dem Schlüssel am Dorfplatz fragen. Der ältere Teil, eine Kreuzkuppelkirche mit kurzen Querarmen und einer dreiseitigen Apsis, stammt wahrscheinlich aus dem 14. Jahrhundert. Der westliche Anbau (vermutlich 17. oder 18. Jh.) setzt sich aus zwei mit Kreuztonnengewölben versehenen Raumteilen (Narthex und Beinhaus) zusammen. Die Fresken entstanden im 17. Jahrhundert.

Vrouliá
Βρουλιά

An der äußersten Südspitze von Rhodos, 9 km südlich von Kattaviá, wurde die **antike Siedlung** Vrouliá (7. Jh. v. Chr.) ausgegraben, die vor allem archäologisch interessierten Besuchern zu empfehlen ist, denn es sind nur sehr wenige Reste erhalten. Zu der Ausgrabungsstätte gelangt man, indem man am Strand von Prassonísi bei den Generatorhäusschen den rechten Weg einschlägt, der nach 1 km zu einem kleinen Fischerhafen führt. Oberhalb der Steilfelsen breitet sich

Die Marienikone vom Kloster Skiádi: Sie »reist« in der Fastenzeit von einem Dorf zum anderen und wird überall mit Prozessionen, Gottesdiensten und Festen geehrt.

HEILIGE BILDER

Ikonen, die besondere Verehrung bei den Gläubigen genießen und oft mit alten Legenden verbunden sind, stellen einen wesentlichen Teil des Kultes der orthodoxen Glaubenswelt dar.

Die **transportablen Kultbilder** mit den Darstellungen von Heiligen und biblischen Szenen nennt man in der orthodoxen Kirche Ikonen (Bilder). Auch heute noch sind sie neben der Heiligen Schrift ein Grundpfeiler der orthodoxen Glaubenswelt. Man findet die heiligen Bilder außer in Kirchen auch in vielen Wohnungen und Fahrzeugen. Sie werden mit Edelsteinen, kostbaren Vorhängen, Ringen und Uhren geschmückt, auf Reisen mitgenommen und sind das Ziel von Wallfahrten.

Nähe zu den Heiligen

Ikonen bringen den Menschen die Heiligen nahe, weshalb sie große Verehrung genießen. Diese Verehrung gilt nicht der Abbildung, sondern dem Heiligen, den man der Ikone gleichsetzt. In den Kirchen sind die Ikonen nach einem bestimmten Schema an der **Ikonostase** angebracht, einer hohen hölzernen Wand, die den Altarraum vom Gemeinderaum trennt. Auf dem Pult in der Mitte wird jeweils die Ikone des Tagesheiligen oder -festes ausgelegt.

Künstlerische Einschränkungen

Die Ikonenmalerei gilt als liturgische Handlung, die ursprünglich nur von Priestern ausgeführt werden durfte. Sie ist hinsichtlich Komposition und Farbgebung sowie der Materialien genau festgelegt, so dass der Maler kaum Freiheit bei der Gestaltung des Bildwerks hat und keinen eigenen Stil entwickeln kann. Der Künstler darf in die Bilder keinen persönlichen Ausdruck bringen und bleibt namenlos. Seine Aufgabe ist die Erhaltung der Tradition. Deshalb gleichen sich viele Ikonen, unabhängig von dem Jahrhundert, aus dem sie stammen. Anziehend für den Betrachter ist die einzigartige Farbigkeit der Bilder, die in einem **komplizierten Herstellungsprozess** erreicht wird. Der Farbauftrag erfolgt meist auf Holz mit Mineralfarben und wird mit einer Schicht aus gekochtem Leinöl überzogen. Dies garantiert eine erstaunliche Haltbarkeit, zumal die Ikonen nicht nur betrachtet, sondern auch geküsst, berührt und herumgereicht werden. Viele alte Gründungslegenden ranken sich um **wundertätige Ikonen**.

Taverne am Ortsrand von Kattaviá

die Siedlung Vrouliá aus. Links oberhalb sieht man zunächst die Grundmauern einer wohl frühbyzantinischen Kirche, deren Fußbodenmosaik teilweise noch erhalten ist. Auf der rechten Seite liegen die Reste eines Heiligtums. Auf dem Hügel stößt man auf eine lange Mauer, an die etwa 40 Häuser aneinandergebaut sind und die in einen Platz mit einem Heiligtum und zwei Altären mündet.

★ **Prassonísi**
Πρασονήσι

Die kleine »grüne Insel« Prassonísi – sie ist aber viel karger als ihr Name vermuten lässt – markiert das südliche Ende von Rhodos. Hier liegt ein **herrlicher Sandstrand** mit weißen Dünen, der immer mehr Besucher anzieht. Die Insel, die bis vor kurzem noch durch einen schmalen Isthmus mit dem Festland verbunden war, erreicht man südlich von Kattaviá über eine 8 km lange Straße. Prassonísi ist besonders ein **Paradies für Surfer**, die in der westlichen Bucht vor allem im Juli und August den starken Meltemiwind vorfinden. Dieser macht allerdings auch das Sonnen zur Qual, wenn der Sand auf die Haut prasselt. Zwei Surfschulen bieten ihre Dienste an. Außerdem gibt es einige Tavernen und Übernachtungsmöglichkeiten. Man kann über den Isthmus zum 2 km entfernten Kap spazieren. Man sollte allerdings nur bei maximal knöchelhohem Wasser gehen, bei hohem Wellengang kann der Spaziergang lebensgefährlich sein!

Archángelos

F 3

Griechisch: Αρχάγγελος **Einwohnerzahl:** 6000

Die zweitgrößte Stadt auf Rhodos breitet sich in einem fruchtbaren Tal voller Olivenbäume im Osten der Insel aus. Der historische Kern mit seinen engen Gassen wird durch die Hauptstraße vom modernen Stadtteil getrennt, in dem die Hotels liegen. In Archángelos spielt sich noch traditionelles Dorfleben ab.

Hier ist teilweise noch das bewahrt, was die Faszination eines griechischen Ortes ausmacht: schmale Gassen mit weiß gekalkten Häusern im traditionellen Baustil, z. T. sogar mit auffällig bemalten Tür- und Fensterrahmen. Im Unterschied zu manchen kleineren Orten ist das »Erzengel«-Dorf (wörtliche Übersetzung von Archángelos) sehr lebendig, seit die Menschen vom Tourismus leben können. Hier werden noch **alte Handwerke** wie Töpferei, Teppichweberei und -knüpferei ausgeübt. Archángelos wird vom Profítis Ilías (512 m) überragt.

Sehenswertes in Archángelos

Michaíl Archángelos

Das Ortsbild wird von dem hellen »Zuckerbäcker«-Glockenturm der Michaíl-Archángelos-Kirche geprägt, der zwischen den weißen Häusern des alten Archángelos hervorragt. Er ist eine Hinterlassenschaft der italienischen Besatzer vom Anfang des 20. Jh.s, die Kirche selbst stammt aus dem Jahr 1845. Am interessantesten an der Kirche ist das für Rhodos ganz typische Kochlaki-Muster im Innenhof.

Am Ortsrand erhebt sich auf einem Hügel ein **Kastell der Johanniter**, das 1467 fertig gestellt wurde. Neben dem Eingang links finden sich das Ordenswappen und die Wappen von Großmeistern. Von dem Kastell sind teilweise bis in beachtliche Höhe aufragende Mauern und im Innern die kleine Ágios-Ioánnis-Kapelle erhalten. Von hier hat man einen schönen Blick auf den Ort.

! *Baedeker* TIPP

Keramik vom Feinsten

Eine gute Adresse für traditionelle Keramik ist die alteingesessene Töpferei von Giaseranis Stefanos, der von der Volkskunst und der Antike inspiriert wird. Man findet die Werkstatt am Ortseingang von Archángelos, nach dem Health Centre auf der linken Seite.

Umgebung von Archángelos

Stégna Στέγνα

Stégna (3 km östlich von Archángelos) hat sich zu einem beliebten **Badeort** entwickelt. An den zwei recht hübschen Buchten mit Sand-Kiesstränden ist für Unterbringung und Essen gesorgt, denn es gibt hier Hotels und Tavernen.

ARCHÁNGELOS ERLEBEN

ESSEN

▶ **Erschwinglich**

Taverne Dimitri's
Tel. 224 40/241 94
An der Zufahrtsstraße zum Stegna-Strand liegt die beschauliche Familien-Taverne.
Der Wirt hat immer Zeit für eine Plauderei und preist natürlich seine Spezialität an: Fisch vom Grill.

Taverne Hellas
Rustikale Gemütlichkeit und gute griechische Küche kommen bei dieser Taverne im Ortszentrum von Archángelos zusammen.

▶ **Preiswert**

Taverne Georgios Mavrious
An der Hauptstaße bei der Post
Die traditionelle, preisgünstige Taverne mit einer schattigen Terrasse ist bei Einheimischen und Touristen beliebt. Spezialität des Hauses: Lamm.

ÜBERNACHTEN

▶ **Günstig**

Semina
Tel. 224 40/222 10, Fax 232 36
Apartmenthaus mit Garten in einer ruhigen Wohngegend, 300 m vom Ortszentrum entfernt. Es gibt keine Verpflegung. Kleiner Pool.

Ágios Theódoros Άγιος Τεόδορος Die äußerlich unscheinbare Theodoren-Kirche, nach zwei römischen Soldaten-Märtyrern benannt, steht etwa 2 km südlich von Archángelos links oberhalb der Straße nach Líndos. Die meisten der kostbaren **Fresken** von hervorragender Qualität gehen auf das Jahr 1377 zurück, nur die Darstellungen am Blendbogen der Nordwand stammen aus dem 16. und 17. Jahrhundert.

Charáki Χαράκι Charáki (8 km südlich von Archángelos) breitet sich in einer halbrunden Bucht aus und wird von den Ruinen der Féraklos-Festung überragt. Noch vor ein paar Jahren standen an dem Sand-Kiesstrand des ehemaligen Fischerdorfes nur einige Sommerhäuser. Viele gehörten Bauern aus den landeinwärts gelegenen Dörfern Malóna und Másari, wo man nach wie vor vom Orangen- und Mandarinenanbau lebt. Inzwischen ist Charáki zu einem **Badeort** mit moderner Strandpromenade geworden, wo man in netten Cafés das angenehme Flair genießen kann. Der hübsche Ortsstrand, an den Einheimische und in dem Ort wohnende Touristen kommen, ist noch nicht überlaufen und von einer familiären Atmosphäre geprägt.

! Baedeker TIPP

Über Stock und Stein

Archángelos eignet sich hervorragend als Ausgangspunkt für schöne Wanderungen: Man kann über die Küstenberge nach Süden und in einem Rundwanderweg zurück bis zur Stegna-Bucht laufen. Oder man wandert entweder über den Küstenpfad oder quer durch die Berge bis zum Strand von Agáthi, wobei man mit herrlichen Ausblicken belohnt wird. Auch der Fußmarsch über die Küstenberge zum Kloster und Badestrand Tsambika lohnt sich sehr.

Charáki wird überragt von den Überresten der Johanniter-Festung Féraklos. Hier standen in der Antike die Akropolis und in byzantinischer Zeit eine Festung, die 1306 von den Johannitern erobert wurde. 1470 ließ Großmeister Giovanni Battista degli Orsini die Festung restaurieren. Benutzt wurde die Burg vor allem als Gefängnis für Kriegsgefangene und als Verbannungsort für Ritter, die sich etwas hatten zuschulden kommen lassen. Außer dem Mauerring ist von der Festung wenig erhalten. Von der Nordseite des Berges hat man einen schönen Blick über das fruchtbare Land um Malóna und Mássari sowie auf die Badebucht zu Füßen des Berges.

◂ Féraklos
Φέρακλος

Agía Agáthi
Αγία Αγάθη

Unweit nördlich der Festung Féraklos verbirgt sich in dem Felsen oberhalb der nördlichen Buchtseite eine kunstgeschichtliche Kostbarkeit: die in den Stein gehauene Agía-Agáthi-Kirche. Man findet die **Höhlenkirche** auf einer Felsterrasse bei einem Feigenbaum. Die meisten Fresken entstanden in der Erbauungszeit der Kirche (12./13. Jh.), einige allerdings erst im 15. und 16. Jahrhundert. Zu den ältesten Ausmalungen auf Rhodos zählen die Deesis und die Darstellungen von Kirchenvätern.

◂ Agáthi Beach

Nördlich der Féraklos-Festung erstreckt sich der Agáthi Beach, ein feiner flacher und damit kinderfreundlicher **Sandstrand**. Der Strand ist ausgestattet mit Sonnenliegen und -schirmen. Etwas von der Küste entfernt erkennt man eine antike Mauer der Stadt **Loryma**.

Charáki schmiegt sich an eine schöne Bucht, überragt von der Féraklos-Festung.

Immer für eine Stärkung gut: der griechische Bauernsalat.

Málona
Μάλωνα

Málona ist ein hübscher Ort inmitten von **Orangenhainen**, in dem noch Bürgerhäuser mit historisierenden Stilelementen vom Anfang des 20. Jh. erhalten sind. Unweit von dem 6 km westlich von Archángelos gelegenen Ort steht die **Agía-Iríni-Kirche**. Um sie zu erreichen, biegt man von der Küstenstraße Rhodos – Líndos an der Kreuzung nach Charáki in Richtung Málona ab, dann nach 500 m links. Der Altar des architektonisch harmonischen einschiffigen Gotteshauses (14./15. Jh.) besteht aus einem antiken Säulenstumpf mit einem mächtigen korinthischen Kapitell; der Boden ist mit Kochláki belegt.

Másari
Μάσαρη

Drei Kilometer südlich von Málona kommt man nach Másari, dem Zentrum dieser fruchtbaren, landwirtschaftlich stark genutzten Gegend. Es hat seine Ursprünglichkeit noch weitgehend bewahrt.

Moní Kámirou
Μονή Κάμιρου

Um das Kloster Kámirou zu erreichen, fährt man von Másari die alte gewundene Straße nach Líndos und schlägt nach Überquerung des meist ausgetrockneten Gadouras-Flussbettes rechts die Straße ein, die nach gut 3 km zu der Anlage führt. Innen links neben dem Klostereingang befindet sich eine Herdstelle, die früher von Pilgern benutzt wurde. In dem hübschen kleinen Innenhof kann man eine Rast einlegen. Um den Hof sind die Zellenbauten der Mönche angeordnet. Die von einer mächtigen Zypresse gesäumte Kirche stammt aus dem 14./15. Jahrhundert. Im Innern sind noch einige Freskenfragmente erhalten. In einer Nische sieht man eine große Blechtafel (19./20 Jh.), auf der überlebensgroß der Erzengel Michael dargestellt ist.

Ágios Geórgios Lórima
Άγιοω Γεώργιος Λόρυμα

Die bekannte Kirche Ágios Geórgios Lórima, sie liegt etwa 3 km südlich von Másari, enthält in ihrem Namen noch Lórima, die Bezeichnung dieser Gegend in der Antike. Das einschiffige Gotteshaus aus dem 14. Jh. weist ein leicht spitzbogenartiges Gewölbe und eine ungewöhnlich schmale Apsis auf. Die qualitätvollen, teilweise sehr volkstümlichen Fresken gehen auf die zweite Hälfte desselben Jahrhunderts zurück.

Chálki (Insel)

A/B 3

Griechisch: Χάλκη **Bewohner:** 300

Wer Ruhe sucht, ist auf dem kleinen Inselchen vor Rhodos´ Westküste richtig. Hier gibt es kaum Tourismus, dafür umso mehr Steine: Das gebirgige Eiland ist extrem karg und felsig. In dem hübschen Hafenort Embório leben die 300 Bewohner der Insel.

Die Insel Chálki westlich von Alimiá ist trotz ihrer Kargheit ein beliebtes Ausflugsziel. Einst profitierten die Menschen auf der 28 km² großen Insel von der Schwammfischerei, heute leben die wenigen Bewohner von Tourismus und Fischfang. Zur Übernachtung stehen Privatzimmer und Apartments zu Verfügung.

Geschichte

Die schon in prähistorischer Zeit besiedelte Insel gehörte in der Antike zum Stadtstaat Kamíros. An der Stelle des heutigen Dorfes Chorió lag damals die Stadt Chálke (Chalkía), die für ein Apollonheiligtum bekannt war. Hier bauten die Byzantiner eine Burg, die von den Johannitern verstärkt wurde. 1366 belehnten die Ritter die Familie Assanti mit der Insel, die schließlich 1522 von den Türken erobert wurde. Bis in die Mitte des 20. Jh.s lebten die Menschen vorwiegend von der Schwammfischerei, mit deren Niedergang durch das Aufkommen des Synthetikschwamms auch die Bevölkerungszahl stark sank. 1982 erklärte die UNESCO Chálki zur »Insel der Friedens und der Freundschaft für die Jugend der Welt«. Deswegen kommen jedes Jahr im September Jugendliche von überall her zu Seminaren.

i Bei Ausflügen nach Chálki beachten!

- Nur sonntags verkehrt ein Schiff, das am gleichen Tag nach Rhodos zurückfährt. An den anderen Tagen muss man eine Übernachtung einplanen!
- Es gibt keine Bank auf Chálki, daher genug Bargeld mitnehmen!
- Es gibt keine Quellen auf Chálki, Wasser wird mit Tankschiffen von Rhodos geliefert. Gehen Sie sparsam damit um!

Embório (Chálki)

Embório, auch Chálki genannt, liegt an der Südostecke der Insel in einer tiefen Bucht, der das Inselchen Nisáki (»kleine Insel«) vorgelagert ist. Schon bei der Einfahrt in den Hafen des hübschen, ruhigen Ortes fallen die schönen alten Häuser mit ziegelgedeckten Walmdächern ins Auge. Akzente im Stadtbild setzen ein **Glockenturm** und der Uhrturm vor dem Rathaus – zugleich die Sehenswürdigkeiten des Ortes. Vor dem **Uhrturm** befindet sich eine auffällig überkuppelte Zisterne. Außer über den Glockenturm aus dem 19. Jh. verfügt die einschiffige Ágios-Nikólaos-Kirche über einen schönen Kochláki-Boden mit folkloristischen Motiven im Hof. Ungewöhnlich lebendig sind die Flachreliefs von drei Hunden an der Außenwand oberhalb der fünfseitigen Apsis gestaltet. Von der Innenausstattung der Kirche ist die geschnitzte und vergoldete Ikonostase zu erwähnen, die im 18. Jh. wahrscheinlich von den berühmten Holzschnitzern der Insel Sími angefertigt wurde. Bekannt ist Embório für seine hervorragenden **Fischtavernen**.

Strand von Póntamos

Der beliebteste Strand der Insel Chálki ist der kleine flach abfallende Sandstrand von Póntamos in der gleichnamigen Bucht. Diese ist unweit von Embório zu finden. Eine Taverne sorgt für das leibliche Wohl der Badegäste.

CHÁLKI ERLEBEN

ANFAHRT

Von Skála Kamírou

Anfahrt in der Saison Mo. – Sa. zwischen 14.00 und 16.00 Uhr, Rückfahrt gegen 6.00 Uhr (Mi. 9.30) am nächsten Morgen (Übernachtung notwendig!). In der Saison sonntags Abfahrt um 9.00 Uhr, zurück um 16.00 Uhr. Dauer gut 1 Std.

Von Rhodos-Stadt

Die Autofähre Rhodos – Kreta hält zwei- bis dreimal pro Woche auch auf Chálki (Abfahrt gegen 4.30 Uhr; Infos im Hafenamt Rhodos, Tel. 224 10/222 20 oder beim Fremdenverkehrsamt (►S. 170). Mitnahme eines Autos lohnt sich nicht.

ESSEN

► Erschwinglich

Mavri Thalassa

Diese Taverne (oder eine in ihrer Nähe) sollte besuchen, wer gern Hafenatmosphäre genießt, gern frischen Fisch und große Portionen isst.

ÜBERNACHTEN

► Komfortabel

Pension Kleanthi

Tel. 224 60/573 34

Familiäre Pension im Bruchsteinhaus mit 7 Zimmern, nur 3 Min. Fußweg zum Strand.

► Günstig

Hotel Chálki

Tel. 224 60/452 08

Mit 28 Zimmern das größte Hotel der Insel, Zimmer mit schönem Ausblick.

Hotel Argyrenia

Tel. 224 60/452 05

Ein wenig außerhalb des Zentrums von Embório gelegen, bei der Schule. Einfaches Hotel mit 9 Zimmern für 25 €/DZ. Geöffnet April – Okt.

Captain´s House

Tel. 224 60/452 01

Hinter der Kirche Ágios Nikólaos gelegene gemütliche Pension, nur einen Katzensprung vom Strand.

Der Hauptort Embório auf der ehemaligen Schwammfischerinsel

Chorió

Drei Kilometer westlich von Embório kommt man auf der einzigen Straße Chálkis zu der **alten Hauptsiedlung** des Inselchens, Chorió, von der nur noch Hausruinen zu sehen sind. Nur ein paar Kirchen sind erhalten: Die Sotíros-Christoú-Kirche wurde fast ganz aus antiken Spolien errichtet, die Kirche Pália Panagía stammt bereits vom Ende des 9. Jahrhunderts. Auf dem Berg südlich des Ortes erhebt sich an der Stelle der antiken Akropolis eine **Kreuzritterburg**; der Aufstieg lohnt sich schon wegen des Ausblicks, der besonders gegen Abend beeindruckend ist. Die gut erhaltene Nordmauer der Burg besteht in den unteren Lagen aus hellenistischem Quadermauerwerk, darüber aus byzantinischen Mauern und abschließend aus schwalbenschwanzförmigen Zinnen der Ritterzeit. Die mit spätbyzantinischen Fresken geschmückte Burgkapelle Ágios Nikólaos ist halb verfallen.

Wanderung zum Moní Ágios Ioánnis

Wer das grandiose gebirgige Inselinnere kennen lernen will, sollte die zweieinhalbstündige Wanderung von Chorió zum Kloster Ágios Ioánnis im Westen der Insel unternehmen. Es ist allerdings nicht ratsam, die Tour im Sommer zu unternehmen, da der Weg große Höhenunterschiede aufweist und durch eine kahle Gebirgslandschaft ohne Schattenplätze führt. Im Kloster werden Getränke verkauft. Die Klosterkirche besitzt einige schöne Ikonen aus dem 17. Jahrhundert.

Faliráki

G 2

Griechisch: Φαληράκι

Wer neben Sonne und Strand noch sämtliche Wassersportarten ausprobieren und einem exzessiven Nachtleben frönen will, ist in Faliráki richtig. Der Ort ist die Touristenhochburg der Insel mit einem riesigen Sport- und Vergnüngungsangebot, einem 5 km langen Strand, Bars, Restaurants, Fast-Food-Lokalen und diversen Diskos.

Touristenzentrum

Bereits in den 1960er-Jahren lockte der kilometerlange feine Sandstrand Hippies nach Faliráki. Noch in den Siebzigerjahren standen in dem Ort nur eine paar Fischerhäuschen. Zehn Jahre später wurden dann die ersten Hotels gebaut und ein Bauboom ohnegleichen begann. Heute ist die ehemals kleine Siedlung ein Badeort mit einem riesigen Bettenangebot. Kleine Supermärkte und Souvenirläden gibt es en masse. Das Angebot an Lokalen – von griechisch über chinesisch bis bayerisch – ist riesig. Im Norden von Faliráki geht es noch am ruhigsten zu: Hier befinden sich die Luxushotels. Auch am alten Fischerhafen mit seinen Booten sieht es beschaulich aus. Doch mit einem griechischen Dorf hat Faliráki nichts mehr zu tun; alle Bewohner leben vom Tourismus. Der Strand ist deshalb im Sommer unter der Menge der dicht gedrängten Sonnenanbeter häufig kaum zu sehen. Außerhalb der Saison ist Faliráki ein recht trostloser Ort.

Strand von Faliráki ►

Der Strand, der meistbesuchte der Insel, ist flach und damit auch für Kleinkinder geeignet. Hier gibt es ein **riesiges Angebot an Sport- und Spaßaktivitäten**: vom Ausleihen eines einfachen Tretboots über Motorboote bis zu Paragliding und Bungee-Springen vom Kran. Für Urlauber, die Ruhe und Erholung suchen, ist Faliráki nicht geeignet.

FALIRÁKI ERLEBEN

ESSEN

► Fein & teuer

Roumeli 2

Täglich ab 19 Uhr werden hier deftige Gerichte serviert, vor allem leckeres Gegrilltes und manchmal auch Spanferkel.

Restaurant Sarantis

Von Rhodos in Richtung Líndos fahrend, findet man das Restaurant auf der rechten Seite. Es bietet die Klassiker der griechischen Küche in all ihren Spielarten.

► Erschwinglich

Charlies X

An der Straße Richtung Kathara Bay bietet der Familienbetrieb auch original griechische Gerichte. Der für Faliráki typische Trubel scheint weit weg, man kann Stille und Gemütlichkeit genießen.

Dionysos

Das Restaurant liegt am Faliráki Square, an der Einfahrt zum Faliráki Beach Hotel. Trotz der Nähe zum Touristentrubel findet man hier noch traditionelles Essen, eine gemütliche Atmosphäre und moderate Preise.

Monachia
Odos Timokreontos, Seitenstraße gegenüber Hotel Sun Palace
Tel. 224 10/853 07
Verglichen mit anderen Restaurants am Ort geht es hier noch urgriechisch zu. Manchmal erklingt abends griechische Livemusik. Serviert wird traditionelle Küche zu guten Preisen. Mittags und nachmittags oft voll.

Sotiris
Gemütliche Strandtaverne zwischen dem Ortszentrum und der nördlichen Hotelzone, Livemusik.

ÜBERNACHTEN

▶ Luxus

Esperos Village
Tel. 224 10/860 46, Fax 857 41
www.helios.gr/hotels/esperos-village/
Luxuriöse Ferienanlage im Stil eines griechischen Dorfes, das aus einem Hotel und Bungalows mit mehreren Wohneinheiten besteht; 500 m vom Strand entfernt; Kinderklub.

Rodos Palladium
Tel. 224 10/860 04, Fax 864 24
www.rodospalladium.gr
Ein neues Luxushotel mit mehreren Gebäuden direkt am Meer. Alle Zimmer mit Balkon oder Terrasse mit Meerblick. Für Unterhaltung sorgen die Sportmöglichkeiten, v. a. Wassersport und die Animationsprogramme. Poollandschaft, Kinderklub.

Cathrin
Tel. 224 10/850 80, Fax 856 24
Auf einem Felsplateau gelegene behindertengerechte Hotel- und Bungalowanlage mit kleinen, gut ausgestatteten Zimmern; beim Ladikó-Strand, einem der schönsten Strände von Rhodos.

Faliraki Beach
Tel. 224 10/853 01, Fax 856 75
Gepflegtes Haus mit geschmackvoll eingerichteten Zimmern, schöner Gartenanlage, am Sandstrand gelegen; Kinderspielplatz, außerdem Kinderbetreuung; Gesundheitszentrum; Wassersport.

▶ Komfortabel

Apollo Beach
Tel. 224 10/855 13, Fax 858 23
www.apollobeach.gr
Das Hotel liegt am Sand-Kieselstrand inmitten eines gepflegten Gartens. Geboten werden griechische Abende und diverse Sportmöglichkeiten, u. a. ein Fitness-Center.

Sehenswertes in Faliráki

★ **Faliráki Waterpark**

Der Waterpark Faliráki, unübersehbar oberhalb des Hotelviertels gelegen und erreichbar mit einem Minizug vom Hotel Esperides aus, bietet zahlreiche Attraktionen für Groß und Klein. Man kann nicht nur auf den verschiedenen **Wasserrutschen**, z. B. der 145 m langen Riesenwasserrutsche und der Kamikaze-Wasserrutsche turbulente Fahrten unternehmen, sondern sich auch im Lazy River, im Wellenbad oder im Whirlpool entspannen. Die Kleinsten turnen gerne auf dem Piratenschiff mit seinen Wasserkanonen herum (Öffnungszeiten: 9.30 – 18.00 Uhr, Hochsaison 9.30 – 19.00 Uhr, www.water-park.gr).

Umgebung von Faliráki

✶ **Ladikó-Bucht**

Bei dem wenige Kilometer südlich von Faliráki gelegenen Dorf Ladikó, das sich seit einigen Jahren zum **Badeort** entwickelt, liegt die kleine gleichnamige Bucht. Die von Felsen gesäumte hübsche Bucht mit gepflegtem Sandstrand und sauberem Wasser ist in der Saison sehr gut besucht. Ausgestattet ist der Strand mit Liegestühlen und Sonnenschirmen sowie einer Taverne.

✶ **Anthony-Quinn-Bucht**

Direkt nördlich an die Ladikó-Bucht schließt sich die bezaubernde, ebenfalls von Felsen gesäumte Anthony-Quinn-Bucht mit einem kleinen Kiesstrand an. Die griechische Militärregierung hatte die Bucht dem Schauspieler Anthony Quinn geschenkt, zum Dank dafür, dass er in dem hier gedrehten Film »Die Kanonen von Navarone« die Hauptrolle spielte. Die spätere demokratische Regierung hat diese Schenkung allerdings wieder rückgängig gemacht. Das herrlich klare blau-grüne Wasser ist ein **ideales Revier für Schnorchler**. An vielen Stellen geht es flach ins Wasser – ideal also auch für Familien mit Kindern. An touristischen Einrichtungen gibt es Liegestühle und Sonnenschirme sowie eine Taverne oberhalb des Strandes. Oft legen Boote in der Bucht an.

Wer dem Trubel von Faliráki entkommen möchte, ist am gepflegten Strand in der Ladikó-Bucht richtig.

★ Filérimos / Iálissos

F 1

Griechisch: Φιλέρημος/Ιάλυσσος

Für die Bewohner von Rhodos-Stadt ist der Berg Filérimos ein beliebtes Naherholungsgebiet, denn hier oben ist es sogar im Sommer angenehm kühl. Auf dem 267 m hohen Plateau stand einst die Akropolis des antiken Iálissos, eines der drei bedeutenden Stadtstaaten der Insel. Nun gehören die herrlich gelegenen Ruinen zu den beliebtesten Ausflugszielen.

Den Namen Filérimos (»Freund der Einsamkeit«) trägt der Berg angeblich schon seit dem Mittelalter, als ein Eremit sich hier niedergelassen hatte. Auf dem von Kiefern und Pinien gesäumten, 4 km langen Weg den Berg hinauf eröffnen sich immer wieder **schöne Ausblicke** auf die Küste.

Geschichte

Die ältesten Siedlungsspuren stammen aus mykenischer Zeit (um 1500 v. Chr.), als Achäer auf die Insel kamen und deshalb der Berg Achaia hieß. Um 1000 v. Chr. wanderten Dorer nach Iálissos ein. Das Herrschaftsgebiet des Stadtstaates umfasste die gesamte Nordspitze von Rhodos. Nach der Gründung von Rhodos-Stadt 408 v. Chr. verlor Iálissos sehr an Bedeutung, da ein großer Teil der Bevölkerung in die neue Stadt über siedelte. Im Mittelalter stand auf dem nun Filérimos genannten Berg ein Kloster. Der Berg war oft Angriffsziel fremder Heere als Ausgangspunkt weiterer Eroberungen auf der Insel. So nahmen 1248 die Genuesen den Filérimos ein, 1306 besetzten ihn die Ritter des hl. Johannes von Jerusalem, und 1522 errichtete Sultan Suleiman hier sein Hauptquartier bei der Belagerung von Rhodos-Stadt.

> ! *Baedeker* TIPP
>
> **Schnell hoch, langsam hinunter**
>
> Will man dem Massenansturm auf die wunderschön gelegene Akropolis entgehen, empfiehlt sich ein Besuch am frühen Morgen. Wenn man mit dem Taxi oder einem Bus hochfährt, kann man zurück auf der 4 km langen Serpentinenstraße durch schöne Vegetation laufen.

★ Anlage

Öffnungszeiten: Di. – So. 8.30 – 15.00

In der malerischen Anlage sind Denkmäler aus verschiedensten Epochen zu sehen. Westlich des Parkplatzes sieht man in einem eingezäunten Areal die Grundmauern eines Klosters aus dem 10. Jahrhundert. Die **Klosterkirche** zeigt den für Rhodos seltenen Grundriss einer Kreuzkuppelkirche, d. h. in einem Quadrat ist ein griechisches Kreuz eingeschrieben. Im Westen ist ein Narthex vorgelagert. Im Innern des Gotteshauses haben sich Reste eines schönen Marmorfußbodens erhalten.

Wendet man sich nach dem Eingang zur Anlage schräg nach links, entdeckt man versteckt am Hang die mittelalterliche **Ágios-Geór-**

Auf dem Filérimos liegen Bauwerke aus 3000 Jahren nebeneinander.

gios-Chostós-Kirche (14./15. Jahrhundert). Die schlecht erhaltenen Fresken zeigen neben Szenen aus dem Leben Marias und Jesu auch vor ihren Schutzpatronen knieende Ritter.

Zum Gipfel des Plateaus führt ein schöner, von Zypressen flankierter Treppenweg hinauf. Dort finden sich über- und nebeneinander liegende Gebäude aus drei Jahrtausenden.

Westlich des markanten mächtigen Turmes sieht man die Überreste des **Athena-Polias-Tempels** aus dem 3./2. Jh. v. Chr., einen 23 x 12 m großen Amphiprostylos (Tempel mit vorgestellten Säulen an den Schmalseiten), unter dem sich ein älterer Vorgängerbau befand.

Im 5./6. Jh. errichtete man rechtwinklig über dem südlichen Teil des Athena-Tempels unter dessen Verwendung als Baumaterial eine **Basilika** mit drei halbkreisförmigen Apsiden. Die drei Schiffe waren durch drei Arkaden miteinander verbunden. Interessant ist die südliche Kapelle, die als Baptisterium diente. Hier ist noch ein in den Boden eingelassenes und mit Marmorplatten ausgekleidetes Taufbecken in Form eines Kreuzes mit gerundeten Ecken erhalten; über drei Stufen im östlichen Arm konnte es betreten werden.

Später wurde über dem nördlichen Seitenschiff der Basilika eine Einraumkapelle errichtet. An deren Chor ließ Pierre d' Aubusson, Großmeister der Johanniter, im 15. Jh. zwei Kapellen mit unregelmäßigem sechseckigen Grundriss und eine Zweiraumkapelle sowie im Süden einen Turm erbauen. Diese Gebäude sind Rekonstruktionen der Italiener, ebenso die dahinter gelegenen Bauten des um 1000 gegründeten Klosters.

Obwohl das **Kloster** nicht authentisch ist, bietet es mit seinen Arkaden einen malerischen Anblick. Jede Mönchszelle wird von einem Schild mit Blumenmotiven markiert. Von den byzantinischen **Festungsmauern** findet man an verschiedenen Stellen des Filérimos noch Reste. Das auf dem östlichen Sporn des Plateaus gelegene Festungswerk mit trapezförmigem Grundriss, das von den Johannitern verstärkt wurde, weist im Norden und Osten starke, durch Türme geschützte Mauern auf. Von hier hat man einen herrlichen Ausblick auf die Küste.

Südlich des Eingangs führt ein Weg hinunter zu einer Felsterrasse mit einem dorischen **Brunnenhaus** aus dem 4. Jh. v. Chr., das allerdings nicht zugänglich ist. Es ist vorne mit sechs Säulen und hinten mit ebenso vielen Pfeilern mit Brüstungsmauern versehen. An seiner Rückseite befindet sich eine Zisterne, der durch mehrere Kanäle im Innern des Berges Wasser zufloss. Sowohl die Brüstungsmauern als auch die Rückwand sind mit Löwenköpfen als Wasserspeier geschmückt. Die spätantike Inschrift am dritten Pfeiler rechts legt die Benutzerregeln für den Brunnen und die Strafen bei Übertretung für Freie und Sklaven fest.

Gegenüber dem Eingang führt ein von Pinien gesäumter Kreuzweg aus italienischer Zeit zu einem **Aussichtspunkt**, wo man die Ebene von Triánda überblicken kann. Hier erhebt sich ein 15 m hohes, begehbares Kreuz.

Triánda / Iálissos

An der Küste unterhalb des Berges liegt der Touristenort Triánda, auch Iálissos genannt. Die Hotels reihen sich hier aneinander, Stichstraßen führen von der Hauptstraße an den belebten Sand-Kies-Strand.

FILÉRIMOS UND UMGEBUNG ERLEBEN

ESSEN IN TRIÁNDA

▶ Erschwinglich

Kaliva

Schöne Strandtaverne, etwas abseits des Massenbetriebs. Spezialitäten sind Fisch und Meeresfrüchte, so dass sie Fischliebhabern zu empfehlen ist.

ÜBERNACHTEN IN TRIÁNDA

▶ Luxus

Blue Horizon Beach

Tel. 224 10/934 81

Fax 943 43

In einer gepflegten Gartenanlage gelegenes behindertengerechtes Hotel mit modern eingerichteten Zimmern, 5 km vom Strand entfernt; Animations- und Sportprogramme; Kinderklub.

▶ Günstig

Terenikos Aparts

Tel. 224 10/242 91

Ruhig gelegene Apartments mit einfacher Ausgestattung, nicht weit vom Strand gelegen.

★★ Kámiros

D 2

Griechisch: Κάμειρος

Die Ausgrabungsstätte Kámiros beeindruckt durch ihre wunderschöne Lage an einem Hang an der Westküste. Als einer der drei antiken Stadtstaaten und als gutes Beispiel einer hellenistischen Stadtanlage gehört sie zu den bedeutendsten archäologischen Sehenswürdigkeiten der Insel.

Mythologie und Geschichte

In der Mythologie wird Kámiros in Zusammenhang mit der berühmten Geschichte des **Vatermörders Althaimenes** gebracht. Er war der Sohn von Katreus und ein Enkel von König Minos von Kreta. Ein Orakel prophezeite Katreus, dass eines seiner Kinder ihn töten werde. Aus Angst, er könnte der Mörder werden, verließ sein Sohn Althaimenes die Insel Kreta und ging nach Rhodos, wo er sich in der Gegend von Kámiros niederließ. Um seinen Sohn wiederzusehen, fuhr Katreus nach Rhodos, wo ihn Althaimenes für einen Seeräuber hielt und erschlug. Wegen dieser Untat wurde Althaimenes auf seinen Wunsch hin von der Erde verschlungen.

Ob Kámiros tatsächlich vom minoischen Kreta aus besiedelt wurde, ist ungewiss. Jedenfalls sind seit dem 14. Jh. v. Chr. mykenische Einflüsse nachweisbar, wahrscheinlich von Kreta. Mit Sicherheit kamen von dieser Insel die Dorer um 1000 v. Chr. nach Rhodos. Kámiros war neben Líndos und Iálissos der **kleinste der drei Stadtstaaten**, der den westlichen Teil der Insel umfasste. Hier lebten vor allem Bauern und Handwerker. Kámiros hatte seine Blütezeit im 6. Jh. v. Chr., als es die ersten Münzen prägte.

Als Folge des Zusammenschlusses aller rhodischen Städte zu einem Gesamtstaat und der Gründung der Stadt Rhodos im 5. Jh. v. Chr. verlor Kámiros seine Bedeutung. Nach der Zerstörung durch ein **Erdbeben 226 v. Chr.** wurde die Stadt hellenistisch wiederaufgebaut. Rund drei Jahrhunderte später, 142 n. Chr., machte ein weiteres großes Beben sie dem Erdboden gleich. Danach verließen die Einwohner die Stadt wohl für immer. Wiederentdeckt wurde sie erst im 19. Jahrhundert, ausgegraben in den 1930er-Jahren von den Italienern. Die meisten Funde werden heute im Archäologischen Museum von Rhodos-Stadt aufbewahrt.

Anlage

Die Ruinen sind ein typisches Beispiel für eine hellenistische Stadtanlage mit der Aufteilung in öffentliche und private Zonen und dem schachbrettartigen Straßensystem. Von der Akropolis oben hat man einen herrlichen Ausblick auf die Anlage und das Meer.

Nach dem Eingang betritt der Besucher zunächst die **untere Terrasse** (1), die im Süden durch eine Stützmauer (2) befestigt ist. Auf ihr wurden in verschiedenen Epochen Wohnhäuser (3) gebaut, die man links vom Eingang sieht. Die Terrasse war mit Weihegaben ge-

Kamiros Orientierung

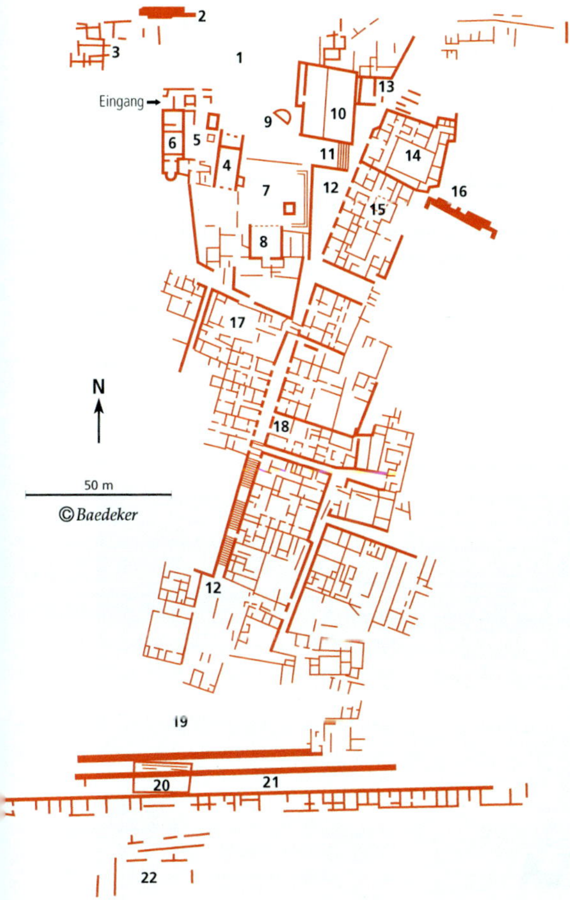

1 Untere Terrasse
2 Stützmauer
3 Wohnhäuser
4 Tempel des Apollon Pythios(?)
5 Kleiner Tempel
6 Kirche(?)
7 Kultplatz
8 Brunnenhaus
9 Exedra
10 Heiligtum der Altäre
11 Treppe
12 Hauptstraße
13 Bad
14 Wohnhaus
15 Atriumshaus
16 Befestigung
17 Badeanlage
18 Atriumshaus
19 Altar
20 Zisterne
21 Stoa
22 Pallas-Athene-Tempel

schmückt. In ihrem Zentrum steht ein von Süden zugänglicher **Tempel** (4), der wahrscheinlich dem **Apollon Pythios** geweiht war. In der Cella ist neben dem Sockel des Kultbildes eine 2 m tiefe Schatzgrube angelegt; in die Öffnungen ihres Decksteins warf man Opfergaben.
An der Nordwestecke des Apollon-Tempels befindet sich ein **kleiner Tempel** (5) im ionischen Stil. Die halbrunde Mauer westlich des Apollon-Tempels ist vielleicht ein Teil einer Kirche (6) aus frühchristlicher Zeit. An der Ostseite des Tempels liegt der 25 x 20 m große **Kultplatz** (7). Von der unteren Terrasse war er durch ein Por-

Öffnungszeiten:
Mai – Sept.
Di. – So.
8.30 – 19.00
Winter:
Di. – So.
8.30 – 15.00

tal in der mit dorischen Halbsäulen geschmückten Nordwand zugänglich. Die östliche Seite des Platzes nimmt eine dreistufige Treppenanlage ein, wo vielleicht an den Kulthandlungen beteiligte Personen saßen. An der Westseite des Platzes stehen Sockel für Weihegeschenke; dahinter liegt der Vorplatz zum Apollon-Tempel. An der Südseite des Platzes sieht man sechs dorische Halbsäulen, hinter denen sich ein **Brunnenhaus** (8) befindet; von dem Brunnen sind nur noch die Fundamente der Einfassung zu erkennen.
Vom Brunnenhaus führt von der südlichen Seite eine enge Treppe in ein stoaähnliches Gebäude. In einem westlich anschließenden Raum sind noch Reste eines Kochláki-Bodens erhalten. An der Ostseite der unteren Terrasse erkennt man hinter einer **Exedra** (9, halbkreisförmiger Raum mit Sitzbänken) ein von einer halbhohen Mauer umschlossenes **Heiligtum** (10), in dem auf zwei durch Treppenstufen verbundenen Ebenen mehrere Altäre platziert sind. Auf der unteren Ebene steht wohl der Hauptaltar, auf dem – laut der an der Westseite angebrachten Inschrift – dem Sonnengott Helios geopfert wurde. An der Nordwand des Heiligtums finden sich die Grundmauern eines kleinen Tempels. Neun Altäre der oberen Ebene sind verschiedenen Göttern geweiht. An der Südseite des Heiligtums führt eine Treppe (11) hinauf zur Hauptstraße (12).

Kámiros – ein schönes Beispiel einer hellenistischen Stadtanlage

Reste eines dreieckigen **Bades** (13) sind hinter dem Heiligtum zu erkennen; erhalten sind noch Fragmente des Caldariums (Warmbades) und Feuerstellen für die Warmwasser- und Heißluftaufbereitung. Schräg gegenüber befindet sich ein großes **Wohnhaus** (14) mit Atrium. Ebenfalls ein Atrium weist das **Haus** (15) weiter südlich auf, in dem einst eine Treppe ins Obergeschoss führte. Hinter diesen beiden Häusern kann man ein Stück **Befestigung** (16) erkennen. An beiden Seiten der Hauptstraße, die im Hangbereich als Treppe ausgebildet ist, reihen sich unterschiedlich große Wohnbauten. Einige wenige Reste einer weiteren **Badeanlage** (17) befinden sich rechts der Straße, oberhalb des Brunnenhauses. Weiter südlich, links der Straße steht eines der schönsten **Atriumshäuser** (18) der antiken Stadt.
Auf der Akropolis kommt man an den Resten eines Altars (19) vorbei und erreicht eine große **Zisterne** (20), die wohl aus dem 6. Jh. v. Chr. stammt. Das 20 x 11 m große und 4 m tiefe Wasserbecken, in das zwei Treppen führen, wurde zur Reinigung genutzt. Über die zwei Abflüsse im Boden wurde das Wasser in die Stadt geleitet.
Das eindrucksvollste Bauwerk der Stadt war sicherlich die 200 m lange, monumentale **Stoa** (Tempelgrundfläche, 21) mit zwei Reihen von dorischen Säulen. Die zahlreichen Räume dahinter dienten wahrscheinlich Pilgern als Aufenthaltsräume. Da durch den Bau der Stoa die große Zisterne unbrauchbar geworden war, legte man unterhalb dieser Räume 16 kleinere, untereinander verbundene Zisternen an, um das Wasser von den Dächern zu sammeln. Hinter der Stoa liegen die spärlichen Fragmente des Pallas-Athene-Tempels (22), über dessen Architektur man nur Vermutungen anstellen kann. Vielleicht war es ein Peripteros (Tempel mit rings umlaufenden Säulenreihen).

KÁMIROS ERLEBEN

ESSEN

► Fein & teuer

Althaimenis
Tel. 224 10/313 03
Das gorße Fischrestaurant direkt am Hafen eröffnet einen schönen Blick auf die Mole von Kámiros. Es gilt als ausgezeichnete Adresse für frischen Fisch und Hummer.

► Preiswert

New Kamiros
Tel. 224 10/400 01
Ein auch bei Einheimischen beliebtes Lokal, das zu guten Preisen leckere Fisch- und Fleischgerichte bietet.

ÜBERNACHTEN

► Luxus

Nymfi
Südlicher Ortsausgang von Sálakos
Tel. 224 10/222 06
www.nymph.gr, 4 Z.
Pension in einer alten italienischen Villa; im Haus eine abends viel besuchte Café-Bar.

► Komfortabel

Elafos
Tel./Fax 224 60/224 02
www.elafoshotel.gr, 38 Z.
Zwei stilvolle Häuser, mitten im Wald, ganz ruhig gelegen.

Umgebung von Kámiros

Sálakos Σάλακος

Das traditionelle Bergdorf Sálakos breitet sich am Nordhang des Profítis Ilías, 12 km südlich von Kámiros, in schöner Landschaft aus. Die vielen hiesigen **Quellen** – wie z. B. die Nymphi-Quelle – laden zum Spazierengehen ein. Eine selten vorkommende Vierkonchenanlage ist die Kímisis-tis-Theotókou-(Mariä-Entschlafung-)Kirche aus dem 14. Jh. auf dem Friedhof am östlichen Rand von Sálakos.

✶ Profítis Ilías Προφίτις Ηλίας

20 km südlich von Kámiros erhebt sich der 798 m hohe Profítis Ilías. Da sein Gipfel aus militärischen Gründen gesperrt ist, kann man nur bis auf eine Höhe von 710 m gelangen. In dieser Gegend glaubt man sich in ein anderes Land versetzt, jedenfalls denkt man hier nicht mehr an eine griechische Insel. Die **außergewöhnliche Landschaft** ist von Kiefern, Fichten und Eichen geprägt. Auch die Flora ist ungewöhnlich und vielfältig; es kommen Alpenveilchen, Pfingstrosen, Erdbeerbäume sowie Orchideen- und Ragwurzarten vor. Auf der Höhe steht einsam eine Wallfahrtskirche.

! *Baedeker* TIPP

Auf Eselspfaden

Eine der schönsten Wanderungen auf Rhodos ist die von Sálakos auf den 798 m hohen Profítis Ilías. Sie geht bei einer 50 m vom Hotel Nymfi gelegenen Bushaltestelle los (zunächst Richtung Nymphenquelle, dann gleich nach rechts abbiegen zum Profítis Ilías) und führt in zwei Stunden durch ungewöhnliche Landschaft auf alten Eselspfaden und schattigen Waldwegen auf den Berg. Vom Gipfelplateau eröffnet sich eine herrliche Aussicht.

Apóllona

Apóllona (1000 Einw.) am Südhang des Profítis Ilías erhielt seinen Namen von dem Apollon-Tempel, der hier in der Antike stand. Den Besucher erwartet ein kleines **Volkskundemuseum**, das die Ausstattung eines traditionellen Bauernhauses präsentiert (flexible Öffnungszeiten, man sollte im Kafenion danach fragen).

✶ Ágios Nikólaos Fountoúkli

Ágios Nikólaos Fountoúkli, **eine der schönsten Kirchen der Insel**, steht an der Straße, die vom Profítis Ilías nach Eleoússa führt. Ihr Beiname leitet sich von Fountoúkli (»Haselnüsse«) ab, denn die hiesigen Hügel waren wohl einst mit Haselnusssträuchern bedeckt. Sie stammt aus dem 14./15. Jh. und war ursprünglich die Hauptkirche eines Klosters, von dem nur noch spärliche Reste erhalten sind. Der Glockenstuhl wurde in späterer Zeit angefügt. Der harmonische Bau ist eine Vierkonchenanlage, wobei die östliche Apsis durch einen tonnengewölbten Bauteil verlängert wird. Im Tympanon über dem Nordeingang sieht man die Reste eines Freskos und darüber in die Wand eingelassene Teller. Die Kirche wurde von einem hohen byzantinischen Beamten gestiftet. Der traurige Anlass für diese Stiftung ist aus den Fresken zu ersehen: Der Stifter und seine Frau verloren ihre drei Kinder wahrscheinlich durch die Pest. In der Westkonche sind der Beamte und seine Frau dargestellt, die zusammen das Kirchen-

RHODISCHER REBENSAFT

Im sonnenverwöhnten Rhodos war Wein wie überall in Griechenland von der Antike an Nahrungs- und Genussmittel und zusammen mit Olivenöl Grundlage der Wirtschaft. Nach langer Pause wird seit einigen Jahrzehnten vor allem Weißwein wieder in guter Qualität auf Rhodos produziert.

CAIR und Emery sind heute die beiden Produzenten von Weiß- und Rotwein auf der Insel. Zwar feiert die in der Nähe von Rhodos-Stadt ansässige **CAIR Winery** mit ihrem Weißwein »Rodos 2400« die Jahrtausende alte Weintradition, doch während der langen Türkenherrschaft ging die Bedeutung des Rebbaus verloren. Erst seit 1928 hat der Weinbau unter italienischer Herrschaft an Umfang und Qualität zugenommen.

Anbaugebiete

Auf der Insel unterscheidet man zwei klimatisch unterschiedliche Apellationsgebiete für Rot- und Weißwein. Das **typische Rotweingebiet**, wo u. a. aus der Traubensorte Mandilaria ein trockener Rotwein gewonnen wird, ist weitgehend eben und sandig; darüber wehen hin und wieder die heißen Wüstenwinde. Das **Weißweingebiet**, knapp die Hälfte der Anbauregion, liegt hauptsächlich an den Abhängen des bis auf 1215 m ansteigenden Atáviros, besonders in der Umgebung von Émbonas, wo die Weißweintraube Athiri bevorzugt wächst, aus der in der dortigen **Kellerei Emery** ein fruchtiger, trockener Weißwein gekeltert wird. Neuerdings widmen sich die Weinerzeuger auch der Herstellung von klassischem Schaumwein, produzieren gefälligen Rosé und Likörweine, die aus den Malvasia- oder Muskattrauben gewonnen werden.

Empfehlungen

Von den verschiedenen Marken, die auf Rhodos angeboten werden, ist der »Ilios« der Kellerei CAIR als einfacher trockener **Weißwein** zu nennen, während der »Emery dry white« wie auch der »Villare dry white« bereits bessere Qualitätsweine sind.

Unter den **Rotweinen** munden der »Chevalier de Rodos« aus der Mandilaria-Traube von CAIR, den angeblich auch schon die Ordensritter getrunken haben, sowie der gute Cava-Rotwein der Kellerei Emery, die in letzter Zeit auch den Barrique-Ausbau pflegt. Natürlich gibt es auch noch den einfachen Retsina und den prickelnden CAIR Brut zum Anstoßen.

modell halten; darüber erscheint der segnende Christus. Gegenüber sieht man die drei verstorbenen Kinder, die von Christus gesegnet werden. Neben der Kirche laden ein Brunnen, Bänke und ein Kinderspielplatz zu einer Rast ein.

Eleoúsa Ελεούσα 3 km östlich der Kirche erreicht man den Ort Eleoúsa. Die Gebäude an der großen, von Pinien bestandenen Platía oberhalb des Dorfes wurden 1943 von den Italienern in einem ungewöhnlichen Kolonialstil errichtet. Teilweise verfallen, haben sie einen eigenartigen Reiz. Am Ortsausgang Richtung Profítis Ilías lebt in einem schön gefassten Süßwasserteich die **Fischart Gizáni**, die es nur auf Rhodos gibt.

Soroní Σορωνή Die lebendige Kleinstadt Soroní an der Westküste, 12 km nördlich von Eleoúsa, ist vor allem wegen der **Wallfahrtskirche des hl. Soulás** mit einer heiligen Quelle bekannt. Die Kirche liegt etwa 4 km von Soroní entfernt an der Straße nach Eleoúsa.

Kámiros Skála Κάμειρος Σκάλα Der kleine Fischerhafen, 14 km südlich von Kámiros, ist für diejenigen interessant, die zur Insel Chálki übersetzen wollen. Der Ort bietet ansonsten nicht viel – außer guten Fischtavernen und der unvollendeten Fassade eines lykischen Felsgrabs, die man am besten vom Nordrand des Parkplatzes (hier auch Hinweisschild) aus sieht.

Kastéllos Kritinía Κάστέλλος Κρητηνία Zwei Kilometer südlich von Kámiros Skála erhebt sich imposant auf einem Hügel das Kastéllos Kritinía, die besterhaltene Johanniterburg auf Rhodos. Der Großmeister Giovanni Battista degli Orsini ließ sie 1472 errichten, und unter den Großmeistern d' Aubusson, d' Amboise und del Carretto wurde sie ausgebaut. Ihre Wappen sind an der Außenmauer angebracht. An der höchsten Stelle der Burg, deren Mauern teilweise noch bis zu den Zinnen erhalten sind, steht ein wehrhafter Turm. Hier kann man einen fantastischen Meerblick bis zu den Inseln Alimiá und Chálki genießen. Sehr gut erhalten ist die Ritterkirche Ágios Geórgios mit schönem Quadermauerwerk.

Kritinía Κρητηνία Das ruhige Dorf Kritinía, das von Kretern gegründet worden sein soll, liegt 5 km südlich von Kámiros Skála in den Bergen oberhalb der Westküste. Die kleine Platía lädt zu einer Rast ein; von der Taverne hat man einen herrlichen Ausblick auf die Küste. Am nördlichen Ortsrand gibt es ein kleines **Heimatmuseum** (Öffnungszeiten: tgl. 9.30 – 17.30 Uhr), in dem Alltagsgegenstände und landwirtschaftliche Geräte des 19. und 20. Jh.s ausgestellt sind. Wenn man von hier die Straße nach Westen geht, erreicht man nach etwa zehn Minuten die **Ágios-Ioánnis-Pródromos-Kirche**. Der Weg dorthin lohnt sich schon wegen der zauberhaften Lage des von zwei mächtigen Zypressen gesäumten, archaisch wirkenden Gotteshauses mit Blick auf das Kritinía-Kastell. Die Kirche, deren Dach mit Steinplatten gedeckt ist, stammt aus dem 13./14. Jahrhundert. Im einschiffigen Innern sind zwei Freskenschichten aus der Bauzeit sowie dem 15. Jh. erhalten.

Sonnenuntergang mit Blick auf die Insel Chálki, vom Kastéllos Kritinía aus gesehen.

Émbonas
Εμπωνας

Émbonas (1300 Einw.), die **»Weinhauptstadt«** von Rhodos (►Baedeker-Special ►S. 151), an den Hängen des Atáviros, 8 km von Kritinía entfernt, gehört zum Standardprogramm auf den Inselrundfahrten und ist ein beliebtes Ziel für folkloristische Abende. Die Dorfbewohner leben von der Landwirtschaft, wichtigste Erzeugnisse sind Wein und Tresterschnaps (souma). Die Frauen verkaufen ihre Stick-, Web- und Häkelarbeiten. An der unteren Platia mit Souvenirgeschäften und Lokalen, wo die Ausflugsbusse halten, herrscht entsprechender Trubel. Allerdings gibt es noch einen ländlich geprägten Ortsteil zu entdecken. Im Zentrum kann man ein **volkskundliches Museum** besuchen, in dem ein original eingerichtetes Einraumhaus zu sehen ist.

! *Baedeker* TIPP

Trockene und halbtrockene Genusse

Wer einem guten Tropfen nicht abgeneigt ist, sollte der bekannten und traditionsreichen Weinkellerei Emery am nördlichen Ortsrand von Émbonas einen Besuch abstatten. Hier kann man die – meist trockenen oder halbtrockenen – Weine verkosten und erwerben (Öffnungszeiten: tgl. 9.30 – 15.30 Uhr oder nach Vereinbarung: Tel. 224 10 / 412 08, www.emery.gr).

Atáviros
Ατάβυρος

Wer den kahlen **höchsten Berg von Rhodos** südlich von Émbonas besteigt, wird mit wunderbaren Ausblicken belohnt. Bei besonders gutem Wetter erkennt man sogar das 240 km entfernte Kreta. Im Altertum stand auf dem Gipfel (1215 m) ein Zeusheiligtum, von dem noch geringe Reste vorhanden sind. Der Aufstieg, für den weder eine Markierung noch ein Weg vorhanden sind, führt über Geröllfelder

und dauert mindestens drei Stunden. Man sollte Wanderschuhe tragen sowie Verpflegung und Trinkwasser mitnehmen.
Die Tour sollte nicht allein unternommen werden! An bewölkten Tagen ist der Aufstieg zu gefährlich, weil auf dem Gipfel dann dichter Nebel herrscht.

✶ Alimiá Αλιμιά

Die heute unbewohnte Insel, südwestlich von Kámiros im Meer gelegen, ist ein einziger herrlicher **Sandbadestrand**. Im Sommer werden **Bootsausflüge von Chálki** dorthin angeboten. Alimiá war eine U-Boot-Basis der Italiener; die Baracken sind erhalten.

Kolýmbia

F 3

Griechisch: Κολύμπια

Das ehemalige Dorf an der Ostküste zählt heute zu den wichtigsten Touristenzentren und lockt mit seinen Sand- und Kiesstränden Jahr für Jahr mehr Badeurlauber an.

KOLÝMBIA ERLEBEN

ESSEN

▸ Erschwinglich

Nissaki
Kolymbia Beach
Tel. 224 10/563 60
Am Meer gelegenes Lokal. Die Küche bereitet Fisch und Meeresfrüchte aus eigenem Fang zu. Nach dem Essen kann man den Abend in der Cocktailbar nebenan ausklingen lassen.

Grillhouse Savvas
An der Eukalyptusallee
Tel. 224 10/563 00
Das familiengeführte Restaurant bietet eine große Auswahl an griechischen Spezialitäten. Die meisten werden auf dem Holzkohlegrill zubereitet. Es gibt Kinderteller und einen Spielplatz.

▸ Preiswert

Eucalyptus
An der Eukalyptusallee
Die typische Taverne bietet Grillspezialitäten, frischen Fisch, preiswerte Menüs und Wein vom Fass.

Panorama
An der Ostküstenstraße Richtung Tsambíka
Schöner Blick auf die Bucht und das Kloster Tsambíka. Gute griechische Taverenenkost.

ÜBERNACHTEN

▸ Luxus

Nirides Beach
Tel. 224 10 / 564 61, Fax 564 61
Modernes Hotel mit geschmackvoll eingerichteten Zimmern; Animation; Strand etwa 500 m entfernt.

▸ Komfortabel

Kolymbia Sun
Tel. 224 10/562 13
200 m vom Strand entferntes All-inclusive-Hotel, das über einen Swimmingpool verfügt.

Erst ab Anfang der 1980er-Jahre entstanden hier die Hotels. Dabei hat man aus den Fehlern von Faliráki gelernt und errichtete keine Schlaftürme, sondern im Wesentlichen flache Komplexe, die sich oft sogar recht gut in die Landschaft einpassen. Die Lokale und Unterkünfte reihen sich entlang einer schönen Eukalyptus-Allee aneinander. Allerdings hat Kolýmbia wie alle ausgesprochenen Touristenorte nicht viel Atmosphäre.

Umgebung von Kolýmbia

Der wunderschöne, feinsandige Tsambíka-Strand, südlich unterhalb des gleichnamigen alten Klosters gelegen, gilt als **einer der schönsten der Insel**. Er ist mit Sonnenliegen und -schirmen, Duschen, Tavernen und Strandbars ausgestattet. Die zum Klostergelände gehörende Bucht ist nicht verbaut.

✶ Tsambíka-Strand

Das **verlassene Nonnenkloster** Tsambíka, wenige Kilometer südlich von Kolýmbia spektakulär auf dem gleichnamigen Berg gelegen, ist der Panagía (Maria) geweiht. Über seine Entstehung wird eine Legende erzählt, die es in verschiedenen Versionen gibt. Eine davon ist folgende: Ein kinderloses Ehepaar hatte die Hoffnung auf Nachwuchs schon fast aufgegeben. Da sah der Mann drei Nächte hintereinander auf dem Berg einen geheimnisvollen Feuerschein. Er ging hin und fand an der Stelle des Feuerscheins eine Ikone der Muttergottes. Der Mann gelobte der Madonna, ein Kloster für sie zu errichten, wenn seine Frau schwanger würde. Als er nach Hause kam, sagte ihm seine Frau, dass sie ein Kind erwarte. Das Ehepaar bekam ein Mädchen, das es Tsambíka nannte, und der Mann baute das Kloster. Tsambíka und Tsambíkos sind typische rhodische Vornamen.

✶ Moní Tsambíka Μονή Τσαμπίκα

Das Klosterkirchlein ist heute noch ein **Wallfahrtsort**, vor allem für junge Frauen, die sich eine glückliche Ehe und Kinder erhoffen. Besonders Erfolg versprechend soll die Wallfahrt sein, wenn die Pilgerin sich für die letzte Wegstrecke einen Sack mit einem schweren Stein auf die Schultern packt, wie

Im Tsambíka-Kloster wird Brot gesegnet.

sie unter einem Muttergottesbild bereitliegen. Der größte Teil des Weges zum Kloster ist befahrbar, den Rest muss man zu Fuß gehen. Dazu nimmt man den schönen, von Kiefern beschatteten Treppenweg mit 295 Stufen, der in steilem Aufstieg hinaufführt. Diese Mühe lohnt sich vor allem wegen des **herrlichen Ausblicks** auf die Küste, den schönen Tsambíka-Strand und das Hinterland. Durch ein weißes Tor kommt man in den Klosterhof. In der Kapelle ist die Ikone der Muttergottes mit Votivtäfelchen (támata) behängt.

Neues Tsambíka-Kloster

Das moderne Tsambíka-Kloster liegt direkt an der Küstenstraße Richtung Líndos, etwa 1 km von der Abzweigung zur Wallfahrtskirche entfernt. Die dreijochige Klosterkirche mit Kreuzrippengewölbe, frei stehendem Glockenturm und einer Apsiskonche stammt aus dem 18. Jh. und enthält eine kostbare Ikonostase. Am Geburtstag der Muttergottes, dem 8. September, pilgern viele Menschen, besonders Frauen, zu den beiden Klöstern.

Eptá Pigés Επτά Πυγές

Das 3 km westlich von Kolýmbia gelegene **idyllische Tal** der Eptá Pigés (»Sieben Quellen«) fasziniert durch seine üppige Vegetation mit Platanen und Pinien. Hier ist es immer angenehm kühl, was die Besucher besonders im Sommer zu schätzen wissen. An den Ufern des klaren, von einigen Quellen gespeisten Baches stolzieren ein paar halbwilde Pfauen auf und ab. Attraktion des beliebten Ausflugsortes ist ein 180 m langer und ca. 1,70 m hoher begehbarer dunkler **Tunnel**, wo man durch knöchelhohes Wasser laufen muss. Der Tunnel wurde in der Zeit der italienischen Besatzung zur Bewässerung der Ebene von Kolýmbia angelegt.
Am Ende des Tunnels liegt ein kleiner hübscher See inmitten einer sanft gewellten grünen Landschaft. Wer das idyllische Bild genießen will, ohne nasse Füße zu bekommen, geht über den Hügel, durch den der Tunnel führt. In der **Taverne** bei den Quellen kann man, beschattet von alten Platanen, eine Rast einlegen. Von der Straße Kolýmbia – Archípoli führt von einem kleinen Parkplatz ein Fußweg hinauf zu den Eptá Pigés.

Ágios Nekatríos

Fährt man auf die Hauptstraße zurück und weiter in Richtung Archípoli, findet man links oberhalb der Straße die moderne Kirche Ágios Nektaríos unter Platanen. Hier ist ein beliebter Rastplatz mit einer Taverne.

Archípoli Αρχίπολη

Das kleine, noch sehr »griechische« Dorf, 8 km westlich von Kolýmbia im Inselinnern, hat von den Touristenströmen bisher nicht viel mitbekommen. Es gibt hier ein paar einfache Tavernen und Kafenía. Auffallend im Ortsbild ist der Glockenturm, der sich in vier Geschossen nach oben verjüngt.

← *Eingebettet zwischen Felsen: der vielleicht schönste Sandstrand von Rhodos in der Tsambíka-Bucht.*

★★ Líndos

F 4

Griechisch: Λίνδος **Einwohnerzahl:** 900

Der an der Ostküste auf einem 116 m hohen Felsen traumhaft gelegene Ort Líndos, der schon seit Jahren unter Denkmalschutz steht, ist eine der ganz großen Attraktionen nicht nur von Rhodos, sondern von Griechenland insgesamt.

In der Hochsaison herrscht hier dichtes Menschengedränge, was einen jedoch nicht davon abhalten sollte, den schönen Ort zu besuchen. Zahlreiche Geschäfte, Restaurants, Bars und Nachtklubs halten ein großes Angebot zum Einkaufen, Essen und für die Unterhaltung bereit. Die vielfältige Warenpalette der Geschäfte umfasst Lederwaren, Schmuck, Keramik, Teppiche, Stickereien und Kleidung.

★★ Ortsbild

Líndos zeichnet sich mit seinen niedrigen weißen Häusern, überragt von der mächtigen Akropolis, die sich gegen das tiefblaue Meer abhebt, durch eine herrliche Lage und ein **außergewöhnlich geschlossenes malerisches Ortsbild** aus. Geht der Besucher von dem belebten Hauptweg zur Akropolis, der vor allem von Souvenirläden und Lokalen gesäumt ist, etwas ab, kommt er in stimmungsvolle Gassen. Eine architektonische Besonderheit von Líndos sind die **prachtvollen Kapitänshäuser**, die bis auf das älteste (türkische) von 1599 aus dem

Lindos Orientierung

Essen

① Agostino's
② Ambrosia
③ Calypso
④ Dimitri's
⑤ Afroditi
⑥ Mavrikos
⑦ Symposion

Übernachten

① Katholiki
② Electra

Hoch oben thront die Akropolis, darunter schmiegen sich die weißen Häuser des denkmalgeschützten Ortes Líndos an den Fels. Im Vordergrund die Pallas-Bucht.

17. und 18. Jh. stammen, als griechische Kaufleute durch den Handel mit Venedig und den türkischen Häfen zu großem Wohlstand kamen. Wahrscheinlich hat ein Erdbeben um 1610 die frühere Bebauung zerstört. Die Häuser aus naturfarbenen Porossteinmauern sind eine reizvolle Mischung von arabischen, byzantinischen und ägäischen Stilelementen. Die Räume sind um einen offenen Hof, der zur Straßenseite hin geschlossen war, angeordnet. Die Gebäude sind vor allem an den Türen und Fenstern mit Reliefs, Zierbändern und figurativen Darstellungen verziert und die blumengeschmückten Innenhöfe mit Kochláki belegt. Gegenüber dem Eingang befand sich die Sala, der größte Raum des Hauses, der den Reichtum des Besitzers bezeugen sollte und in dem Gäste empfangen wurden.
Er war mit den typisch rhodischen bemalten Keramiktellern geschmückt. Solche Teller kann man heute in Keramikwerkstätten oder Souvenirgeschäften kaufen. In einigen Kapitänshäusern wurden Cafés / Restaurants oder Ferienwohnungen eingerichtet (► Tipp S. 165). Erst im 19. Jh. wurde es üblich, sie mit weißer Tünche und die Türen mit brauner und blauer Farbe zu streichen.

Geschichte

Die Besiedlung von Líndos ist bis ins 3. Jt. v. Chr. nachweisbar. Bereits im 2. Jt. v. Chr. wurde vermutlich in einer Höhle unterhalb des Athena-Lindia-Tempels die **Göttin Lindia** verehrt, deren Name auf eine Herkunft aus Kleinasien schließen lässt. Später wurde der Kult auf den über der Grotte gelegenen Platz auf der Akropolis verlegt,

LÍNDOS ERLEBEN

AUSKUNFT

Touristeninformationsbüro
Platia Eleftherias
Tel. 224 40/319 00

ESSEN

► Fein & teuer

⑤ ***Afroditi***
Diese Taverne kann eine angenehme Zwischenstation beim Aufstieg auf die Akropolis sein. Sie befindet sich in einem der historischen Kapitänshäuser mit schönem Innenhof und Dachterrasse. Internationale Küche.

⑥ ***Mavrikos***
Platia Eleftherías
Tel. 224 40/312 32
Traditionsreiches, bei Einheimischen beliebtes Lokal an der zentralen Platia am Ortseingang. Serviert werden sehr gute griechische und internationale Gerichte.

⑦ ***Symposio***
Apostolou Pavlou
Tel. 224 40/312 60
Das Feinschmeckerlokal in einem sanierten alten Haus wird zur Top-Klasse in Líndos gezählt. Die Küche bietet Spezialitäten der griechischen, zypriotischen und internationalen Küche, u. a. Hummer, Meeresfrüchte und gute Steaks.

► Erschwinglich

① ***Agostinos***
Tel. 224 40/312 18
Unterhalb des Parkplatzes Richtung Pefki gelegen. Es bietet einen malerischen Blick über die Dächer des Ortes bis hinüber zur Burg. Geboten wird gute griechische Küche, vor allem die Vorspeisen sind empfehlenswert. Gute vegetarische Gerichte. Geöffnet ab 18.00 Uhr.

② ***Ambrosia***
Tel. 224 40/318 04
Unweit des Aufstiegs zur Akropolis gelegen. Das Restaurant bietet vor allem Pasta, Seafood, Spezialitäten vom Grill.

③ ***Calypso***
Tel. 224 40/316 69
Griechische Gerichte werden im Innenhof oder im Gastraum des alten, wunderschönen Kapitänshauses serviert. Vom Dachgarten hat man einen schönen Blick auf die Akropolis.

④ ***Dimitri's***
Das beschauliche Gartenrestaurant unterhalb des Hauptplatzes hat seine Tische im Schatten von Zitronenbäumen gedeckt. Serviert wird gutes Essen zu moderaten Preisen.

ÜBERNACHTEN IN LÍNDOS UND UMGEBUNG

In Líndos selbst gibt es wenige Hotels, sondern nur Privatunterkünfte. Hotels sind deshalb auch im Nachbarort Vlicha angegeben.

► Luxus

Lindos Bay
Vlicha
Tel. 224 40/315 01, Fax 315 00
199 Z., 8 Suiten
Unmittelbar am Strand gelegenes Hotel mit rustikal eingerichteten Zimmern. Mit Kinderklub und Möglichkeiten zum Sport.

Lindos Mare
Vlicha
Tel. 224 40/311 30, Fax 311 31
www.lindosmare.gr
Modernes Hotel in Hanglage mit Blick über die Bucht von Vlicha; modern ausgestattete Zimmer mit Balkon oder

Terrasse. Kinderklub, Wassersportmöglichkeiten.

Líndos Village
Vlicha
Tel. 224 40/320 03, Fax 320 07
188 Z. und Suiten
Hübsche, einem griechischen Dorf ähnelnde Hotelanlage in einem prächtigen Garten; geräumige Zimmer mit Balkon oder Terrasse. Blick auf die Bucht von Vlicha.

► Komfortabel

② ***Electra***
Tel. 224 40/312 66
Kleine Pension an der Gasse zum Pallas-Strand. Es gibt keine Verpflegung, aber nette Zimmer mit Meerblick (nur April – Okt.). Garten und Terrasse laden zum Entspannen ein.

► Günstig

① ***Katholiki***
Tel. 224 40/314 45
An der Gasse zum Pallas-Strand
Kleine, sehr einfache Pension in einem 350 Jahre alten Haus mit schönem Innenhof, Kochgelegenheit, keine Verpflegung.

AUSGEHEN

Diverse, nachts meist überlaufene Bars und Tavernen ziehen sich die Hauptgasse entlang. Allerdings sind Lärm und Musik nur bis 24.00 Uhr

Nachts in der »Colossus Bar« in Líndos

gestattet. Die begehrte Freiluft-Disko Akropolix, die auch nach Mitternacht noch dröhnen darf, liegt an der Straße zum Strand (geöffnet: Juni – Sept.). Die große Freiluft-Disko Amphitheatre Club, 2 km außerhalb an der Straße nach Rhodos-Stadt, bietet einen prächtigem Blick auf den Ort.

wo man einen Tempel für die Göttin errichtete. Nach der dorischen Einwanderung um 1000 v. Chr. verband sich offensichtlich dieser Kult mit dem mitgebrachten der Göttin Athena zur **Athena Lindia**. Der Ort entwickelte sich zu dem mächtigsten der drei Stadtstaaten von Rhodos, der den ganzen Süden der Insel umfasste. Ab Ende des 8. Jh.s gründeten die Lindier bereits Kolonien, z. B. Gela auf der Insel Sizilien. Líndos war ein bedeutendes See- und Handelszentrum, dessen Blüte in die Herrschaftszeit des Tyrannen **Kleóboulos** (► Berühmte Persönlichkeiten, S. 56) im 6. Jh. v. Chr. fiel. Infolge der persischen Invasion Anfang des 5. Jh.s setzte der Niedergang der Stadt ein, und mit der Gründung von Rhodos-Stadt 408 v. Chr. verlor Líndos seine politische und wirtschaftliche Bedeutung, blieb jedoch ein wichtiges Kultzentrum. Vom 6. bis zum 13. Jh. gab es auf der Akropolis eine Burg, die von den Johannitern 1312 ausgebaut wurde. 1522 wurde die Akropolis zur türkischen Festung umfunktioniert.

Wohlstand erlangte Líndos im 17. und vor allem im 18. Jh. durch die Handelsschifffahrt. Im 19. Jh. setzte allerdings wieder ein Niedergang ein. Heute lebt die Stadt hauptsächlich vom Tourismus.

Stadtbesichtigung

Die Zufahrt zum Ort führt durch einen alten Hohlweg zur **Platía Eleftherías** mit einem mächtigen Feigenbaum, wo der Verkehr endet. Der Platz ist Ausgangspunkt für eine Stadtbesichtigung; Taxis und Linienbusse haben hier ihre Stationen. Danach geht es zu Fuß oder auf einem Esel weiter. Nur die Gefährte, auf denen das Gepäck der Gäste zu den Unterkünften gebracht wird, dürfen durch die Gassen fahren. In den Ortskern von Líndos führt die **Odós Akropoleos**, die von Reisebüros, Cafés und Souvenirläden gesäumt wird. Von hier kann man sich mit dem Esel auf die Akropolis hinaufbringen lassen.

✶✶ Akropolis

Öffnungszeiten:
Di. – So.
8.00 – 19.00
in der Nebensaison:
Di. – So.
8.30 – 14.30

Auf dem Besuchsprogramm für Líndos sollte auf jeden Fall die Akropolis stehen. In beeindruckender Lage sind Überreste vom 2. Jt. v. Chr. bis zum Mittelalter zu sehen. Von dem Felsen genießt man **fantastische Aussichten** auf die Ágios-Pállas-Bucht und die Ágios-Pávlos-Bucht sowie auf den Ort.

Nach dem Kassenhaus führt ein Treppenweg zu einem kleinen Platz mit drei **Zisternen** (1), an dessen Südseite sich ein **byzantinischer Turm** (2) mit Ziegelstücken in den Mauerfugen erhebt. Daneben wurde aus dem Felsen eine **Exedra** (3), ein halbrunder Stufenbau mit Bank, herausgearbeitet, auf dem wohl Weihefiguren standen. Die

Lindos Akropolis

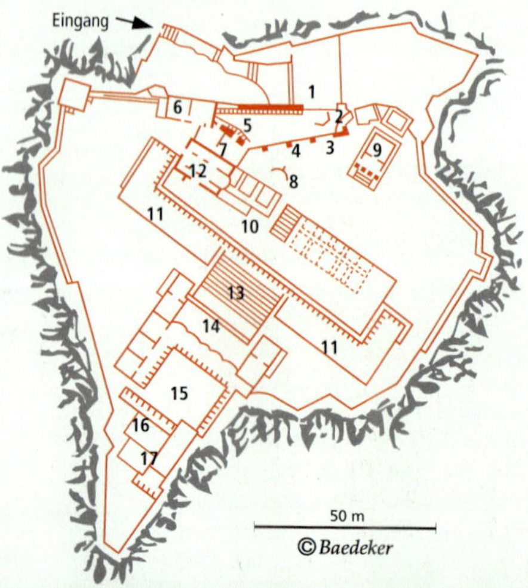

1 Zisternen
2 Byzant. Turm
3 Exedra
4 Schiffsrelief
5 Treppe
6 Rittergebäude
7 Gewölbe
8 Exedra
9 Psithyros-Tempel
10 Unterbau
11 Stoa
12 Burgkirche
13 Freitreppe
14 Propyläen
15 Hof
16 Säulenhalle
17 Tempel der Athena Lindia

aus dem 3. oder 4. Jh. n. Chr. stammende Inschrift auf ihrer Rückseite besagt, dass der Priester Aglochartos die Akropolis mit Ölbäumen geschmückt habe. Das **Felsrelief** (4) mit dem Heck einer Triere (Kriegsschiff) rechts daneben wurde zu Ehren des Admirals Hegesandros von Mikion im 2. Jh. v. Chr. geschaffen. Auf dem kleinen Sockel stand wohl die Statue des Admirals von Pythokritos, der als Schöpfer der Nike von Samothrake gilt.
Geht man die moderne Treppe hinauf zur Akropolis, sieht man links Reste der antiken Treppe (5) und weiter oben eine Treppe aus der Ritterzeit. Ein gewölbtes Tor führt in das Erdgeschoss des **Rittergebäudes** (6), in dem eine Wendeltreppe ins Obergeschoss leitet. In dem südlich anschließenden **Gewölbe** (7) sind rechts in den Fels Treppenstufen aus archaischer Zeit gehauen. Im Freien trifft man zunächst auf eine **Exedra** (8, 3. Jh. v. Chr.). Die Inschrift darauf besagt, dass der Priester Pamphilidas den berühmten Bildhauer Phyles, Sohn des ebenfalls berühmten Bildhauers Polygnotos, beauftragte, sein Standbild zu schaffen. Keines der Werke von Phyles, der auch auf der Insel Délos arbeitete, ist erhalten.
Der **Tempel** (9) weiter hinten aus dem 3. Jh. n. Chr. ist dem weissagenden Dämon Psithyros geweiht. Die 87 m lange **Stoa** (11), vor der ein **Unterbau** (10) mit Zisternen liegt, entstand am Ende des 3. Jh.s v. Chr. und ist eines der großartigsten Bauwerke des Hellenismus in Griechenland. Neben der Stoa befindet sich die byzantinische **Johanneskirche** (12), eine Kreuzkuppelkirche aus dem 13. Jh. mit eingeschriebenem lateinischen Kreuz.

Zeugnisse aus 3 Jahrtausenden liegen auf der Akropolis von Líndos nebeneinander.

Eine 21 m breite **Freitreppe** (13) führt zu den am Beginn des 3. Jh.s v. Chr. erbauten **Propyläen** (14), in deren Rückwand wiederum fünf Türen in den heiligen Bezirk überleiteten. Dieser besteht aus einem von Säulen umstandenen **Hof** (15), dem erst im 2. Jh. n. Chr. südlich eine ionische **Säulenhalle** (16) angegliedert wurde, und dem vergleichsweise bescheidenen, jedoch bedeutenden **Tempel der Athena Lindia** (17). Dieser wurde 310 v. Chr. an der Stelle eines Vorgängerbaus (um 700 v. Chr.) nach einem Brand 342 v. Chr. in Form eines Amphiprostylos – eines umganglosen kleinen Tempels mit Säulenstellung vor beiden Fronten – wiederaufgebaut. Von hier hat man eine fantastische Aussicht auf die wunderschöne Ágios-Pávlos-Bucht.

Weitere Sehenswürdigkeiten in Líndos

✶ Panagía-Kirche

Unweit der Platía, auf dem Weg zur Akropolis, liegt die ursprünglich im 14. Jh. erbaute Panagía-Kirche, die der Großmeister Pierre d' Aubusson 1490 restaurieren und erweitern ließ. Die spitztonnige Kreuzkuppelkirche verfügt über eine mächtige achteckige Tambourkuppel. Der frei stehende klassizistische fünfgeschossige Glockenturm, der in den drei oberen Geschossen offen ist, datiert auf den Beginn des 19. Jahrhunderts. Der Boden im Kircheninnern besitzt einen schönen Kochlákibelag. Besonders zu erwähnen sind die wunderschöne reich geschnitzte vergoldete **Ikonostase** einschließlich der Ikonen aus dem 17. Jh. und der ebenfalls geschnitzte **Bischofsthron**. Die Fresken

Eine Fülle von themenreichen Fresken aus dem 18. Jh. bedeckt die Wände der Panagía-Kirche. Die vergoldete Ikonostase stammt aus dem 17. Jahrhundert.

(Abb. auch S. 42), die 1779 von einem Maler namens Geórgios von der Insel Sými im nachbyzantinischen Stil ausgeführt wurden, zeigen an der Eingangswand das Jüngste Gericht sowie Szenen aus dem Leben Christi und der Muttergottes im Langhausgewölbe. Außerdem ist im Langhaus (2. Reihe von unten) und an der Westwand des Querhauses der seltene Akathistos-Hymnus, ein 24-strophiger Marienhymnus der orthodoxen Kirche, dargestellt. Jede der 24 Strophen, deren Anfangsbuchstaben das griechische Alphabet ergeben, ist mit einem Bild wiedergegeben (Öffnungszeiten: Mo. – Sa. 9.00 – 15.00, 16.30 – 18.00, So. 9.00 bis 15.00 Uhr). Wer sich für sakrale Kunst interessiert, kann sich noch das kleine angegliederte **Museum** ansehen. Hier sind liturgisches Gerät und alte Bibeln sowie Ikonen ausgestellt (Öffnungszeiten: tgl. 9.00 – 15.00 Uhr).

> ! *Baedeker* TIPP
>
> **Eine Bar im Kapitänshaus**
>
> In der stilvollen Umgebung eines der schönsten Kapitänshäuser kann man in der westlich der Souvenirgasse gelegenen Bar »Lindian Captain House« eine Pause einlegen. Vom Dachgarten bietet sich zudem ein herrlicher Blick auf die Akropolis.

Ágios Geórgios Chostós

Sehenswert ist zudem die Kirche Ágios Geórgios Chostós (»der Eingegrabene«), tief unterhalb einer halbhohen Mauer gelegen. Sie ist die **älteste Kirche von Rhodos** und besitzt auch die ältesten Fresken. Das Gotteshaus, dessen Entstehungszeit wohl in das 8. oder 9. Jh. fällt, gehört zum Typus der Kuppelhalle. Besonders interessant im Innern sind die sehr seltenen Fresken aus der Zeit des Ikonoklasmus, des Bilderstreits im 8./9. Jh., denn nach der Aufhebung des Bilderverbots wurden die meisten ikonoklastischen Fresken zerstört. Als Muster fallen vor allem Kreuze sowie florale und ornamentale Verzierungen auf (Schlüssel vormittags im Nachbarhaus rechts holen).

Antikes Theater

Im südöstlichen Teil des Ortes trifft man auf die Reste eines antiken Theaters wahrscheinlich aus dem 4. Jh. v. Chr., das aus dem Felshang herausgearbeitet wurde und 1800 Zuschauern Platz bot. Oberhalb der Zuschauerreihen stehen etwa auf der Mittelachse die Reste eines kleinen Gebäudes, das als Dionysos-Tempel gedeutet wird. Das Theater verfügte über eine kreisförmige Orchestra und ein davor liegendes Bühnenhaus.

Tetrastoon

Die 38 x 31 m große Säulenhalle links vor dem Theater war als **Aufenthalts- und Festraum** für ebenso viele Zuschauer ausgelegt wie das Theater. Das Tetrastoon besaß vier geschlossene Außenwände und einen großen Hof. Das Theater und das Tetrastoon standen wohl im Zusammenhang mit den dionysischen Festen in Líndos. An der Ostseite des Tetrastoons sieht man die wenigen Fragmente einer frühchristlichen Kirche; später stand hier die Ágios-Stéfanos-Kirche. Bei deren Abriss 1904 fand man die bedeutende **lindische Tempelchronik**, die heute im Kopenhagener Nationalmuseum aufbewahrt wird.

Grab des Archókrates

Das Felskammergrab des Archókrates (um 200 v. Chr.) gehört zu den bedeutendsten Grabbauten der Insel. Allerdings ist der südlich der Platía, oberhalb der Häuser gelegene Bau schwer auffindbar und nur mit großer Mühe zu erreichen. Das Grab wies eine imponierende zweigeschossige Blendfassade auf, von der jedoch nur noch wenige Überreste vorhanden sind.

*** Pállas-Bucht**

**** Ágios-Pávlos-Bucht**

Auch auf Badefreuden braucht man in Líndos nicht zu verzichten. Unterhalb des Ortes erstreckt sich die sehr schöne, gut besuchte Pállas-Bucht und auf der anderen Seite der Akropolis die fast geschlossene, beeindruckende Ágios-Pávlos-Bucht mit einem kleinen Sandstrand. Hier soll der Apostel Paulus an Land gegangen sein, um die Bewohner von Líndos zum Christentum zu bekehren. Zur Erinnerung daran wurde in der Bucht eine Kapelle errichtet.

»Grab des Kleóboulos«

Empfehlenswert ist die etwa **90-minütige Wanderung** (hin und zurück) zum so genannten Grab des Kleóboulos, das man auf einem Kap nördlich der Pállas-Bucht findet, wegen der herrlichen Lage und des guten Erhaltungszustands. Der Rundbau hat allerdings nichts mit dem Tyrannen Kleóboulos zu tun, sondern stammt wahrscheinlich aus hellenistischer Zeit. Er weist einen Durchmesser von 9 m auf. Auf einem runden Sockel erheben sich drei unterschiedlich hohe Quaderschichten bis zu dem etwas hervortretenden Gesims.
Der Eingang im Nordwesten führt in die Grabkammer, die über ein sog. falsches Gewölbe aus vorkragenden Steinlagen verfügt. Auf der rechten Seite erkennt man eine kleine Nische. Die apsisähnliche Ausbuchtung an der hinteren Seite macht deutlich, dass das Grab später als Kirche genutzt wurde, die dem Ágios Aimiliános geweiht war.

Die herrliche Ágios-Pávlos-Bucht

Umgebung von Líndos

Die **Feriensiedlung Péfki**, 6 km südwestlich von Líndos, ist erst Ende der 1980er-Jahre entstanden; früher gab es hier nur ein paar Sommerhäuser. In den letzten Jahren kam es zu einem regelrechten Bauboom auf touristischem Gebiet: Hotels, Apartmenthäuser, Geschäfte, Restaurants und Bars wurden aus dem Boden gestampft. Der Ort eignet sich gut für einen Badeurlaub, denn die touristischen Highlights von Péfki sind sein **Sandstrand** und viele kleine Badebuchten.

Lárdos
Λάρδος

In der Gegend von Lárdos kommt der inseltypische schwarze Granit besonders häufig vor, weshalb das Dorf, 8 km westlich von Líndos in einer fruchtbaren Küstenebene gelegen, nach diesem Gestein benannt ist. Erst in den letzten Jahren sind in dem **Ferienort** Apartments und kleine Hotels entstanden. Um die Platía gruppieren sich Kafenia und Tavernen mit einfacher guter Küche. Zwei schöne Strände erreicht man in ca. 3 km Entfernung. Empfehlenswert sind auch schöne Wanderungen ins Landesinnere.

Moní Ipsení
Μονή Ψψενής

Das von einigen Nonnen bewohnte **Kloster** Ipsení liegt wenige Kilometer westlich von Lárdos. Es wurde im 19. Jh. gegründet, die Klosterkirche stammt von 1855 und der Glockenturm von 1963. Der Besuch lohnt sich vor allem wegen der schönen waldreichen Landschaft. Es bietet sich hier die Gelegenheit, Rhodos von einer ganz anderen Seite zu erleben: Man kann die Abgeschiedenheit in einer **fast unberührten Landschaft** genießen. Dazu lädt vor allem der kleine gepflegte Klosterhof ein, der mit Kochláki-Pflaster belegt und mit Orangenbäumen und Blumen bepflanzt ist Öffnungszeiten: Mai bis Okt. 9.00 – 13.30, 17.00 – 20.30 Uhr; Nov. – Apr. 9.00 – 13.30, 16.30 bis 19.00 Uhr).

Láerma
Λάερμα

Die 13 km lange, nach Nordwesten verlaufende Straße von Lárdos nach Láerma führt durch eine beeindruckende Landschaft. Láerma (650 Einw.) liegt einsam inmitten von Olivenhainen und Getreidefeldern. Die meisten Urlauber, die hierher kommen, sind am Kloster Thári interessiert. Láerma ist ein **typisch griechisches Dorf**: Keine Souvenirläden und keine Tavernen mit »traditional greek food«, sondern einige Kafenia, wo man ein paar Kleinigkeiten essen kann. Wer die Ferienwelt einmal hinter sich lassen möchte, geht nach Láerma.

★ Moní Thári

Das **Kloster** Thári, das dem Erzengel Michael geweiht wurde, liegt in einem Waldgebiet 4 km südlich von Láerma. Seine Gründung geht auf eine **Legende** zurück: Eine Prinzessin aus Konstantinopel, die an einer unheilbaren Krankheit litt, war nach Rhodos gekommen, um in Einsamkeit zu sterben. Im Traum erschien ihr der Erzengel Michael und sagte: »Echis thari (habe Mut), du wirst gesund.« Aus Dankbarkeit für ihre Genesung gründete sie das Kloster. Eine kleine Bronzefigur, die Vasilopoula (»Königstochter«), hing früher in der Klosterkirche und wird heute vom Dorfgeistlichen von Láerma aufbewahrt (auf Anfrage zeigt er sie gern). Sie stammt angeblich aus byzantinischer Zeit, weist aber vielmehr indische Einflüsse auf.
Heute leben in dem Kloster wieder Mönche, die karitativ tätig sind und sogar eine Rundfunkstation betreiben. Sehenswert ist die in verschiedenen Bauphasen entstandene Kirche, die in dem mit Blumen geschmückten Klosterhof einen hübschen Anblick bietet. Der Altar-

raum mit einer außen dreiseitig ausgebildeten Apsis geht wahrscheinlich auf das 13. Jh. zurück, während der Kuppelraum mit kurzen Querarmen vermutlich im 14./15. Jh. und das tonnengewölbte Langhaus wohl im 17. Jh. angefügt wurden. Besonders schön ist die **Tambourkuppel** mit Blendarkaden und konchenförmigen Nischen. Von den **Fresken** in der Kirche stammen die ältesten aus dem frühen 14. Jh., zum größeren Teil jedoch von 1506 und die restlichen von 1620. Sie zeigen im Langhaus Heilige und Kirchenväter sowie Szenen aus dem Leben Christi. Von der Ausstattung sind außerdem die monumentale Erzengel-Michael-Ikone rechts im Kuppelraum und die prächtig geschnitzte Ikonostase bemerkenswert Öffnungszeiten: tgl. 8.00 – 14.00, 16.30 – 19.00 Uhr).

Kiotári
Κιοτάρι

Das kleine Fischerdorf Kiotári mit seinen schönen **kilometerlangen Sand- und Kiesstränden** liegt 10 km südlich von Lárdos an der Küstenstraße. In dem Ort gruppieren sich zahlreiche Pensionen und Tavernen um die alte Klosterkirche Metamórfosis (»Verklärung«), in der antike Kapitelle verbaut sind.

★ Asklipío
Ασκληπείο

Das Dorf Asklipío, das von der Ruine einer Johanniterburg überragt wird, erreicht man 4 km westlich von Kiotári. Die Hauptsehenswürdigkeit ist die mächtige **Kirche Kímisis tis Theotókou** (»Mariä Entschlafung«) in der Dorfmitte, **eines der bedeutendsten Gotteshäuser von Rhodos**. Der Kirchplatz ist mit einem typisch rhodischen Kochláki-Boden belegt. Das Gotteshaus auf lateinischem Kreuzgrundriss wurde wohl eher im 13. oder 14. Jh. erbaut als 1060, wie über dem Westeingang steht. Im 17./18. Jh. kamen an den Seiten des spitztonnigen Langhauses zwei rechteckige, mit starken Kreuzrippengewölben versehene Räume hinzu. Den Vierungsraum schließt eine Kuppel ab. Im 17. Jh. – zwei Stifterinschriften nennen die Jahreszahlen 1646 und 1677 – wurde der Innenraum ganz mit Fresken ausgemalt. Neben Darstellungen aus dem Leben Christi und der Muttergottes sieht man im südlichen Querarm seltene Szenen aus der Apokalypse. Gezeigt werden beispielsweise die vier Apokalyptischen Reiter und der aus der Tiefe der Erde aufsteigende Antichrist. Den Altarraum trennt eine prächtig geschnitzte Ikonostase ab.

Museum ► Neben der Kirche befindet sich ein kleines Museum, in dem sakrale Gegenstände, Bibeln und Ikonen zu sehen sind. Außerdem wird das bäuerliche Leben anhand von landwirtschaftlichen Geräten lebendig (Öffnungszeiten: tgl. 9.00 – 18.00 Uhr). Von der wahrscheinlich aus

Burg ► dem 15. Jh. stammenden Burg in beherrschender Lage auf einem Felsen über dem Dorf sind noch Mauerreste erhalten. Von hier hat man einen schönen Blick auf das Dorf.

Gennádi
Γενναδι

Knapp 4 km von Kiotári entfernt liegt Gennádi, der südlichste Ferienort an der Ostküste. Trotz des langen Sandstrandes hat Gennádi noch keine Touristenströme anziehen können, wodurch der Ort (bisher) recht ruhig und unspektakulär geblieben ist.

★★ Rhodos-Stadt

Griechisch: Ρόδος **Einwohnerzahl:** 44 000

Einst besaß die Hauptstadt der Insel Rhodos eines der Sieben Weltwunder, den monumentalen Koloss von Rhodos. Heute besitzt die mittelalterliche Altstadt mit ihren romantischen Gassen den Titel eines UNESCO-Weltkulturerbes. Und das macht sie mit Recht zu einem der touristischen Highlights der Insel.

Rhodos-Stadt nimmt die Nordspitze der Insel ein und ist Verwaltungssitz der Inselgruppe Dodekanes. Ihre außergewöhnliche Seite ist die malerische Altstadt, die in ihrer baulichen Geschlossenheit einmalig in Griechenland ist. Hier sind Zeugnisse aus mehreren Epochen und Kulturen der rhodischen Geschichte versammelt. Die von einer starken mittelalterlichen Stadtmauer umgebene Altstadt wird im Norden von den eindrucksvollen Bauten der Johanniter geprägt. Zur Atmosphäre tragen aber auch die türkischen Gebäude im Süden der Altstadt bei, vor allem die Moscheen, die besondere Akzente im Stadtbild setzen.

Die Stadt lässt sich in drei Bereiche unterteilen: Ganz innen, am Handelshafen (Emborikó Limáni) breitet sich die von der Stadtmauer umgebene **Altstadt** aus. Sie lässt sich wiederum in das Ritter-

Der Großmeisterpalast, der im 14. Jh. das Machtzentrum des Johanniterordens war, gehört heute zu den meistbesuchten Sehenswürdigkeiten von Rhodos-Stadt.

viertel – den nördlichen Teil der Altstadt um die Ritterstraße –, das südliche Türkenviertel und das kleine jüdische Viertel um die Synagoge Kahal Shalom einteilen. In der **Neustadt**, dem Geschäfts- und Touristenviertel, das sich an den Mandráki-Hafen anschließt, liegen Hotels, Läden und der Markt. Der größte Bezirk umfasst das von der Altstadt durch die Stadtmauer und Grünflächen getrennte **Wohngebiet** der Rhodier, das dem in anderen mediterranen Städten gleicht.

Geschichte

Die **Gründung von Rhodos** fällt in das Jahr **408 v. Chr.**, als die drei rhodischen Städte Iálissos, Kámiros und Líndos den Synoikismos, den Zusammenschluss zu einem Gesamtstaat, vollzogen. Beim Bau der Stadt musste das leicht abfallende Gelände planiert und terras-

RHODOS-STADT ERLEBEN

AUSKUNFT

EOT
Alexandrou Papagou 31/
Archiepiskopou Makariou
GR-85100 Rhodos
Tel: 224 10/443 35/6
Fax 224 10/269 55
E-Mail: eotrodos@otenet.gr
geöffnet: Mo. – Fr. 8.00 – 14.45
Infos zu Öffnungszeiten, Bus- und Schiffsverbindungen, Stadtpläne, Prospekte zu Sehenswertem usw.

► **Stadtverkehrsbüro**
Platia Rimini
Tel. 224 10/359 45
geöffnet: Juni – Okt.
tgl. 8.00 – 23.00 Uhr

ESSEN

► **Fein & teuer**

① *Alexis*
Sokratou 18
Tel. 224 10/293 47
Hervorragende Fischgerichte zu gehobenen Preisen; ruhiger Garten hinter dem Haus.

② *Dinoris*
Platia Mousiou
Tel. 224 10/258 24
Mehrfach ausgezeichnetes schönes Traditionslokal in einem ehemaligen Reitstall in der Altstadt. Reservierung ratsam.

③ *Kontiki*
Mandráki-Hafen
Tel. 224 10/203 02
www.kontiki.gr
Elegantes Restaurant und Café auf einem zweigeschossigen Schwimmponton im Hafen. In der Küche stehen zwei niederländische Sterne-Köche. Der Blick auf Großmeisterpalast und Meer ist fantastisch.

Old Story
Mitropoleos 108
Tel. 224 10/324 21
Eines der besten Lokal der Insel, in der Neustadt gelegen. Es bietet traditionelle, verfeinerte rhodische Küche und griechische Spitzenweine; Reservierung zu empfehlen.

④ *Plaka*
Platia Ippokratou 3
Tel. 224 10/356 95
Lokal im ersten Stock mit Blick auf den beliebten zentralen Ippo-

kratou-Platz von Rhodos-Stadt. Spezialitäten: Fisch und Meeresfrüchte.

⑤ ***Symposium***
Archelaou 3
Tel. 224 10/285 98
Restaurant in einem alten Haus in der Altstadt, wo man im begrünten Innenhof solide griechische Küche und hervorragende rhodische Weine genießen kann. Reservierung ratsam.

▸ **Erschwinglich**

⑥ ***Akropolis***
Sofokleous 16
Tel. 224 10/297 45
Lokal mit begrüntem Innenhof, gute griechische Küche und Fischgerichte.

⑦ ***Mama Sofia***
Orfeos 28
Tel. 224 10/244 49
www.mamasofia.gr
Restaurant auf drei Etagen gegenüber dem Uhrturm. Große Auswahl an Fisch und Meeresfrüchten; außergewöhnlich herzliche Service. Hier gibt es die kleinen, mit der Schale zu essenden Sými-Krabben.

⑧ ***Romeo***
Menekleous 7 – 9
Tel. 224 10/744 02
Das stimmungsvolle Ambiente in dem 500 Jahre alten Haus mit schönem Innnehof und das gute Essen machen den Besuch im Romeo auch für Einheimische immer wieder attraktiv.

⑨ ***Oasis***
Platia Dorieos
Lokal gegenüber der Redjab-Pascha-Moschee. Den Gast erwartet Hausmannskost unter schattigen Bäumen an dem hübschen kleinen Platz schmecken.

Baedeker-Empfehlung

▸ **Preiswert**

⑩ ***Socratoús Garden***
Socratous 126
Tel. 224 10/201 53
Es geht zwar in dem Gartenlokal nicht »philosophisch« zu, wie der Name erwarten lässt, aber den Besucher erwartet ein hübsches Plätzchen mit einem üppigen grünen Innenhof. Als ruhigere Alternative zu den Lokalen an der Socratoú-Straße kann man hier in angenehmer Atmosphäre eine Pause bei einer Tasse Kaffee einlegen oder abends einen Cocktail genießen.

ÜBERNACHTEN

▸ **Luxus**

⑧ ***Grand Hotel Rhodes***
Akti Miaouli 1 (s. Karte S. 182)
Tel. 224 10/262 84, Fax 355 89
www.mitsishotels.com
In der Neustadt an der Küstenstraße gegenüber dem Stadtstrand gelegenes, traditionsreiches Haus in gepflegter Gartenanlage; geräumige Zimmer im eleganten Flügel Summer Palace; großzügiger Swimmingpool; Shopping-Arkade; Nachtklub.

Die kleine Pension Andreas in einem 500 Jahre altem Gemäuer

⑨ ***Ibiscus***
Nissirou 17 (s. Karte S. 182)
Tel. 224 10/244 21/3, Fax 272 83
Zentrums- und strandnah gelegenes behindertengerechtes Hotel mit gut ausgestatteten Zimmern, teilweise mit Meerblick; Kinderklub.

① ***Nikostakis***
Panetopou 26
Tel. 224 10/707 73, Fax 246 43
www.nikostakishotel.com
Kleines, 2006 eröffnetes Designerhotel zweier Athener Modeschöpfer, deren neueste Kreationen man in der Hotelboutique kaufen kann.

⑩ ***Siravast***
Platia Vassileos Pavlo (s. Karte S. 182)
Tel. 224 10/235 51, Fax 233 11
Günstig gelegenes Stadthotel gegenüber dem Aquarium mit modern eingerichteten Zimmern und Swimming-Pool.

► Komfortabel

② ***Andreas***
Omirou 28d
Tel. 224 10/341 56, Fax 742 85
www.hotelandreas.com
Die schöne Lage des 500 Jahre alten Hauses und die Aussicht über die Dächer der Altstadt, die man auch von der Frühstückterrasse aus genießt, zeichnen die kleine Pension aus.

③ ***Cava d'Oro***
Kosthimiou 15
Tel. 224 10/369 80, Fax 369 80
www.cavodoro.com
Hotel in einem 800 Jahre alten Haus, ruhig an der Stadtmauer, 200 m vom Fähranleger entfernt gelegen.

④ ***Paris***
Fanouriou 88
Tel. 224 10/263 56, Fax 210 95
Zentral und ruhig, allerdings gegenüber der Kirche (Glockengeläut) gelegenes Hotel mit großem hübschem Innenhof.

► Günstig

⑤ ***Pink Elefant***
Irodotou 42, Tel. 224 10/224 69
www.pinkelephantpension.com
Beliebte kleine Pension mit hübschem Innenhof und Garten.

⑥ ***Minos***
Omirou 5
Tel. 224 10/318 13, Fax 283 60
minospension.com
Gute Pension mit einfachen, aber hellen Zimmern und herrlichem Ausblick von der Dachterrasse.

⑦ ***Via-Via***
Pythagoras 45
Tel./Fax 224 10/770 27
www.hotel-via-via.com
Kleine, ruhig gelegene, hübsche Pension mit üppigem Frühstücksbuffet. Individuell eingerichtete Zimmer, schöne Dachterrasse.

AUSGEHEN

Wer dem Nachtleben frönen will, wird in Rhodos-Stadt grundsätzlich keine Probleme haben. Bars, Diskos und Nachtklubs mit nimmermüden, trinkfesten Touristen reihen sich vor allem in der Odós Orfanidi in der Neustadt (im Norden) aneinander.

SHOPPING

In den Gassen der Altstadt drängen sich vor allem die Souvenirshops, besonders in der Odós Soukratoú, aber es sind auch viele Pelz-, Schmuck- und Ledergeschäfte hier zu finden, wofür die Stadt bekannt ist. In der Neustadt bekommt man in der Nea Agora alle Arten von Lebensmitteln. Mode findet man vor allem in der Gegend um die Platía Kiprou.

siert werden, damit ein **rechtwinkliges Straßensystem** nach dem Prinzip des Stadtplaners Hippodamos von Milet angelegt werden konnte. Die Straßenzüge, von denen einige noch mit den heutigen identisch sind, versah man mit technisch ausgereiften Be- und Entwässerungsleitungen. Die neue Hauptstadt, in topografisch und strategisch äußerst günstiger Lage, war von nun an das politische, wirtschaftliche und kulturelle Zentrum der Insel. Rhodos hatte in seiner Blütezeit im 3./2. Jh. v. Chr. 60 000 bis 80 000 Einwohner.
Ein **Erdbeben 227 v. Chr.** zerstörte große Teile der erst knapp 200 Jahre alten Stadt. Die römische Epoche und ein weiteres schweres Erdbeben 142 n. Chr. waren Ursachen für den Niedergang der Stadt. Warum in frühchristlicher Zeit die Einwohnerzahl des von den Byzantinern befestigten Rhodos rapide sank, ist ungeklärt. Vielleicht lag es an zwei weiteren Erdbeben in den Jahren 345 und 515.

Unter dem Johanniterorden

Die antike Stadtanlage blieb bis zur **Zeit der Johanniter** bestehen. Der Orden erhielt dann nur einen Teilbereich dieser Anlage und umgab ihn mit einer Festung. Von 1309 bis 1523 baute er Rhodos zu einer der **stärksten Festungen Europas** aus. Sie galt als eine der schönsten Städte des östlichen Mittelmeers. Rhodos besaß nur eine befestigte Hafenanlage, den Emborio-Hafen, der von den Rittern durch Mauern, Wehrtürme und eine Sperrkette an der Einfahrt sehr verstärkt wurde. Im Mandráki-Hafen befand sich eine Schiffswerft, die bis vor wenigen Jahrzehnten hier ihren Platz hatte. Den Kern der Stadt bildete der Großmeisterpalast an ihrem höchsten Punkt im Nordwesten. Eine sich von Westen nach Osten ziehende Innenmauer teilte sie in zwei Bereiche: Der nördliche kleinere Teil der Ritter, **Kolachium** genannt, schloss den Großmeisterpalast, die Herbergen der Landsmannschaften (Zungen), das Hospital und die Wohnhäuser der Ritter ein. Der südliche größere Bereich, **Ville oder Burgus** genannt, bildete das eigentliche Wohnviertel der Rhodier. Neben den Griechen hatten sich auch Handelsherren, Bankiers, Reeder, Handwerker und Soldaten aus ganz Westeuropa in der Stadt niedergelassen.
Im Ostteil von Rhodos wohnten die **Juden** (Handwerker, Händler und Ärzte) in einem eigenen Viertel. Das Zentrum des geschäftlichen Lebens bildete die Agora, eine große und breite Straße in der Ville. Rund um die Stadt erstreckten sich die berühmten **Gärten von Rhodos** mit ihren zahllosen Obstbäumen. 1465 unterteilte der Großmeister Raymond Zacosta die Festungsmauern in acht Abschnitte, die bei einer feindlichen Belagerung jeweils von einer »Zunge« zu verteidigen waren. Trotz der erdrückenden Übermacht konnten die Johanniter den Angriff der türkischen Flotte 1480 zurückschlagen.

Rhodos unter Türkenherrschaft

1522 jedoch eroberten die Türken unter Sultan Suleiman nach einem mörderischen Kampf die Stadt. Da die Griechen daraufhin die Ritterstadt verlassen mussten, bauten sie sich außerhalb, entlang der Reste der antiken Straßen, ihre Häuser, dort, wo sich heute die **Neustadt** erstreckt.

Rhodos Altstadt Orientierung

Übernachten
(1) Nikostasis
(2) Andreas
(3) Cava d'Oro
(4) Paris
(5) Pink Elefant
(6) Minos
(7) Via-Via

Essen
(1) Alexis
(2) Dinoris
(3) Kontiki
(4) Plaka
(5) Symposium
(6) Akropolis
(7) Mama Sofia
(8) Romeo
(9) Oasis
(10) Socratous Garden

★★ Stadtmauern

Die Begehung der Stadtmauern ist nicht mehr möglich. Man kann jedoch von außen um die Mauern herumlaufen, wobei der Rundgang teilweise durch den Wallgraben führt.

Geschichte Als die Johanniter 1309 Rhodos eroberten, veränderten sie die vorhandenen byzantinischen Festungsmauern zunächst nur geringfügig. Nachdem aber der türkische Großangriff im Jahr 1480 nur mit größter Mühe zurückgeschlagen werden konnte und ein schweres Erdbeben im folgenden Jahr große Schäden verursachte, ließ **Großmeister Pierre d' Aubusson** die Festungsmauern fast vollständig erneuern. Zudem erforderten die aufkommenden Feuerwaffen neue, technisch ausgereifte Befestigungen. Bei der Errichtung der Stadtmauern arbeiteten italienische und französische Festungsbaumeister mit.

Dabei wurden die hohen Mauern abgetragen und bis zu den Kronen hinauf **bis auf 12 m verbreitert**, um so Kanonenkugeln standhalten zu können. Zudem konnten dadurch auf den Mauerkronen Geschütze platziert werden. In den Gräben wurden teilweise **Terrepleins**, Vorwerke, angelegt, so dass zwei Gräben entstanden.

? WUSSTEN SIE SCHON ...?

- ... dass die Zungen der Ordensritter nichts mit Körperteilen zu tun haben? Die Zungen bezeichnen die nach nationaler bzw. territorialer Herkunft gegliederten Sektionen des Ordens. Die jeweiligen Zungen der italienischen, englischen, deutschen usw. Ritter besaßen in Rhodos-Stadt eigene Herbergen und Mauerabschnitte, die sie zu bewachen hatten.

Rundgang Der Rundgang beginnt beim Großmeisterpalast und führt gegen den Uhrzeigersinn zum Eleftherías-Tor, dem Hauptzugang der Altstadt.

Ágios-Antónios-Tor Die gesamte Nordwestecke der Ritterstadt baute man als zusammenhängenden Befestigungsteil, der auch die Westseite des Großmeisterpalastes sicherte. Südwestlich des Palastes steht das Ágios-Antónios-Tor mit dem Relief des Heiligen über dem Eingang und dem Wappen des Großmeisters Jean de Lastic. Es durchbricht eine in Ost-West-Richtung verlaufende Mauer, die am Kanonentor beginnt. Dieses ist der **Zugang vom Großmeisterpalast zu den Befestigungen**. Der vom Ágios-Antónios-Tor nördlich verlaufende Zwischenwall schließt mit der sog. Batterie der Olivenbäume ab, von der eine Brücke über den zweiten inneren Graben zum Großmeisterpalast führt.

Amboise-Tor Geht man nach Westen auf einer Brücke über den ersten inneren Graben und durch einen mehrfach abgewinkelten, tunnelartigen Tordurchgang, kommt man zu dem von zwei mächtigen halbrunden Türmen flankierten Amboise-Tor (Abb. s. S. 179). Es zeigt über dem Eingang in einer Nische ein Relief eines Engels, der die Wappen des Johanniterordens und des Großmeisters Emery d' Amboise hält. Südlich des Tores beginnt der Mauerabschnitt der deutschen Ritter. An

Die Stadtmauern aus dem 14. Jh. umschließen die Altstadt von Rhodos. Bei einem Spaziergang um sie herum kann man sich einen schönen Überblick verschaffen.

seinem südlichen Ende steht die nicht zugängliche **Ágios-Geórgios-Bastion** mit dem gleichnamigen Tor und einem viereckigen Turm. An dessen Außenmauer befindet sich ein schönes Relief vom hl. Georg als Drachentöter.

Auf der sich anschließenden Verteidigungsmauer standen die Ritter der Auvergne. Sie wird im Süden abgeschlossen vom **Turm der Spanier**, erbaut 1489 von d'Aubusson, wie sein Wappen zeigt. Dieser Turm wird von einer Bastion gesichert. Der folgende Mauerabschnitt unterstand den Rittern von Aragonien. Die Südwestecke der Stadtmauer bildet das **Ágios-Athanásios-Tor**, das von dem mächtigen runden Marienturm ergänzt wird. Die Toranlage besaß drei Tore und Zugbrücken. Der Eroberer von Rhodos, Sultan Suleiman, ließ die Anlage 1531 zumauern, damit kein anderer Eroberer die Stadt an ihrer »verwundbarsten Stelle« mehr betreten könne.

Marienturm

Dem Marienturm (erbaut 1441), ist eine polygonale Bastion mit zwei Gräben vorgelagert. Der nächste Mauerabschnitt, der von den englischen Rittern verteidigt wurde, ist durch einen Graben mit einem Terreplein (Vorwerk) geschützt. Zudem ist er mit vier kleinen eckigen Türmen versehen.

Highlights in Rhodos-Stadt

Stadtmauern
Die starken Mauern und trutzigen Tore der Stadtmauer stammen aus dem 15. Jh. und umschließen die Altstadt.
► Seite 176

Altstadt
Verwinkelte, romantische Gassen führen durch die von der UNESCO zum Weltkulturerbe erklärte mittelalterliche Altstadt.
► Seite 179

Archäologisches Museum
Antike Schätze in einem schönen Rahmen, dem ehemaligen Hospital aus der Kreuzritterzeit
► Seite 183

Ritterstraße
Das geschlossene Bild einer Straße mit Herbergen der Ritter aus dem 15. Jahrhundert
► Seite 188

Großmeisterpalast
Die imposante Residenz der Großmeister der Ritter aus dem 14. Jahrhundert kann man besichtigen.
► Seite 190

Mandráki-Hafen mit Néa Agorá
Basar und Treffpunkt für Einheimische und Touristen ist der »Neue Markt« (Néa Agorá) im Mandráki-Viertel (Neustadt).
► Seite 198

Koskinou-Tor

Eine zweibogige Brücke führt zur **Johannes-Bastion** mit dem Koskinou-Tor. Oberhalb des Tores sind der Schutzheilige Johannes der Täufer und die Wappen des Ordens und von d' Aubusson zu sehen. Eine weitere Brücke leitet in die Bastion aus der Zeit des Großmeisters Zacosta. Im Innern erhebt sich auf einer spornartigen Bastion ein älterer quadratischer Turm. Eine Kapelle des Schutzheiligen steht nördlich des Turms, eine andere an der Innenseite der Stadtmauer.

Turm der Italiener

Anschließend verläuft der den Rittern der Provence zugeteilte Mauerabschnitt, der mit drei kleinen Türmen gesichert ist, mehrfach abgewinkelt zum mächtigen imponierenden Turm der Italiener (1517). Der Turm ist von einer starken **Rundbastion** umgeben, auf der Geschütze standen. Im Innern der Bastion führt eine Rampe mit Schießscharten spiralförmig in den Graben, um den Feind dort bekämpfen zu können. Der Stadtmauer nach Norden folgend, kommt der Besucher am **Italien-Tor** vorbei zum italienischen Verteidigungsabschnitt. An der breiten Mühlenmole findet man das **Agía-Ekateríni-Tor**. Man folgt nun der Mauer weiter bis zum mächtigen **Marine-Tor**. Es ist mit einem Hochrelief geschmückt, auf dem Maria mit dem Christuskind, Petrus und Johannes der Täufer dargestellt sind. Das Tor wird von zwei mächtigen Türmen flankiert, die von dreiteiligen Gurtgesimsen gegliedert werden.

Ágios-Pávlos-Bastion

Am **Arsenal-Tor** vorbei kommt man zur polygonalen Ágios-Pávlos-Bastion mit dem gleichnamigen runden Turm, an dem man in einer

Beim Amboise-Tor beginnt der Mauerabschnitt, der früher von den deutschen Rittern des Johanniterordens bewacht wurde.

Nische ein Relief des Paulus, ferner die Wappen von Papst Sixtus IV. und von d'Aubusson sieht. Östlich der Bastion auf der Molenspitze sieht man die Fundamente des **Naillac-Turmes**, benannt nach seinem Erbauer, dem Großmeister Philibert de Naillac, und 1863 durch ein Erdbeben zerstört.

✶✶ In der Altstadt: Ritterviertel

Trotz der vielen Besucher in der Saison hat sich die denkmalgeschützte Altstadt eine außergewöhnliche Atmosphäre bewahrt. Der nördliche Teil der Altstadt war einst das Ritterviertel, das durch Mauern vom griechischen Teil der Stadt abgeschirmt war. Die Distanz zu den Griechen – vor allem auch zu den weiblichen – sollte wohl durch die Anordnung verschärft werden, dass die Ritter nur mindestens in Zweiergruppen und auf dem Pferd ihre Mauern verlassen durften. Vor allem die Ritterstraße (Odós Ippoton) mit ihren hervorragend erhaltenen Gebäuden vermittelt einen faszinierenden Eindruck einer fremden, längst vergangenen Welt.

Am nördlichen Eingang zur Altstadt liegt die **Platía Símis**, die vom Eleftherías-Tor und vom Arsenal-Tor erschlossen wird. Der Name dieses Tores deutet darauf hin, dass sich hier einst Arsenale befanden. Auf dem Platz sind die Überreste – Stylobat (Bankreihe in der Apsis für den Priester) und Architekturfragmente – eines dorischen **Aphrodite-Tempels** aus dem 3. Jh. v. Chr. zu sehen. **Sími-Platz**

Museum für Moderne Griechische Kunst

Das Museum für Moderne Griechische Kunst ist in drei Gebäuden untergebracht. Die **Gemäldegalerie** (Öffnungszeiten: Mo. – Fr. 8.00 bis 14.00 Uhr) an der Westseite des Sími-Platzes und das **Nesorídio Melathrón** (Öffnungszeiten: Mo. – Fr. 9 – 14.00 Uhr) an der Platia Charitou bieten die seltene Möglichkeit, sich einen Überblick über die griechische Kunst des 19. und 20. Jh.s zu verschaffen. Das dritte ist das Zentrum für Gegenwartskunst (►Odos Socratou S. 194).

Argyrokástrou-Platz

Nach Süden geht der Sími-Platz in die stimmungsvolle kleine **Platía Argyrokástrou** über. Besonders hübsch ist der **Brunnen**, der aus einem frühchristlichen Taufbecken und einer zierlichen Säule aus der Agía-Iríni-Kirche bei Arnítha zusammengesetzt ist.

Altes Hospital

Das Alte Hospital an der Westseite des Argyrokástrou-Platzes ließ Großmeister Roger de Pins Mitte des 14. Jh.s erbauen. In dem von Zinnen bekrönten Gebäudeteil war einst der Haupteingang im Erdgeschoss, später wurden eine Freitreppe und ein gesonderter Zugang ins Obergeschoss gebaut, wo die Apsis der Hospitalkapelle ein wenig hervortritt. Der linke Flügel des Hospitals mit einem breiten Bogen im Erdgeschoss und einer dreibogigen Arkade im Obergeschoss ist ein Anbau des 20. Jh.s. Heute ist hier das **Archäologische Institut** untergebracht.

Der Argyrokástrou-Platz mit Palast und Brunnen, hier in der Dämmerung, liegt mitten im alten Ritterviertel.

Das Museum für Dekorative Kunst an der Südseite des Platzes zeigt Keramik, Webarbeiten, Stickereien und Schnitzereien von den Dodekanes-Inseln aus türkischer Zeit. Auch typisch rhodische Teller sind zu sehen, mit denen die Wände alter Häuser geschmückt waren. Außerdem sind prächtige Trachten, Möbel mit Malereien des 18. Jh.s ausgestellt, u. a. eine Truhe mit reichem Schnitzdekor auf rotem Grund. Die Gläser und Fayencen stammen vor allem aus Venedig. Der Sperveri ist ein Vorhang, der das Brautbett verhüllte, das Abataros ein hohes hölzernes Podest, das als Schlafstelle für die ganze Familie und als Aufbewahrungsort für Vorräte diente. Schließlich ist noch der Wohnraum eines rhodischen Hauses mit Kamin, Webstuhl nachgebildet (Öffungszeiten: Di. – So. 8.30 – 15.00 Uhr).

Museum für Dekorative Kunst

An der Ostseite des Argyrokástrou-Platzes steht die Ende des 15. Jh.s errichtete Herberge der Ritter der Auvergne von strenger, schmuckloser Gestalt. Im Untergeschoss befinden sich gewölbte Magazinräume und im Obergeschoss eine Loggia mit Arkaden. Der Haupteingang liegt hinter dem gewölbten Bogen auf der linken Seite. Besonders romantisch ist der Innenhof rechts vom Haupteingang.

Herberge der Ritter der Auvergne

Geht man vom Argyrokástrou-Platz durch den Torbogen, kommt man zur kleinen hübschen **Platía Mouseou** (»Museumsplatz«) mit Kochláki-Boden, an dem östlich die **byzantinische Kirche** Panagía tou Kástrou steht. Sie wurde vielleicht schon im 11. Jh., aber sicher im 13. Jh. als Kreuzkuppelkirche erbaut. Zu Beginn der Ritterzeit widmete man das Gotteshaus für den römisch-katholischen Ritus um, 1319 – 1346 wurde es zu einer dreischiffigen Basilika mit gotischem Kreuzrippengewölbe umgebaut. Im westlichen Teil des Mittelschiffes sind noch einige Freskenfragmente vorhanden. In türkischer Zeit verwandelte man die Basilika in eine Moschee, deren islamische Bauteile später wieder abgerissen wurden.

Die Kirche ist der stimmungsvolle Rahmen für das sehenswerte Museum für byzantinische Kunst, das **Ikonen und Wandmalereien** umfasst. Musik stimmt den Besucher auf die Ausstellung ein. Von den Wandmalereien ist die Darstellung der hl. Lucia (2. Hälfte 14. Jh.) an der Westwand, die einem toskanischen Maler zugeschrieben wird, bemerkenswert. Die anderen Malereien zeigen eine Mischung von byzantinischen und westlichen Stilelementen. Sehenswert sind außerdem Fresken des 17. Jh.s aus der Klosterkirche Thári und aus der Kirche Ágios Zacharías von Chálki. Im Hof neben der Kirche werden Architekturteile und Mosaikreste von der frühchristlichen bis zur Ritterzeit gezeigt (Öffnungszeiten:Di. – So. 8.30 – 15.00 Uhr).

Panagía tou Kástrou / Byzantinisches Museum

Südlich der Kirche Panagía tou Kástrou, an der zum Hafen führenden Straße, sieht man links das **Wohnhaus des Ritters Guillaume de Melay** und rechts die **Herberge der englischen Ritter**, die 1493 errichtet und im 19. Jh. vollkommen zerstört wurde. Die Italiener ließen die Herberge 1919 nach Vorlagen von 1826 wiederaufbauen.

Weitere Gebäude

Rhodos-Neustadt und Akropolis Orientierung

Übernachten

8 Grand Hotel

9 Ibiscus

10 Siravast

Über die Ritterstraße nach Westen

Das **Neue Hospital** an der Westseite des Museumsplatzes beherbergt heute das sehenswerte **Archäologische Museum** (s. u.). Über die beeindruckende **Ritterstraße** (Odós Ippoton, ► S. 188) gelangt man zum **Großmeisterpalast** (►S. 190).

Uhrturm

Südlich des Großmeisterpalastes, an der Odós Odfeos, steht ein Uhrturm, der 1852 auf den Grundmauern eines Festungsturms aus dem 13. Jh. erbaut wurde. Dieser war Teil der Befestigung, der die Ritterstadt von der griechischen Bevölkerung trennen sollte. Man kann den Turm besteigen; von oben hat man einen Ausblick auf die Altstadt – allerdings nur durch vier kleine Fensterchen (Öffnungszeiten: in der Saison tgl. 9.00 – 23.00 Uhr).

✶ Ágios Geórgios

Eine der schönsten Kirchen von Rhodos ist die im ausgehenden 14. Jh. entstandene Vierkonchenanlage Ágios Geórgios südwestlich vom Uhrturm. Typisch rhodisch ist die Nischengestaltung am Tambour, der durch 20 schmale Nischen gegliedert ist. Auch im Innern zeigt der Tambour eine schöne Nischengliederung. Die Konchenarme sind innen halbkreisförmig und außen dreiseitig ausgebildet. 1447 kam die Kirche zu einem Kloster, wahrscheinlich der Franziskaner. Aus dieser Zeit stammen die beiden Anbauten: im Westen ein Narthex und im Norden eine offene Vorhalle mit Kreuzgewölbe. Die Türken nutzten die Kirche als Medresse (Koranschule), die den Beinamen Hurmale (»bei den Dattelbäumen«) führte. Daran erinnern Reste einer Kibla-Wand mit einem Mihrab (Gebetsnische).

✶ Archäologisches Museum im Neuen Hospital

Öffnungszeiten:
Juni – Okt.
Di. – So.
8.30 – 19.30
Nebensaison:
Di. – So.
8.30 – 15.00

Das Neue Hospital an der Westseite der Platía Mouseou ist **eines der schönsten und besterhaltenen Gebäude aus der Ritterzeit**. Laut Inschrift über dem Haupteingang wurde mit seinem Bau 1440 unter dem Großmeister Jean de Lastic begonnen. Wohl aus Geldmangel zogen sich die Bauarbeiten bis 1489 hin, obwohl das Hospital bereits 1485 in Betrieb genommen wurde.
Das Neue Hospital, das nach dem Großmeisterpalast zweitgrößte Gebäude des Ritterordens, verfügt über ein weiträumiges Erdgeschoss mit Gewölben, die einst als Ställe für Reit- und Tragetiere oder als Lagerräume genutzt wurden. Über dem Haupteingang tritt als dreiseitiger Erker mit spätgotischen Fenstern die Kapelle aus der massiven, nur mit Gurtgesimsen verzierten Wand des Krankensaales hervor. Zur Ritterstraße hin gliedern symmetrisch angeordnete Fenster und Torbögen die Fassade. An der Westecke befindet sich ein Portal in spätgotischem Flamboyantstil.

Innenansicht

Durch den kreuzrippengewölbten gotischen **Torweg** gelangt man in den schlichten doppelgeschossigen **Arkadenhof**. Im Bogengang des Erdgeschosses stützen sich die mächtigen Kreuzrippengewölbe auf massive Säulenbündel. Ins Auge fällt dann im Hof die Löwenplastik mit Stierkopf in den Pranken, die einst ein hellenistisches Grabmal schmückte und heute den Mosaikboden einer frühchristlichen Basilika aus Akássa auf Kárpathos bewacht. Die Steinkugelpyramide erinnert daran, dass vor Einführung der Feuerwaffen von Katapulten Steingeschosse auf die Gegner geschleudert wurden. Eine große Treppe führt zu den **Ausstellungsräumen im Obergeschoss**.

Museum

Saal I ► Beeindruckend in seinen Ausmaßen (51 m lang, 12 m breit, 8 m hoch) ist der durch eine Arkadenreihe zweigeteilte **ehemalige Krankensaal** mit schlichtem spätgotischen Kapitell- und Kapellennischenschmuck. Unklar ist der Zweck der kleinen Zellen in den Längswänden; sie könnten statische Entlastungsfunktion haben oder als Isolierräume für die Kranken gedient haben. Einst der Pflege von verwundeten Rittern und Söldnern dienend, birgt der gotische Saal in gedämpftem Licht heute eine Fülle von an den Wänden aufgerichteten **Grabplatten** von der Mitte des 14. bis zum 16. Jh. mit plastischen Darstellungen von Verstorbenen.

Saal II ► Hauptsächlich **Reliefplastik** der Spätantike befindet sich heute im **ehemaligen Speisesaal** des Hospitals, darunter marmorne Grabstelen mit Reiterdarstellungen, ein Weiherelief mit fünf Männern und fünf Knaben im Beisein eines Sklaven, der das Opfertier zum Altar führt, sowie eine Urne mit den Porträts eines Ehepaares.

Saal III ► In der **ehemaligen Küche** des Hospitals sind **archaische Skulpturen** zu sehen, darunter Teile eines verzierten Weihwasserbeckens (7. Jh. v. Chr.) aus Kámiros sowie Figurenfragmente von Kouroi aus dem 6. Jh. v. Chr.. Als Grab- oder Weihestatue war der stets nackt dargestellte Kouros das Idealbild körperlicher Vollkommenheit und Lebenskraft, sterblich wie die Menschen und unsterblich wie die Götter zugleich.

Krito und Timarista ► Aus der Epoche der Klassik hat sich noch eine viel beachtete **Grabstele** (um 410 v. Chr.) mit einem sehr feinfühlig gearbeiteten Relief erhalten, das den Abschied der Tochter Krito von ihrer Mutter Timarista zeigt. Während Krito mit ihrer Rechten die Mutter noch einmal berühren möchte, zeigt die Verstorbene im Blick und in Hand- und Fußstellung, das sie gedrängt ist, diese Welt zu verlassen. Auf einer weiteren Grabstele erscheint ein jugendlicher Krieger an eine Säule gelehnt in Betrachtung seines Helms, über die Vergänglichkeit des Heldenlebens nachsinnend. Beachtenswert ist zudem der Marmorkopf einer Frau im reifen Alter mit lebensnahen Gesichtszügen, von einem zarten Schleier umspielt.

Atrium ► Im blumengeschmückten Atrium stehen meist stark beschädigte **Einzelstatuen, Grabstelen, Grabaltäre und Tierfiguren** aus hellenistischer und römischer Zeit, darunter ein kleiner Grabstein für einen sitzenden Hund, Delphine als Seelentiere sowie ein Rundaltar mit der Wiedergabe eines Totenmahls. Außerdem hat man einen **Grabtempel**, gerahmt von zwei Zypressen, mit einem Tropaion (männlicher Oberkörper mit Brustharnisch, um den sich die Totenschlange windet) aus der Nekropole von Rhodos wiederaufgebaut.

★★ Ritterstraße (Altstadt)

Die beeindruckende mittelalterliche Ritterstraße (**Odos Ippoton**), die auf der Trasse einer antiken Straße verläuft, ist in ihrem hervorragenden Erhaltungszustand und ihrer Geschlossenheit einmalig. An ihr liegen die **Herbergen der verschiedenen Zungen**, der landsmannschaftlichen Rittergemeinschaften des Johanniterordens. Hier aßen die Ritter zusammen, hielten Besprechungen ab und empfingen offiziellen Besuch. Sie wohnten allerdings nicht in den Herbergen, sondern in Privaträumen der Ritterstadt. In türkischer Zeit lebten hier wohlhabende Kaufleute und andere reiche Türken, die vergitterte Holzerker, die die Frauen zum Schauen nutzten, an die Fassaden bauen ließen. Die Italiener entfernten diese Anbauten wieder und renovierten die alten Herbergen.

Gebäude an der Ritterstraße

Wenn man die Ritterstraße hinaufgeht, sieht man am Beginn, gegenüber der Nordfassade des Archäologischen Museums, zwei Gebäude, deren Zweck nicht bekannt ist. Daneben steht die 1519 vollendete **Herberge von Italien** mit einem spitzbogigen, in einen Innenhof führenden Tor. An der von einem Gurtgesims gegliederten Fassade ist zwischen den oberen Fenstern das von einem Kielbogen eingefasste Wappen des Großmeisters Fabrizio del Carretto angebracht. Das folgende Gebäude mit zwei unterschiedlichen Fassadenteilen lässt sich keiner Zunge zuordnen.

Das prächtigste Gebäude der Ritterstraße ist die anschließende, wohl 1492 erbaute **Herberge der französischen Ritter**, die sich in der Fassadengestaltung durch zwei abgestufte Gurtgesimse der leicht ansteigenden Straße anpasst. Das spitzbogige Portal ist oben von einem rechteckigen Rahmen eingefasst, in dem links das Wappen des Ordens und rechts das des Großmeisters Emery d' Amboise eingemeißelt ist. Zwischen den beiden im oberen Bereich durch einen gemeinsamen Rahmen verbundenen Fenstern sind auf einer Platte links das Wappen von Frankreich mit den drei Lilien und der Königskrone sowie der Jahreszahl 1495 und rechts das des Großmeisters Pierre d' Aubusson mit Kardinalshut zu sehen.

Kleiner Palast

Gegenüber der Herberge steht ein Ende des 15. Jh.s erbauter kleiner Palast (Öffnungszeiten: Di. – So. 11.00 – 14.30 Uhr), dessen Portal im katalanischen Stil darauf hindeutet, dass er den Rittern aus Aragon oder Kastilien zugeordnet war. In der kleinen Gasse am oberen Ende der Herberge von Frankreich findet man ein dieser Zunge zuhöriges Gebäude, **Haus von Djijim** genannt, das 1510 im Renaissancestil errichtet wurde. Die kleine **Ágios-Dimítrios-Kapelle** (1499 erbaut) am Ende der Gasse mit außen dreiseitiger Apsis nimmt die Stelle eines Dionysos-Tempels ein, der wahrscheinlich zu dem berühmten Dionysos-Heiligtum gehörte.

Weiter der Ritterstraße folgend, kommt man an zwei Gebäuden vorbei, deren Funktion nicht geklärt ist, zur **Agía-Trías-Kirche**. Das

Zu allen Zeiten war der Koloss ein beliebtes Motiv – mangels echtem Vorbild konnte man seiner Fantasie bei der Gestaltung freien Lauf lassen.

Münze aus dem 3. Jh. v. Chr. mit dem Kopf des »Städtebezwingers« Demétrios, König der Makedonen 294 – 287 v.Chr. Er belagerte Rhodos vergeblich: Nach seinem Abzug wurde der Koloss errichtet.

H
so
er
Pl
20
dr
ne
ste
ku

Auch die Filmindustrie hat sich des Koloss´angenommen: Sergio Leone produzierte den Monumentalfilm »Der Koloss von Rhodos« mit Rory Calhoun in der Hauptrolle.

r stand er wohl und hier
er vielleicht auch wieder
ichtet werden, wenn man
nen des Bürgermeisters von
5 glauben darf: am Man-
ki-Hafen, wo heute die
en Wahrzeichen der Insel
en Hirsch und Hirsch-

KOLOSS VON RHODOS

Sie zählte zu den sieben Weltwundern des Altertums: die gigantische Statue des Sonnengottes Helios. Die Rhodier stellten sie 292 v. Chr. am Hafen ihrer Hauptstadt als Siegesdenkmal auf, nachdem sie ihre Insel 305 v. Chr. gegen die gewaltige Übermacht des Diadochen Demétrios verteidigen konnten. Doch der Koloss stürzte schon 223 v. Chr. bei einem Erdbeben ein, die Reste wurden im 7. Jh. nach Syrien verschleppt und eingeschmolzen. So ist das genaue Aussehen der Statue und ihr exakter Standort bis heute ein viel diskutiertes Rätsel unter Historikern und Archäologen.

① Die Statue

32 m hoch soll sie gewesen sein – laut antiken Schriften des Plinius und des Philon von Byzanz – und zusätzlich auf einem 10 m hohen Sockel gestanden haben. Der Kopf allein muss demnach 4,30 m hoch, der erhobene Arm etwa 10 m lang gewesen sein. Errichtet wurde sie innerhalb von 12 Jahren unter Leitung des Erzgießers Chares von Líndos.

② Das Gerüst

Eisenstangen wurden tief im Fundament verankert. Ein korbartiges Geflecht mit Querversteifungen bildete wohl das Gerüst. Darum herum wurde eine 1 – 2 cm dicke Bronzehaut gelegt. 45 Tonnen Eisen und 75 bis 150 Tonnen Bronze wurden verbaut. Im Innern waren Steine als Ballast aufgetürmt. Wahrscheinlich schichtete man jeweils um ein fertig gestelltes Bronzeteil Erde auf, um darauf stehend den Guss des nächsten Stückes des Kolosses durchzuführen.

③ Die Strahlenkrone

Die Haare des Sonnengottes und seine Strahlenkrone waren vergoldet. Ankommende Schiffe sollen sie so schon von weitem im Sonnenlicht schimmern gesehen haben. Jeder Strahl besaß eine Länge von etwa 1,70 m.

④ Die Nase

Um sich nochmals einen Begriff von den Ausmaßen des Kolosses zu machen: Allein die Nase soll 90 cm lang gewesen sein.

⑤ Der Standort

Lange hat man diskutiert und gestritten, wo er wohl gestanden haben mag: Manche vermuteten ihn gar mitten in der Altstadt, eine These, die heute widerlegt ist. Aber ob er am Steilabfall des alten Kriegshafens (des heutigen Mandráki-Hafens) oder dort auf der Mole gestanden hat – was die wahrscheinlichste These ist – lässt sich schwer beweisen. Denn bis heute hat man keine Überreste gefunden.

Klassische Darstellung des Gottes Helios auf dem Sonnenwagen, auf dem er den Himmel entlangfährt (Vasenmalerei).

Innenhof des Archäologischen Museums

Zu den rhodischen Bildhauerarbeiten der hellenistischen und römischen Epoche zählen mehrere ausdrucksvolle **Porträtköpfe**, die lebensgroße Grabfigur eines Kindes, die aus dem Hafenwasser geborgene große Kultstatue einer Aphrodite, die ihre Nacktheit zu bedecken versucht, außerdem eine **Nymphe oder Aphrodite**, die in komplizierter Bewegung ihren rechten Fuß auf einen Felsen stützt. Ein weiteres Meisterwerk und eines der berühmtesten Stücke des Museums ist der **Marmorkopf des Sonnengottes** Helios (1. Hälfte 2. Jh. v. Chr.), der Schutzgottheit von Rhodos, wahrscheinlich aus dem ihm geweihten Tempel der Stadt stammend. Wehendes Haar, gedankenvoller Blick und halb geöffnete Lippen lassen vermuten, dass er gerade mit der Lenkung des Vierergespanns am Sonnenwagen beschäftigt ist. Löcher im Haar legen nahe, dass einst goldene Strahlen aus Metall sein Haupt umkränzten.

◀ Saal IV

◀ Helios

Unter etlichen fragmentierten hellenistischen wie römischen Statuen ragt die fast unversehrte kleine kauernde Aphrodite aus Marmor hervor, um 100 v. Chr. geschaffen, die, in ihrem Haar spielend, den Betrachter mit ihren Reizen betören will.

◀ Saal V

◀ Kauernde Aphrodite

Säle 1 – 8 und 9 – 15

In den Sälen 1 bis 8 sind die **Gefäßfunde**, meist Grabbeigaben, **der Grabungen von Iálissos** ausgestellt. In den Sälen 9 bis 15 sind die **Keramikfunde aus der Nekropole von Kámiros** zu sehen. Leider sind nie alle Räume gleichzeitig geöffnet.

In einem von der Straße (Ecke Museumsplatz/Ritterstraße) aus zugänglichen Saal sind **arachaische Pitharia** aus der Zeit zwischen 625 und 525 v. Chr. ausgestellt, in denen die Toten stehend begraben wurden Di. – So. 8.30. – 15.00 Uhr.

Gotteshaus, das wahrscheinlich aus der Zeit des Großmeisters Raymond Béranger stammt, schmückt ein Baldachin mit einer nicht originalen Marienskulptur. Über dem spitzbogigen Mittelportal erkennt man ein päpstliches sowie das englische und französische Wappen. In türkischer Zeit wurde in der Südostecke des Innern eine nach Mekka ausgerichtete Gebetsnische eingebaut.

Weitere Ritterherbergen

Es folgt das so genannte **Wohnhaus des Küsters**, an dem zwischen den Gewölben im Untergeschoss ein Wappen angebracht ist. Im Obergeschoss sind zwischen zwei Fenstern ferner fünf Wappen kreuzförmig angeordnet. Ein **Bogen** überspannt hier die Ritterstraße und leitet zu einem Gebäudetrakt, der zu der westlich anschließenden **Herberge der Ritter von Aragon** gehört. Das Gebäude ziert ein Türbogen im katalanischen Stil. Gegenüber steht die **Herberge der Ritter der Provence**, die bei der Explosion der Ágios-Ioánnis-Kirche 1856 zerstört wurde. Über einem spitzbogigen Portal sieht man in einem kreuzförmigen Rahmen in der Mitte das Wappen von Frankreich, links das Ordenswappen, rechts das Wappen von del Carretto und unten das von Flotta aus Toulouse. Es gibt bisher keine Informationen darüber, wo die Herberge der deutschen Ritter lag.

Die Ritterstraße: reinstes Mittelalter ohne störende Neonreklamen. Hier reihen sich die ehemaligen Herbergen der Johanniter aneinander.

Schön, aber nicht wirklich alt: Nach einer Explosion 1856 wurde der Großmeisterpalast 1930 nicht originalgetreu wiederaufgebaut.

Das Ende der Ritterstraße bildet ein quer gestelltes Gebäude mit Durchgang. Links stand früher die dem heiligen Johannes geweihte **Hauptkirche des Ordens**, die im 14. Jh. erbaut wurde. Im Jahr 1856 flog sie durch einen Blitzschlag in die Luft, weil hier noch große Mengen Schießpulver von der Belagerung des Jahres 1522 deponiert waren, was man vergessen hatte. Dabei wurden auch Teile der Stadt zerstört und der Großmeisterpalast stark beschädigt. Die Italiener ließen die Johanneskirche nach alten Zeichnungen originalgetreu am Mandráki-Hafen wiederaufbauen. Überreste der zerstörten Johanneskirche grub man in neuester Zeit aus.

★ Großmeisterpalast (Altstadt)

Öffnungszeiten:
Mai – Okt.
Mo. 12.30 – 19.30
Di. – So.
8.00 – 19.30
Nov. – Apr.
Di. – So.
8.30 – 15.00

Das Stadtbild wird dominiert vom imposanten Großmeisterpalast, der auf der höchsten Stelle der mittelalterlichen Stadt errichtet wurde und mit den Befestigungsanlagen verbunden ist. Die vermutlich aus dem 8. Jh. stammende **Festung** ließen die Johanniter im 14. Jh. zum Großmeisterpalast ausbauen. Diese **Residenz der Großmeister** war gleichzeitig **Regierungssitz** des von dem Orden gegründeten souveränen Staates Rhodos. Nach starker Beschädigung durch das Erdbeben von 1481 wurde der Großmeisterpalast unter Großmeister Pierre d'Aubusson renoviert. Die Türken nutzten den Palast später als Gefängnis. Große Schäden hinterließ die Explosion des Pulvermagazins in der Johanneskirche 1856. Die Italiener ließen in den 1930er-Jahren den Großmeisterpalast nicht originalgetreu wiederaufbauen, wobei die erhaltenen Baureste, die unteren Teile der Außenmauern, der Haupteingang mit den zwei Türmen und Teile der Großmeisterwohnung, miteinbezogen wurden. Der **rekonstruierte Palast**, der als Residenz für den italienischen König und Mussolini vorgesehen war – allerdings niemals von ihnen genutzt wurde –, spiegelt in seiner Monumentalität den Geschmack des Faschismus wider.

Gesamtbild

Trotz der umstrittenen, historisch fragwürdigen Rekonstruktionen imponiert der Großmeisterpalast durch seine **grandiose Außenanlage**. Besonders beeindruckend ist der große schlichte Innenhof. Die Innenraumgestaltung ist allerdings nicht gelungen, da sie nach dekorativen und weniger nach denkmalpflegerischen Gesichtspunkten vorgenommen wurde. Die wahllose Ansammlung von Möbeln und Kunstwerken aus verschiedenen Jahrhunderten vermittelt kein authentisches Bild der Repräsentations- und Wohnräume der Ritter.

Rundgang

Von der Loggia am Kleóboulos-Platz kommt man rechts durch ein Gittertor zum **südlichen Vorhof** des Großmeisterpalastes. Gleich links hinter dem Tor steht ein Gebäude, in dem einst der Bischof von Rhodos wohnte. An seiner Fassade ist eine Emailletafel mit einem Auszug aus dem Buch »De bello Rhodio« von Jakob Fontano angebracht, in dem der Kampf der griechischen Bevölkerung bei der türkischen Belagerung 1522 geschildert wird. Das **Hauptportal** des Palastes, das von zwei halbrunden Türmen mit auskragenden Zinnen flankiert wird, führt in den **Innenhof**, dessen harmonischer Gesamteindruck vor allem von der nördlichen Fassade mit den Bogenstellungen im Untergeschoss und der darüber liegenden Loggia bestimmt wird. Diese Bögen sind mit Statuen des 2. und 1. Jh.s v. Chr. größtenteils von der Insel Kos versehen. Auf einem Podest in der Südwestecke des Hofes stehen zwei Säulen aus einer frühchristlichen Kirche und daneben ein Sarkophag, ebenfalls aus dieser Zeit. In der **Eingangshalle** befindet sich rechts der breiten, ins Obergeschoss führenden Freitreppe die **Palastkapelle** mit Kreuzrippengewölbe, in der eine Kopie der Statue des hl. Nikolaus (15. Jh.) des Bildhauers Donatello zu sehen ist.

> ! *Baedeker* TIPP
>
> **Sound and Light**
>
> Ein besonderes Spektakel ist die Ton- und Lichtshow im Park des Großmeisterpalastes an der Platía Rimini, die von Mai bis Oktober täglich stattfindet. In mehreren Sprachen wird die Geschichte des Palastes erzählt, untermalt von Lichteffekten (in Deutsch von Mai – August Mo., Mi., Fr. 23.15 Uhr, Sept. und Okt. um 22.15 Uhr; Reservierung unter Tel. 224 10/219 22, www.greek-festival.gr).

Erdgeschoss, Untergeschoss

◂ Räume 1 – 6

In der thematisch gegliederten Ausstellung (Räume 1 – 6) werden mit musikalischer Untermalung einige **Aspekte der Lebensweise auf Rhodos vom 4. Jh. bis 1522**, dem Jahr der Eroberung durch die Türken, illustriert. Die Themenpalette umfasst Wirtschaft, Alltagsleben, Militärgeschichte, Verwaltung von Staat und Kirche, kulturelles und

Räume I – XII ► religiöses Leben. Eine weitere, ansprechend gestaltete Ausstellung, die im nördlichen Bereich des Erdgeschosses (Räume I bis VII) und im Untergeschoss (Räume VIII – XII) verteilt ist, präsentiert **2400 Jahre der frühen rhodischen Geschichte**, und zwar von der neolithischen Zeit bis zur Gründung von Rhodos-Stadt (408 v. Chr.). So wird das religiöse und Alltagsleben anhand von Weihegaben, Keramik und Glasgefäßen veranschaulicht. In den Räumen im Untergeschoss sind Keramik, Statuetten, Bronzen, Glasgefäße und Münzen ausgestellt. Besonders interessant sind die **Nachbildungen des Kolosses von Rhodos** aus verschiedenen Zeiten (Raum IX).

Obergeschoss Der weitere Rundgang durch den Palast führt die Freitreppe hinauf ins Obergeschoss. Man sollte beachten, dass nur ein Teil der Räume zugänglich ist. Über einen Vorraum gelangt man in den so genannten Trophäensaal mit drei Bogenstellungen, die auf Säulen mit antiken Kapitellen (Ende 4. Jh.) ruhen. In einer Ecke steht eine Trophäe auf einem Marmoraltar (1. Jh. v. Chr.) mit einem Relief, auf dem Dionysos und tanzende Mänaden dargestellt sind. Auf einem der Mosaike wird eine fein gearbeitete Jagdszene gezeigt.

Trophäensaal ►

Laokoon-Saal ► Im nächsten Saal fällt der Blick auf die Kopie der berühmten **Laokoon-Gruppe**; das heute in den Vatikanischen Museen in Rom ausge-

Innenansicht der Repräsentations- und Wohnräume der Ritter im Großmeisterpalast

stellte späthellenistische Original wurde von den rhodischen Bildhauern Agesandros, Athanodoros und Polydoros geschaffen (► Baedeker Special S. 46/47).

Ein Medusa-Mosaik und chinesische Vasen sind im folgenden kleinen Saal zu sehen. Auch der Saal mit Kreuzrippengewölben ist mit einem Mosaik geschmückt und zudem mit wertvollen Renaissancebänken versehen. Die so genannte Kanzlei ist mit kostbaren Möbeln des 16. Jh.s ausgestattet. Weiter geht es in den Arkadensaal, den größten Raum des Palastes, der durch zwei von Säulen gestützte Arkaden in drei Schiffe geteilt wird. Besonders schön ist das frühbyzantinische Mosaik mit geometrischen Mustern von der Insel Kos. ◄ Medusa-Saal ◄ Kanzlei ◄ Arkadensaal

In der Nordwestecke des Palastes liegen der Musik- und der Speisesaal, die meistens verschlossen sind. Das rhodische Mosaik aus dem 3. Jh. n. Chr. im folgenden Saal zeigt einen Thyrsos, den Stab des Dionysos. Im anschließenden Raum ist auf einem Mosaik ein Mischwesen, auf dem eine Nymphe reitet, dargestellt. In der Nordostecke befindet sich der Saal mit dem Delphinmosaik. Das Mosaik im Flur an der Südostecke zeigt den Kampf Poseidons mit dem Giganten Polybotes. Es folgen Räume, in denen Gegenstände des Johanniterordens wie Kleidung und Orden ausgestellt sind, außerdem werden in einem Raum Porträts der Großmeister präsentiert. Im folgenden Saal ist ein Mosaik mit den neun Musen (3./2. Jh. v. Chr.) zu sehen. Den Abschluss des Rundgangs bilden Räume, die mit Chorgestühl aus der Renaissance ausgestattet sind. ◄ Musiksaal ◄ Speisesaal

In der Altstadt: Türkisches Viertel

Suleiman-Moschee

Der Teil der Altstadt südlich der Ritterstraße bildet das türkische Viertel. Die Suleiman-Moschee am westlichen Ende der Sokratou-Straße wurde 1808 anstelle eines Vorgängerbaus erbaut, den Suleiman der Prächtige nach der Eroberung von Rhodos (1522) errichten ließ. Die islamischen Gotteshäuser sind nach Mekka, also nach Südosten, ausgerichtet und folgen damit nicht dem rechtwinkligen Straßenraster der Stadtanlage. Im Vorgarten steht ein Reinigungsbrunnen. Die Moschee besitzt eine Vorhalle mit Arkaden und sieben Kuppeln, das Portal ist mit einer Marmoreinfassung im Renaissancestil geschmückt. Im Innern befindet sich an der Südostwand der Mihrab (Gebetsnische), daneben steht der Mimbar (Predigtkanzel). Neben der Moschee werden Ausgrabungen der byzantinischen Festung und der Johanneskirche durchgeführt.

Hafiz-Ahmed-Agha-Bibliothek

Gegenüber der Moschee befindet sich die türkische Hafiz-Ahmed-Agha-Bibliothek, die auf das frühe 13. Jh. zurückgeht und 1794 neu gegründet wurde. Bei der Besichtigung kommt man zunächst in einen kleinen, malerischen, blumengeschmückten Innenhof. Die Bibliothek verwahrt **kostbare türkische, persische und arabische Handschriften**, darunter handgeschriebene Koranausgaben (Öffnungszeiten: Mo. – Sa. 9.30 – 16.00 Uhr).

✶ Odos Sokratou

Die Sokratou, die, einer antiken Straße folgend, von der Suleiman-Moschee zum Ippókratou-Platz führt, ist **eine der schönsten und beliebtesten Einkaufsstraßen** von Rhodos, wo immer ein reges Treiben herrscht. Die Palette des Warenangebots reicht von Pelzen über Schmuck bis Textilien, Lederwaren und Keramik. Die **Agha-Moschee** ragt durch ihre Ausrichtung nach Mekka mit einer Ecke in die Straße hinein. Ein altes Kafeníon (Nr. 76), das allen Modernisierungsbestrebungen widerstanden hat, bereichert das Ensemble. Das **Zentrum für Gegenwartskunst** (Nr. 179) bietet in Wechselausstellungen der zeitgenössischen griechischen Kunst ein Forum (Öffungszeiten: Di. bis Sa. 10.00 – 14.00 Uhr).

✶ Platía Ippókratou

Der von den Türmen des Marinetors überragte schöne Platz am östlichen Ende der Sokratou-Straße ist pulsierendes Zentrum und **beliebtester Treffpunkt der Altstadt**, der von vielen Tavernen und Cafés belebt wird. Beherrschend auf dem Platz ist die **Kastellania** (1503), die der Marktverwaltung diente und wo das Handelsgericht tagte. Heute ist hier die Stadtbibliothek untergebracht (Öffnunszeiten. Mo. – Sa. 9.30 – 16.00 Uhr). Eine Freitreppe führt auf eine Terrasse; das Fenster darüber wird von einem mit französischen Lilien verzierten Fensterkreuz unterteilt. An der Südseite des Gebäudes sieht man drei tierkopfförmige Wasserspeier.

Ibrahim-Pascha-Moschee

Die renovierte Ibrahim-Pascha-Moschee südlich des Ippókratou-Platzes, die 1531 erbaut wurde, ist das **älteste islamische Gotteshaus** der Stadt. Davor steht noch der zugehörige hübsche Reinigungsbrunnen, und gegenüber wurden antike Baureste freigelegt. Das Gebäude wird heute wieder als Moschee genutzt.

Ágios Spíridon

Die von einem Minarett überragte Kirche Ágios Spíridon westlich der Moschee geht vermutlich auf das 11. Jh. zurück. Ursprünglich bestand sie nur aus dem dreijochigen heutigen Mittelschiff mit außen dreiseitiger Apsis. In späterer Zeit wurde der Bau um ein Nord- und Südschiff erweitert. Die Türken gestalteten die Kirche in eine Moschee um, indem sie im Südostteil schräg eine Kiblawand mit zwei Gebetsnischen einzogen.

Sultan-Mustafa-Moschee

Hält man sich weiter westlich, kommt man zu der reizvollen **Platía Ariónos**, die noch türkisches Flair ausstrahlt. An dem Platz fällt die Sultan-Mustafa-Moschee ins Auge, ein dreistufig gegliederter, kubischer Bau mit einer zurückversetzten Kuppel, die um 1770 entstand.

Türkisches Bad

Entspannen kann man im ehemaligen türkischen Bad – heute Municipal Bath. Es gibt Kalt- und Warmwasserbecken, allerdings kein Dampfbad und keine Massage wie in türkischen Hamams. Das Bad wurde möglicherweise gleichzeitig mit der Moschee erbaut. Im Kuppelinnenraum leiten Trompen mit Stalaktitendekor zum Kuppelrund über, der Boden ist mit antiken Marmorplatten ausgelegt.

Die drei Windmühlen am Mandráki-Hafen im Abendrot

von den Italienern errichteten monumentalen öffentlichen Gebäude mit venezianischen, gotischen und arabischen Bauelementen, die von der imperialen Architektur Italiens geprägt sind. Mandráki wird auch der Bezirk hinter dem Hafen genannt. Hier fahren die Linien- und Überlandbusse ab, hier ist der große Taxistand.

✶ Néa Agorá

Der ungewöhnliche polygonale Néa Agorá (»Neuer Markt«) an der Südwestseite des Mandráki-Hafens ist im orientalischen Stil gestaltet und verfügt über einen großen Innenhof. Hier gibt es **Geschäfte, Tavernen und Kafenia**. In dem pavillonartigen Gebäude in der Mitte des Hofes findet täglich vormittags außer sonntags ein **Fischmarkt** statt, und in den kleinen Restaurants kann man einfach, gut und preiswert essen. Unter den Arkaden zur Hafenseite hin gibt es eine Reihe von **Cafés**, die von morgens bis spät in die Nacht voll besetzt sind. Sie haben die größte Eisbecher- und Tortenauswahl der Insel. Hier gibt es zudem die beliebten Süßigkeiten wie Ekmak, Baklavás und Kataífi. Am Kiosk zwischen den Cafés werden internationale Zeitungen und Zeitschriften verkauft.

Festung Ágios Nikólaos

Auf der Spitze der Mole des Mandráki-Hafens, auf der **drei Windmühlen** wahrscheinlich aus dem 15. Jh. stehen, erhebt sich die Festung Ágios Nikólaos. Der Rundturm, der 1467 zum Schutz des Hafens errichtet wurde, konnte bei der Belagerung der Stadt durch die Türken 1480 trotz heftigster Kämpfe nicht eingenommen werden. Wohl nach dieser Belagerung ließ Großmeister Pierre d'Aubusson

In der Altstadt: Jüdisches Viertel

★ **Platía Martírion Efréon**

Noch etwas weiter westlich kommt man zu der malerischen Platía Martírion Efréon (»Platz der hebräischen Märtyrer«), benannt nach den Juden von Rhodos, die kurz vor Kriegsende in deutsche Konzentrationslager deportiert wurden. Der Platz ist als **stimmungsvollere Alternative zum Ippókratou-Platz** zu empfehlen. In der Mitte steht der hübsche moderne Seepferdchen-Brunnen. Auf dem Becken, dessen Kassettenfelder mit Meerestieren geschmückt sind, stehen drei bronzene Seepferdchen.

Palast der Admiralität

An der Nordseite des Platzes steht der so genannte Palast der Admiralität aus dem 15. Jh., dessen Bezeichnung wohl mit der Lage in Hafennähe zusammenhängt. Wahrscheinlich war es aber der **Palast des Metropoliten**, worauf die Taube – Symbol des Heiligen Geistes – oberhalb des Portals hinweist. Im Erdgeschoss sieht man fünf gewölbte Eingänge, die einst zu Vorratsräumen führten, und ganz rechts ein spitzbogiges Portal mit zwei rippenförmigen Rahmen.

Kahal-Shalom-Synagoge

Die im Zentrum des einstigen Judenviertels gelegene Kahal-Shalom-Synagoge, südlich des Martírion-Efréon-Platzes in der Dosiádou-Straße, wurde wahrscheinlich im 16. Jh. erbaut. Rechts des Eingangs ist eine Gedenktafel angebracht für die 1673 Juden, die in deutsche Konzentrationslager deportiert wurden. Von den 6000 rhodischen Juden zu Beginn des Zweiten Weltkrieges sind 4000 emigriert. Heute leben nur noch wenige Familien in Rhodos. Die Synagoge ist ein **Mahnmal der jüdischen Geschichte** – eine alte Frau, die als einzige ihrer Familie die Vernichtungslager überlebte, kümmert sich um das Gotteshaus und zeigt es Besuchern. Sie lebt von den Spenden der Touristen (Öffnungszeiten: tgl. 10.00 – 17.00 Uhr).

Jüdisches Museum

In dem kleinen jüdischen Museum daneben sind Dokumente aus der Zeit der Verfolgung durch die Nationalsozialisten und von Emigranten ausgestellt. Empfehlenswert ist ein **Gang durch die Gassen** des Judenviertels; man entdeckt eindrucksvolle Architekturelemente und romantische Innenhöfe.

Neustadt

★ **Mandráki-Hafen**

Ein Besuch des antiken Mandráki-Hafens (► Abb. S. 14 und S. 200) nördlich der Altstadt fasziniert wegen des Hafen-Flairs und des geschäftigen Markttreibens. Er ist **Treffpunkt** für Einheimische und Touristen. Hier legen Jachten und Segelschiffe an, von hier starten die **Ausflugsschiffe** nach Líndos, Kos und Sými. Der Name »Mandráki« (»Schafpferch«) kommt wahrscheinlich daher, dass der Hafen Schiffe wie in einem Pferch umschließt. Die Einfahrt wird von auf Säulen platzierten Figuren eines **Hirsches und einer Hirschkuh, den Wappentieren** der Insel, flankiert. An der Hafenfront dominieren die

Auch diese Seite gehört zur Altstadt: Normalität abseits des touristischen Trubels.

dem noch Spuren der Ikonostase zu erkennen sind, schließt sich südlich ein kleiner Raum an, der als Prothesis (linke Seitenapsis einer byzantinischen Kirche) oder Diakonikon (rechte Seitenapsis) diente. Später wurde dem nördlichen Querarm ein quadratischer Raum mit gotischem Rippengewölbe angefügt. Die Fresken gehen auf das 15. Jh. zurück. Der Stumpf eines Minaretts erinnert daran, dass die Kirche in türkischer Zeit als Moschee genutzt wurde.

Agía Ekateríni

An dem Platz sieht man eine weitere Kirche, die Agía Ekateríni (14./15. Jh.). Ihr unregelmäßiger trapezförmiger Grundriss lässt darauf schließen, dass der Bau in eine Lücke eingepasst wurde. Nur das mittlere der drei Schiffe weist eine Apsis auf, während Nord- und Südschiff über Nischen verfügen. Die **qualitätvollen Fresken** stammen aus der Entstehungszeit der Kirche.

Hospiz St. Katharina

Öffnungszeiten: Di. – Sa. 8.30 – 15.00

Weiter nördich steht das zweigeschossige Hospiz St. Katharina der italienischen Ritter, das 1392 von Fra Domenico d' Allemagna erbaut und 1516 vom Ordensadmiral Costanzo Operti fertig gestellt wurde. Es diente als **Pilgerherberge der italienischen Ritter**. Im Zweiten Weltkrieg wurde der östliche Teil durch die Alliierten zerstört (restauriert 1986 – 1999). An der Fassade des Obergeschosses ist u. a. das Rad als Attribut für die hl. Katharina angebracht. Daneben werden z. Zt. Überreste der hellenistischen Befestigung ausgegraben.

Panagía tou Bourgou ▶

Die Ruinen der gotischen Panagía tou Bourgou aus dem 14. Jh. befinden sich westlich des Katharinenhospizes. An der Ostseite der Ruine sind noch drei Apsiden mit Kreuzrippengewölbe nebst einer südlich anschließenden Seitenkapelle erhalten.

Das Herz der Altstadt liegt im türkischen Viertel: der Ippókratou-Platz. Er wird von Cafés und Tavernen gesäumt.

Agía Paraskeví

Die Agía-Paraskeví-Kirche an der Ipodamou-Straße stammt wahrscheinlich aus dem 14. Jh. und weist einen kreuzförmigen Grundriss, einen außen zwölfeckigen Tambour und leicht spitztonnenartige Gewölbe auf. Sie wurde von den Türken als Moschee unter dem Namen Takedji-Djami (»Moschee des Hutmachers«) genutzt.

Ágios Fanourios

Ebenfalls auf das 14. Jh. datiert die Ágios-Fanourios-Kirche im Süden der Altstadt. Den Westarm, der später verlängert wurde, zieren im Innern tiefe, von Rundbögen überwölbte Nischen. In einer Nische findet man das am besten erhaltene **Fresko**, auf dem zwei Stifter, einer mit Kirchenmodell, und zwei Kinder sowie die Stifterinschrift von 1335/1336 dargestellt sind. Die übrigen Fresken sind in relativ schlechtem Zustand.

Redjeb-Pascha-Moschee

Die Redjeb-Pascha-Moschee, unweit östlich, am Platía Dorioes, wurde mit Bauteilen aus byzantinischer und Johanniterzeit errichtet. Die Vorhalle weist kielbogenförmige Arkaden auf. Leider ist die 1588 errichtete Moschee, **eines der ältesten türkischen Baudenkmäler** der Stadt, in schlechtem Zustand und nicht zugänglich.

Agía Triáda

An der interessanten Kirche Agía Triáda auf dem Grundriss eines lateinischen Kreuzes, östlich der Redjeb-Pascha-Moschee am Panagiotou-Rodiou-Platz gelegen, sind mehrere Baustufen erkennbar. Sie stammt wahrscheinlich aus dem 15. Jahrhundert. Dem Altarraum, in die Bastion anfügen (Öffnungszeiten: Di. – So. 10.00 – 14.00 Uhr). Hier soll der **Koloss von Rhodos**, eines der antiken sieben Weltwunder, gestanden haben (► Special S. 186).

Evangelismós-Kirche

Gegenüber der Festung, an der Elefterías-Straße, steht die Evangelismós-Kirche, das **Gotteshaus des Metropoliten** von Rhodos. Sie ist eine Rekonstruktion der 1856 durch eine Explosion zerstörten Johannes-Ordenskirche aus dem 14. Jh., die gegenüber dem Großmeisterpalast stand und deren Überreste z. Zt. ausgegraben werden. Nachdem die dreischiffige Basilika nach dem Zweiten Weltkrieg dem orthodoxen Ritus übergeben worden war, malte man den Innenraum mit traditionellen byzantinischen Fresken aus.

◄ Regierungsgebäude

Der Evangelismós-Kirche schließt sich das Regierungsgebäude im venezianischen und maurischen Stil an, das teilweise an den Dogenpalast in Venedig erinnert.

Murad-Reis-Moschee

Am nördlichen Ende der Elefterías-Straße trifft man auf die Murad-Reis-Moschee mit einem ornamentierten Minarett. Sie ist nach Admiral Murad Reis benannt, der die Eroberung von Rhodos unter Sultan Suleiman leitete.

Türkischer Friedhof

Daneben breitet sich ein stimmungsvoller türkischer Friedhof des 16. Jh.s aus, auf dem neben einfachen Gräbern auch große Grabbauten, Türben, für vornehme Verstorbene zu finden sind. Hier sollen ein Pascha, ein Großwesir und ein persischer Schah sowie der Dichter Achmed Efendi begraben sein, der wegen seiner kritischen Schriften im 18. Jh. vom Sultan nach Rhodos verbannt wurde.

Aquarium

Öffnungszeiten:
tgl. 9.00 – 20.30;
Nebensaison:
tgl. 9.00 – 16.30

Das Aquarium, Sitz der Hydrologischen Station des nationalen Zentrums für Meeresforschung, ist in einem Pavillon am Kap Kolumbornou, an der Nordspitze der Insel untergebracht. Im Keller findet man ein meeresbiologisches Museum und in den Fels eingelassene Aquarien. Hier kann man Fische und andere **Meerestiere aus griechischen Gewässern** beobachten, darunter Muränen, Rochen, Brassen, Seesterne und Meeresschildkröten. Im angegliederten Museum werden Sammlungen von Muscheln, Schwämmen und Korallen sowie präparierte Fische gezeigt.

Akropolis

Die Akropolis im Südwesten der Stadt gehört sicher nicht zu den touristischen Höhenpunkten, ergänzt jedoch das historische Gesamtbild von Rhodos. Die Akropolis liegt auf dem 110 m hohen Berg Ágios Stéfanos, der auch **Monte Smith** genannt wird nach einem englischen Admiral, der zur Zeit Napoleons eine Flotteneinheit befehligte. Vom Parkplatz kommt man zunächst zum **Stadion** aus dem 3. Jh. v. Chr., dem sich nach Nordwesten im rechten Winkel ein **Theater** anschließt. Beide Bauten sind nahezu vollständig von den Italienern rekonstruiert worden. Vom Marmortheater sind nur die Orchestra und drei Sitze erhalten und vom Stadion nur einige Rei-

hen in der Mitte der Kurve. Im Stadion wurden einst die Wettkämpfe der Alier, das größte Fest der antiken Rhodier zu Ehren von Helios, ausgetragen, heute werden hier gelegentlich klassische Tragödien gespielt. Im Theater finden Konzerte statt.
Vom **Apollon-Pythios-Tempel** weiter oben wurden einige Säulen nebst Architrav und Sima wiederaufgebaut. Im nördlichen Teil der Akropolis entdeckt man an der westlichen Odós Pindou tiefer gelegene Gänge, Räume und Gräben, die zu einem unterirdischen hellenistischen **Nymphaion** (eine den Nymphen geweihte Brunnenanlage) gehören. Auf der Höhe findet man nur noch wenige Reste des **Tempels von Athena Polias und Zeus Polieus** (frei zugänglich).

Rodini-Park

Der Rodini-Park, die »grüne Lunge« von Rhodos-Stadt und ein beliebtes Ausflugsziel der Einheimischen, erstreckt sich in einem tief eingeschnittenen Tal im gleichnamigen Vorort, gut 3 km südlich des Stadtzentrums. Hier befand sich wohl einst die berühmte rhodische Rhetorikschule. Zwischen Pinien, Platanen, Oleander und Zypressen fließt ein kleiner Bach mit Wasserfällen und aufgestauten Teichen. **Hirsche** und Hirschkühe, die Wappentiere der Insel, und kretische **Wildziegen** werden in einem Gehege gehalten, **Pfauen** spazieren frei herum. Am schönsten ist das Tal im Frühjahr. Viele Familien kommen am Rosenmontag zum traditionellen Picknick, das die Fastenzeit eröffnet, in den Park.

Junger Angler am Mandráki-Hafen: Im Hintergrund ragen die Wahrzeichen von Rhodos auf, Hirsch und Hirschkuh.

Oberhalb des Rodini-Tals befinden sich auf einem Plateau mehrere **Felsgräber**, darunter das bekannte so genannte Ptolemäergrab (3. Jh. v. Chr.), dessen Name eine Erfindung der Reisenden des 19. Jh.s. ist; die Einheimischen nennen es »koufió vounó« (»hohler Berg«). Nur die Nordseite des Grabes ist noch einigermaßen erhalten; 21 Halbsäulen gliedern die Fassade. Das Innere besteht aus einem Vor- und einem Hauptraum, die mit mehreren Nischen ausgestattet sind. **Ptolemäergrab**

Umgebung von Rhodos

Thérmes Kallithéa Θέρμες Καλιθέα

Bis zum Zweiten Weltkrieg hatte Rhodos neben Sonne, Meer und Kultur noch eine Attraktion zu bieten: die Kallithéa-Thermen, ein **Thermalbad** in schöner Lage an einer kleinen Bucht. Es wurde in den 1920er-Jahren von dem italienischen Architekten Pietro Lombardi erbaut. Im feinen Kurort Kallithéa, 15 km südlich von Rhodos-Stadt an der Ostküste gelegen, kurierten reiche Herrschaften ihre Krankheiten wie Rheuma, Diabetes sowie Nieren- und Blasenleiden. Während des Zweiten Weltkrieges wurde das Bad bombardiert; der größte Teil der Bauten ist aber erhalten. 1989 wurde hier der Film »Urlaub auf Rhodos« aus der englischen Krimiserie »Die Abenteuer des Hercule Poirot« gedreht. 2007 schloss man die Restaurierung der gesamten Anlage ab. Sie erstrahlt jetzt wieder in altem Glanz und verbreite ein **märchenhaft-orientalisches Flair** (Öffnungszeiten: tgl. 8.00 – 24.00 Uhr). Die Thermen liegen am Ende einer kurzen, von Felsen gesäumten Bucht, über Leitern gelangt man ins Wasser. Unter Palmen stehen die Tische einer Café-Bar. Nebenan kann man in einer anderen Bucht auf einem künstlichen Sandstrand liegen.

Koskinoú Κοσκινού

Das **hübsche Dorf** Koskinoú – 10 km südlich von Rhodos gelegen –, das früher hauptsächlich von Türken bewohnt war, empfiehlt sich als Stippvisite von der Hauptstadt aus. Bemerkenswert im Ortsbild sind die vielen Wohnhäuser mit klassizistischen Portalen, die in schattige Innenhöfe mit Kochláki-Böden führen. Abends sitzt man ruhig in der Taverne am Hauptplatz des alten Ortskerns.

Iálissos Ιάλισσοσ

Das 10 km südwestlich von Rhodos gelegene Iálissos (7200 Einw.), das früher **Triánda** hieß und heute wieder den antiken Namen führt, bildet zusammen mit Íxia die **größte Hotelzone** der Insel und ist ein beliebtes Urlaubszentrum. In der Antike beherrschte es als mächtiger Stadtstaat den gesamten Norden der Insel. Iálissos war schon immer ein bevorzugter Wohnort für wohlhabende Bürger, wovon noch die klassizistischen Villen zeugen.Heute ist der Ort sehr stark vom Tourismus geprägt: Unzählige Hotels und Restaurants reihen sich aneinander. An den erschlossenen Stränden gibt es zahlreiche Wassersportmöglichkeiten. Wenn man von der Hauptkirche in der Ortsmitte etwa 500 m in westlicher Richtung geht, erreicht man die Ágios-Nikólaos-Kirche aus dem frühen 16. Jahrhundert. Die Fresken aus der gleichen Zeit zeigen deutlich westliche Einflüsse.

Kremastí
Κρεμαστή

Im 3 km westlich von Iálissos gelegenen **Urlaubsstädtchen** Kremastí erwarten den Besucher zahlreiche Tavernen, Cafés und Restaurants. Zentraler Treffpunkt ist das Kafenion neben dem klassizistischen Verwaltungsgebäude. Die Attraktion des Ortes bildet die große, der Panagía Kremastí (»Hängende Muttergottes«) geweihte Kirche, die am östlichen Ortseingang steht. Ihr Beiname wie auch der Ortsname gehen auf eine Legende zurück: An einem Olivenbaum hing eines Tages eine Ikone der Muttergottes. Genau an dieser Stelle hat man ihr daraufhin eine Kirche gebaut. Die Ikone ist auf jeden Fall sehenswert. Kremastí ist der einzige Ort auf Rhodos, der am Rosenmontag einen **Karnevalsumzug** veranstaltet. Narren in bunten Kostümen – die meisten sind Kinder – ziehen durch das Städtchen. Noch berühmter ist das große Fest der Muttergottes am 15. August, die **größte Kirchweih des Dodekanes**. Neun Tage lang wird gefeiert; es finden mehrstündige Gottesdienste statt.

✶
Petaloúdes
Πεταλούδες

Früher schwirrten im Sommer unzählige Schmetterlinge (»petaloúdes«) in dem berühmten, 5 km langen Schmetterlingstal (13 km südwestlich von Kremastí) herum, wohl hauptsächlich angelockt von dem Duft des Harzes der Amberbäume, die es sonst nur in Kleinasien gibt (Abb. ►S. 77). Dass die orange-schwarz gepunkteten Harlekine (Callimorpha quadripunctaria) jetzt weniger kommen, liegt daran, dass viele Touristen die Tiere durch Händeklatschen, Rufen oder Steinewerfen aufscheuchten, um sie besser sehen zu können. Durch das Auffliegen verlieren die Schmetterlinge jedoch Energie, und die Paarung wird gestört.

Ein Ausflug in das **schöne kleine Tal** lohnt sich auf jeden Fall. Der Bach, der das ganze Jahr über Wasser führt, macht das Tal zu einem idyllischen Fleckchen Erde. Auch im Hochsommer ist es durch das üppige Grün angenehm schattig und kühl. Am Haupteingang des Tales gibt es eine lauschige **Taverne** unter Bäumen, bei einem kleinen Wasserfall.

Man geht zunächst über eine Brücke und dann links den Bach entlang das Tal hinauf bis zur Straße. Anschließend steigt man dann weiter das hier steilere Tal hinauf, begleitet von kleinen Wasserfällen. Vom oberen Ausgang des Tales erreicht man über eine Steintreppe nach 300 m das 1782 gegründete **Kloster Kalópetra**. Hier kann man nach dem anstrengenden Aufstieg im Kafenion eine Rast einlegen und dabei den schönen Ausblick genießen. Die Klosterkirche besitzt eine kunstvoll gearbeitete Ikonostase.

In dem kleinen naturgeschichtlichen **Museum** beim Haupteingang ist eine Schmetterlingssammlung ausgestellt, und man erhält einen Einblick in die griechische Pflanzenwelt. Öffnungszeiten: Juni – Sept. 8.00 – 19.00, sonst 9.00 – 15.00 Uhr.

Vineyard Triantáfillou

An der Straße von der Westküste nach Petaloudes liegt ein kleines **Weingut**, in dem man Weine kaufen und verkosten sowie sich die Herstellung von Likören und Schnäpsen vorführen lassen kann.

Im Juli und August kann man sie vielleicht sehen: die Harlekine im Schmetterlingstal. Doch auch die herrliche Landschaft lohnt den Ausflug.

Straußenfarm

Etwa 2 km vor Petaloudes führt nach rechts eine Straße knapp 1 km zur Straußenfarm. Hier kann man vor allem Strauße beobachten, aber auch Ziegen, Schafe und andere Streicheltiere. Auch Kamelritte stehen auf dem Programm. In der Snackbar werden Straußen-Burger und handgearbeitete Produkte aus Straußenleder wie Taschen und Gürtel angeboten (Öffnungszeiten: tgl. 9.00 – 19.30 Uhr).

Maritsá
Μαριτσά

Das große Dorf Maritsá (3 km nordöstlich von Petaloudes) wartet mit sehr guten **Tavernen** und dem obligatorischen Kafeníon auf. Außerdem bietet es einige sehenswerte Kirchen. Wenn man die Straße von Kremastí nach Maritsá fährt, trifft man etwa 2 km vor dem Dorf auf die **Ágios-Geórgios-Kirche** aus dem 15. Jahrhundert mit teilweise erhaltenen Fresken aus der gleichen Zeit.
Um die **Ágios-Nikólaos-Kirche** zu erreichen, nimmt man die Straße nach Kalamon, überquert nach etwa 1 km eine kleine Brücke und folgt dem Weg links einige Hundert Meter. Die Erbauungszeit der Kirche ist wahrscheinlich das 13. / 14. Jahrhundert. Die schönen Fresken datieren auf 1435, wobei noch eine ältere Freskenschicht vorhanden ist. Geht man den zuvor beschriebenen Weg zur Ágios-Nikoláos-Kirche weiter, kommt man zu einer Quelle. Unweit vor der Quelle liegen links des Weges eine Kirchenruine aus mittelbyzantinischer Zeit und Reste einer frühchristlichen Basilika. Der Ort wird immer noch als Heiligtum genutzt, worauf die von den Gläubigen hierher gebrachten Öllampen hinweisen.

★★ Sými (Insel)

außerhalb

Griechisch: Σύμη
Einwohnerzahl: 3000
Größe: 63 km

Sými gilt als eine der malerischsten Inseln der Ägäis – kein Wunder, dass sie ein beliebtes Ausflugsziel ab Rhodos-Stadt ist. Das Städtchen am Hang mit seinen uralten Steinhäusern, das große Kloster Panormítis und die Schwammläden sind die Hauptattraktionen.

Sými erhebt sich unweit der türkischen Küste steil und karg aus dem Meer und ist von vielen kleinen und zwei größeren Inseln – im Norden Nímos und im Süden Séskli – umgeben. Seine Küste ist von zahlreichen tiefen Buchten und weit hinausragenden Halbinseln geprägt. Zu den Stränden an der Südküste fährt täglich ein Badeboot von Pédi aus. Den zentralen Teil der Insel nimmt eine wellige Hochfläche ein; die höchste Erhebung ist der Vígla mit 616 m, den man erwandern kann. Tagsüber tummeln sich vor allem im sehenswerten Hafenbereich die Tagestouristen; erst abends wird es ruhig und idyllisch. Die Bewohner von Sými haben nicht den Fehler begangen, ihre Küste mit gesichtslosen Hotelbunkern zuzupflastern: Sie haben ihre alten Häuser instand gesetzt oder nur neue gebaut, die sich in das Ortsbild einpassten. Heute zahlt sich diese Grundhaltung aus.

Geschichte

Die Abhängigkeit von Rhodos prägte die Geschichte Sýmis. Von der Antike bis zur Neuzeit war Sými berühmt wegen seines **Schiffsbaus**. Auch die türkischen Besatzer schätzten die hier hergestellten Schiffe, was der Insel Privilegien verschaffte. So kam Sými zu großem Wohlstand. Ein weiterer wichtiger Wirtschaftszweig war die **Schwammfischerei**. Bis in die 1950er-Jahre war das Tauchen nach Schwämmen zwar lebensgefährlich – die Taucher gingen in schweren Tauchanzügen mit schlechter Luftversorgung stundenlang in große Tiefen –

? WUSSTEN SIE SCHON ...?

- ... dass die zur Hautreinigung beliebten, goldgelben Schwämme eigentlich schwarzgrüne, schmierige Ballen sind, wenn sie aus dem Meer gefischt werden? Die organischen Teile des Tieres müssen erst entfernt werden, nur das Skelett des Schwammes, das zuvor mit Chemikalien gesäubert und mit Chlor gebleicht wird, kommt dann in den Handel. In dieser Form wusste dann aber sogar die schönheitsbewusste Kleopatra die Schwämme zu schätzen.

aber auch sehr gewinnbringend. Mit dem Aufkommen des Synthetikschwamms in den 1950er-Jahren und einer unerklärlichen Pilzepidemie, die seit 1986 die Schwämme vernichtet, ging es mit dem lukrativen Gewerbe bergab. Auf Sými setzte eine starke Emigration ein, bis der Tourismus als neue Einnahmequelle erschlossen wurde. Seit den 1970er-Jahren profitiert die Insel von der wachsenden Zahl der Urlauber auf Rhodos, die meist einen **Tagesausflug** hierher unternehmen.

Sehenswertes auf Sými

★★ Sými-Stadt

Besonders sehenswert auf Sými ist der gleichnamige Hauptort, der als **einer der schönsten Orte Griechenlands** gilt. Die weißen und erdfarbenen Häuser, die sich am Ende einer tiefen Bucht einen Hang hinaufziehen, bieten einen bezaubernden Anblick. Schon von weitem entdeckt man den 1881 erbauten Uhrturm am Kai. Sými-Stadt besteht aus zwei Teilen, die inzwischen zusammengewachsen sind.

Symi Orientierung

Er zählt zu den malerischsten Ortschaften ganz Griechenlands: der Inselhauptort Sými mit seinen pittoresken alten Häusern, die sich den Hang hinaufziehen.

Giálos ▶ Im unteren Teil, am Hafen, mit dem Namen Giálos erwarten den Besucher viele Cafés, Restaurants und Geschäfte, in denen neben Souvenirs auch Gewürze und Schwämme verkauft werden. Man entdeckt noch viele prächtige Herrenhäuser (Archontiká) aus dem 19. Jh., die im Zug des wachsenden Tourismus renoviert wurden.

Chorió ▶ Vom Ortszentrum am hinteren Ende der Bucht führt eine mehrere Hundert Stufen zählende Treppenstraße, die Kalí Stráta (»Gute Straße«), hinauf zur ruhigeren Oberstadt, der Chorió. Von hier hat man einen herrlichen Ausblick auf den Hafen. In der Chorió sollte man einen Blick in die Alte Apotheke (Symotikon Farmakion) werfen. Außerdem kann man ein wirklich hübsches, kleines **Museum** (ausgeschildert) besuchen, das Trachten, Münzen und archäologische Fundstücke ausstellt. In der Chorió erhebt sich der Burgfelsen, wo in der Antike die **Akropolis** und im 13. Jahrhundert eine **Johanniterburg** stand; heute befindet sich hier eine Panagía-Kirche.

! *Baedeker* TIPP

Eine Nacht im Kloster

Eine lange, aber schöne Wanderung führt von Sými-Ort zum Kloster Panormítis. Dort kann man übernachten und mit dem Ausflugsboot nach Sými zurückkehren.

Wenige Kilometer nordwestlich liegt die ruhige **Sommersiedlung Nimbório**, ehemals ein kleines Fischerdorf, in einer Bucht mit Kiesstrand. Für Touristen sind Tavernen und Unterkünfte vorhanden. In der Ruine einer frühchristlichen Basilika sind noch schöne Mosaiken erhalten.

SÝMI ERLEBEN

ANFAHRT

Täglich mehrmals per Fähre (ca. 2 Std. Fahrtdauer), Ausflugsboot oder Katamaran (schneller und teurer) vom Mandráki-Hafen/Rhodos-Stadt. Abfahrt ab Rhodos zwischen 9.00 und 10.00, Rückfahrt zwischen 15.00 und 16.00 Uhr.

ÜBERNACHTEN

▶ **Luxus**

Hotel Aliki
Tel. 224 60/716 65
www.simi-hotelaliki.gr
Gleich hinter dem Uhrenturm. Eine der teuersten Adressen auf Sými, mit stilvollem Komfort in den 15 Zimmern. Zweistöckiges klassizistisches Haus mit Dachterrasse, vielfältige Kursangebote für die Hotelgäste.

▶ **Komfortabel**

Hotel Kokona
Tel. 224 60/714 51
100 m vom Hafen entferntes Hotel mit geräumigen Zimmern und in schönem Ambiente, angenehm ruhig gelegen abseits des Straßentrubels.

Hotel Albatros
Tel. 224 60/718 29
www.albatrosymi.gr
Freundliches, familiengeführtes Hotel südlich des Hafens im ländlichen Stil. Nach Zimmern mit Meerblick fragen!

▶ **Günstig**

Pension Agli Perganti
Tel. 224 60/713 82
Gemütliche Pension in einem renovierten Herrenhaus.

ESSEN

▶ **Erschwinglich**

Georgios
Die Taverne liegt an der Platía im Ortsteil Chorió, der Oberstadt. Man sitzt im Schatten einer weinbe wachsenen Pergola und lässt sich ursprüngliche griechische Gerichte schmecken.

Taverna Meraklis
Tel. 224 60/710 03
Die Taverne findet man in einer schmalen Straße, die vom Hafenbecken abzweigt. In familiärer Atmosphäre kommen typisch griechische Gerichte zu moderaten Preisen auf den Tisch.

Moní Panormítis

Fast alle Ausflugsschiffe nach Sými halten auch an dem dem Erzengel Michael geweihten Kloster Panormítis (18. Jh.) in der gleichnamigen Bucht im Süden der Insel. Es ist eine der **bedeutendsten Wallfahrtsstätten** des Dodekanes, wo mehr als 500 Personen (in sehr einfachen Verhältnissen) übernachten können. Zentrum der Verehrung ist die reich geschnitzte vergoldete Ikonostase mit der Ikone des Erzengels Michael. An Pfingsten und am 8. November, dem Michaelstag, kommen große Pilgerscharen zum Kloster. Beeindruckend ist der blumengeschmückte Innenhof mit den ihn umgebenden weißen Arkaden. Das kleine **Museum** zeigt ein Sammelsurium hauptsächlich kirchlicher Schätze.

REGISTER

BILDNACHWEIS

AKG S. 38
Amberg S. 10, 65, 103, 135, 190
Amberg/Loos S. 12 (Mitte), 25, 88
Bilderberg/Ellerbrock S. 5 (rechts), 7 (unten), 36, 113 (oben rechts), 117 (oben rechts), 136, 177, 196
Galenschovski S. 55
Hackenberg S. 3 (rechts), 6, 9 (oben), 13, 14, 18, 20, 26, 32, 42, 49, 66, 72, 85, 90, 98, 106/107, 108 (2x), 109 (unten), 113 (unten links), 117 (oben und unten links), 119 (Mitte), 122, 126, 128, 132, 139, 148, 155, 156, 159, 164, 166, 171, 195, 206
HB-Bildatlas S. 117 (Mitte)
Huber S. 136
Kuttig S. 11 (unten), 46
interfoto S. 187 (unten links)
laif S. 4 (rechts), 8/9, 50, 58/59, 113 (oben links), 119 (unten), 151
laif/Caputo S. 5 (links), 12 (oben), 45, 60, 77, 109 (oben links), 110, 113 (unten rechts), 179, 185, 189, 198, 200, 203
laif/Heuer S. 4 (links), 120/121
laif/Tophoven S. 11 (oben), 75, 109 (oben rechts), 111, 117 (unten rechts), 125, 153,
Okapia/Otto S. 52, 176
pa/akg-images/ S. 47, 57
pa/akg-images/Connolly S. 31
pa/akg-images/Lessing S. 54, 186
pa/akg-images/VISIOARS S. 28, 188
pa/dpa S. 41
pa/OKAPIA KG S. 169
pa/obs S. 187 (oben rechts)
pa/ASA/Werek/ S. 78
Stankiewicz S. 12 (unten), 23, 93, 100
Strüber S. 131, 187 (oben links)
Wagner S. 59 (oben), 107 (oben), 204
Wrba S. 3 (links), 7 (oben), 11 (Mitte), 53, 68, 70, 115, 119 (oben), 121 (oben), 142, 144, 161, 163, 180, 187 (unten rechts), 192

Titelbild: laif/Hapsis – Windmühlen in Rhodos-Stadt

VERZEICHNIS DER KARTEN & GRAFISCHEN DARSTELLUNGEN

IMPRESSUM

Ausstattung: 126 Abbildungen, 14 Karten und grafische Darstellungen, eine große Reisekarte
Text: Carmen Galenschovski mit Beiträgen von Barbara Branscheid, Marlis Heinz, Helmut Linde und Reinhard Strüber
Recherche:
Klaus Bötig
Bearbeitung:
Baedeker Redaktion
(Carmen Galenschovski)
Kartografie: Christoph Gallus, Hohberg; Franz Huber, München; MAIRDUMONT, Ostfildern (Reisekarte)
3D-Illustrationen: jangled nerves, Stuttgart
Gestalterisches Konzept:
independent Medien-Design, München
(Kathrin Schemel)

Sprachführer in Zusammenarbeit mit Ernst Klett Sprachen GmbH, Stuttgart,Redaktion PONS Wörterbücher

Chefredaktion:
Rainer Eisenschmid,
Baedeker Ostfildern

7. Auflage 2008

Urheberschaft:
Karl Baedeker Verlag, Ostfildern
Nutzungsrecht:
MAIRDUMONT GmbH & Co KG; Ostfildern

Printed in China
Gedruckt auf 100% chlorfrei gebleichtem Papier

BAEDEKER VERLAGSPROGRAMM

- Ägypten
- Algarve
- Allgäu
- Amsterdam
- Andalusien
- Athen
- Australien
- Australien • Osten
- Bali
- Baltikum
- Barcelona
- Belgien
- Berlin • Potsdam
- Bodensee
- Brasilien
- Bretagne
- Brüssel
- Budapest
- Bulgarien
- Burgund
- Chicago • Große Seen
- China
- Costa Blanca
- Costa Brava
- Dänemark
- Deutsche Nordseeküste
- Deutschland
- Djerba • Südtunesien
- Dominikanische Republik
- Dresden
- Dubai • Vereinigte Arabische Emirate
- Elba
- Elsass • Vogesen
- Finnland
- Florenz
- Florida
- Franken
- Frankfurt am Main
- Frankreich
- Fuerteventura
- Gardasee
- Golf von Neapel
- Gomera
- Gran Canaria
- Griechenland
- Griechische Inseln
- Großbritannien
- Hamburg
- Harz
- Hongkong • Macau
- Indien
- Irland
- Island
- Israel
- Istanbul
- Istrien • Kvarner Bucht
- Italien
- Italien • Norden
- Italien • Süden
- Italienische Adria
- Italienische Riviera
- Japan
- Jordanien
- Kalifornien
- Kanada • Osten
- Kanada • Westen
- Kanalinseln
- Kenia
- Köln
- Kopenhagen
- Korfu • Ionische Inseln
- Korsika
- Kos
- Kreta
- Kroatische Adriaküste • Dalmatien
- Kuba
- La Palma
- Lanzarote
- Lissabon
- Loire
- London
- Madeira
- Madrid

- Malediven
- Mallorca
- Malta • Gozo • Comino
- Marokko
- Mecklenburg-Vorpommern
- Menorca
- Mexiko
- Moskau
- München
- Namibia
- Neuseeland
- New York
- Niederlande
- Norwegen
- Oberbayern
- Oberitalienische Seen • Lombardei • Mailand
- Österreich
- Paris
- Peking
- Piemont
- Polen
- Polnische Ostseeküste • Masuren • Danzig
- Portugal
- Prag
- Provence • Côte d'Azur
- Rhodos
- Rom
- Rügen • Hiddensee
- Sachsen
- Salzburger Land
- St. Petersburg
- Sardinien
- Schottland
- Schwäbische Alb
- Schwarzwald
- Schweden
- Schweiz
- Sizilien
- Skandinavien
- Slowenien
- Spanien
- Spanien • Norden • Jakobsweg
- Sri Lanka
- Stuttgart
- Südafrika
- Südengland
- Südtirol
- Sylt
- Teneriffa
- Tessin
- Thailand
- Toskana
- Tschechien
- Tunesien
- Türkei
- Türkische Mittelmeerküste
- Umbrien
- Ungarn
- USA
- USA • Nordosten
- USA • Südwesten
- Usedom
- Venedig
- Vietnam
- Weimar
- Wien
- Zypern

LIEBE LESERINNEN, LIEBE LESER,

ein herzliches Dankeschön, dass Sie sich für einen Baedeker Allianz Reiseführer entschieden haben. Er wird Sie zuverlässig auf Ihrer Reise begleiten und Sie nicht im Stich lassen.
Natürlich beschreibt er die wichtigen Sehenswürdigkeiten, aber er empfiehlt auch die nettesten Kneipen und Bars, dazu Hotels für den großen und kleinen Geldbeutel, gibt Tipps für Restaurants, Shopping und für vieles mehr, was eine Reise zum Erlebnis macht. Dafür haben die Autoren und die Redaktion Sorge getragen. Sie sind für Sie regelmäßig nach Rhodos gereist und haben all ihre Erfahrungen und Kenntnisse in diesen Reiseführer gepackt.

Trotzdem: Die Erfahrung zeigt, dass Fehler und Änderungen nach Drucklegung, für die der Verlag keine Haftung übernehmen kann, nicht ausgeschlossen werden können. Für Kritik, Berichtigungen und Verbesserungsvorschläge sind wir Ihnen außerordentlich dankbar. Schreiben Sie uns, mailen Sie uns oder rufen Sie an:

▶ **Verlag Karl Baedeker GmbH**
Redaktion
Postfach 3162
D-73751 Ostfildern
Tel. (0711) 4502-262, Fax -343
E-Mail: info@baedeker.com

Besuchen Sie uns auch im Internet unter www. baedeker.com. Hier finden Sie jeden Monat den aktuellen Reisetipp der Redaktion und das gesamte Verlagsprogramm. Hier können Sie auch lesen, wer Karl Baedeker war und wie er seinen ersten Reiseführer geschrieben hat. Mit seinen über 175 Jahren ist der Karl Baedeker Verlag der älteste Reiseführer-Verlag der Welt.

www.baedeker.com

ZU GEWINNEN: STADTREISE NACH LONDON

Unter allen Einsendungen verlost der Verlag am Jahresende – unter Ausschluss des Rechtswegs – eine Städtekurzreise für zwei Personen nach London.
Freuen Sie sich auf ein spannendes Wochenende in London. Natürlich ist ein Baedeker Allianz Reiseführer London auch dabei!